Kritisch hinterfragt

Die „Kritisch hinterfragt"-Reihe greift kontroverse und für die Gesellschaft relevante Themen aus psychologischer Sicht auf und entlarvt gängige Mythen und Vorurteile. Die Bandbreite der Themen kommt aus allen Teilgebieten der Psychologie. Jeder einzelne Band konzentriert sich auf ein spezielles psychologisches Themengebiet. Um den Leser abzuholen und das Interesse aufrecht zu erhalten, sind an entscheidenden Stellen Fragen eingearbeitet. Die Inhalte sind wissenschaftlich fundiert, jedoch nicht nur informativ, sondern unterhaltsam und humorvoll in leicht verständlicher Sprache verfasst.

**Bände in der Reihe „Kritisch hinterfragt":**

Niklas, Mit Würfelspiel und Vorlesebuch – Welchen Einfluss hat die familiäre Lernumwelt auf die kindliche Entwicklung?, ISBN 978-3-642-54758-4

Sprenger, Joraschky, Mehr Schein als Sein? – Die vielen Spielarten des Narzissmus, ISBN 978-3-642-55306-6

Gündel, Glaser & Angerer, Arbeiten und gesund bleiben – K. o. durch den Job oder fit im Beruf, ISBN 978-3-642-55302-8.

Weitere Bände sind in Planung.

Harald Gündel · Jürgen Glaser · Peter Angerer

# Arbeiten und gesund bleiben

K.O. durch den Job oder fit im Beruf

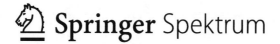 Springer Spektrum

Harald Gündel
Psychosomatische Medizin und Psychotherapie
Universitätsklinik Ulm
Ulm, Deutschland

Jürgen Glaser
Institut für Psychologie
Universität Innsbruck
Innsbruck, Österreich

Peter Angerer
Institut für Arbeitsmedizin und Sozialmedizin
Universitätsklinikum Düsseldorf
Düsseldorf, Deutschland

ISBN 978-3-642-55302-8          ISBN 978-3-642-55303-5 (eBook)
DOI 10.1007/978-3-642-55303-5

Die Deutsche Nationalbibliothek verzeichnet diese Publikation in der Deutschen Nationalbibliografie; detaillierte bibliografische Daten sind im Internet über http://dnb.d-nb.de abrufbar.

Springer Spektrum

*Planung und Lektorat*: Marion Krämer, Anja Groth
*Redaktion*: Tatjana Strasser
*Grafiken*: Dr. Martin Lay
*Einbandabbildung*: iStockphoto
*Einbandentwurf*: deblik, Berlin

Gedruckt auf säurefreiem und chlorfrei gebleichtem Papier.

Springer Spektrum ist eine Marke von Springer DE. Springer DE ist Teil der Fachverlagsgruppe Springer Science+Business Media
www.springer-spektrum.de

# Worum geht es und was erwartet den Leser?

## Zwei Gesichter der Arbeit – Lust oder Frust?

Neben dem bloßen Gelderwerb trägt Arbeit zur persönlichen Entwicklung bei, manchmal sogar zur Selbstverwirklichung. Bei den einen kann es die geplante Karriere „vom Tellerwäscher zum Millionär" sein. Bei den anderen ist es vielleicht der Sprung in die Selbstständigkeit und das starke Bedürfnis, sein „eigener Herr zu sein". Für wieder andere ist es schlicht Neugier oder Wissensdurst und die damit einhergehende Kompetenzentwicklung, wofür es sich lohnt zu arbeiten. Arbeit bietet Gelegenheiten, Neues dazuzulernen oder das bereits Erlernte anzuwenden, neue Menschen kennenzulernen und dabei soziale Kompetenzen zu entfalten. Unser Platz in der Gesellschaft ebenso wie unsere persönliche Identität ist jedenfalls durch Arbeit mitbestimmt.

Eine andere Seite von Arbeit gibt es aber auch. Bei vielen Menschen löst Arbeit gelegentlich, bei manchen sogar überwiegend negative Gedanken und Gefühle aus. Das kann an der Art oder Menge der Arbeit, an Vorgesetzten, Kollegen und vielen anderen Umständen liegen. Wer von uns hat sich noch nie über Dinge in der Arbeit geärgert? Hier wird man nicht informiert oder in seiner Arbeit immer wieder unterbrochen, dort bleibt die erwartete Wertschätzung für gute Arbeit aus oder man fühlt sich übergangen. Im Extremfall sind Arbeitende erschöpft oder haben bereits innerlich gekündigt. Erschöpfung und innere Kündigung entstehen nicht von heute auf morgen. Es sind meist längere Entwicklungen, die oft scheinbar harmlos beginnen. Gelegentliche Unzufriedenheit, zeitweiliger Ärger oder Demotivation sind zunächst nicht schlimm – das kennt jeder von uns. Wenn die Gelegenheit besteht, darüber mit Vorgesetzten oder Kollegen bzw. anderen Personen zu sprechen, Ursachen zu verändern oder zumindest zu verstehen, dann muss daraus kein ernsthaftes Problem entstehen. Werden solche Zustände aber chronisch, d. h. bleiben Einstellungen, Gedanken und Gefühle gegenüber der Arbeit über einen längeren Zeitraum unverändert negativ, dann entstehen erkennbare Kosten – für den Einzelnen, für den Betrieb und nicht zuletzt für unsere Gesellschaft.

Einer der „Väter" der modernen Psychologie, Kurt Lewin, beschrieb bereits 1920 diese „zwei Gesichter" der Arbeit: „Arbeit ist einmal Mühe, Last, Kraftaufwand. Wer nicht durch Renten oder Herrschaft oder Liebe versorgt ist, muss notgedrungen arbeiten, um seinen Lebensunterhalt zu verdienen. Arbeit ist unentbehrliche Voraussetzung zum Leben, aber sie ist selbst noch nicht wirkliches Leben. Sie ist nichts als ein Mittel, ein Ding ohne eigenen Lebenswert, das Gewicht hat nur, weil es die Möglichkeit zum Leben schafft, und zu bejahen ist nur, sofern es solche schafft. Wie man nicht lebt, um zu essen, sondern isst, um zu leben, so arbeitet man wohl notgedrungen, um zu leben, aber man lebt nicht, um zu arbeiten … Darum Arbeit so kurz und bequem wie möglich." (Lewin 1920, S. 11 f., zitiert nach Ulich 2011, S. 21).

Das andere Gesicht von Arbeit kennzeichnet Lewin wie folgt: „Die Arbeit ist dem Menschen unentbehrlich in ganz anderem Sinne. Nicht weil die Notdurft des Lebens sie erzwingt, sondern weil das Leben ohne Arbeit hohl und halb ist. … Dieses Bedürfnis nach Arbeit, die Flucht vor dauerndem Müßiggang, die bei zu kurzer Arbeitszeit zur Arbeit außerhalb des Berufes treibt, beruht nicht auf bloßer Gewohnheit zu arbeiten, sondern gründet sich auf den ‚Lebenswert' der Arbeit. … Weil die Arbeit selbst Leben ist, darum will man auch alle Kräfte des Lebens an sie heranbringen und in ihr auswirken können. Darum will man die Arbeit reich und weit, vielgestaltig und nicht krüppelhaft beengt." (Lewin 1920, S. 11 f., zitiert nach Ulich 2011, S. 21–22).

Lewin (1920) übte mit der hier nur auszugsweisen Beschreibung scharfe Kritik an dem damals sich ausbreitenden Arbeitssystem der wissenschaftlichen Betriebsführung, das maßgeblich von dem Ingenieur Frederick W. Taylor geprägt war und daher auch als „Taylorismus" bezeichnet wird. Wissenschaftliche Betriebsführung gründet u. a. auf dem Prinzip der Trennung von „Kopf- und Handarbeit". Aus der Überlegung heraus, dass Arbeiter dann besonders geübt und effizient sind, wenn sie immer wieder und nur dasselbe tun, wurden Arbeitsvorgänge hochgradig zerstückelt. Funktionsmeister übernahmen die Kopfarbeit (Planung und Vorbereitung), die Handarbeit (Ausführung) wurde von den Arbeitern erledigt und nach Akkord bezahlt. Die aus der hochgradigen Arbeitsteilung entstandene monotone, gleichförmige und unbefriedigende Arbeit war mehr und mehr Anlass zur Kritik und führte neben unerfüllten sozialen Bedürfnissen (durch Isolation), schlechter Arbeitsmoral und zum Teil psychischen Problemen der Arbeiter (Depression) auch zu Qualitätsmängeln, Leistungsverweigerung und mutwilliger Beschädigung (zum Überblick s. Ulich 2011).

Noch heute treffen wir nicht nur bei der Fließfertigung in der industriellen Produktion, sondern auch in vielen anderen Arbeitsbereichen in der Verwaltung und Dienstleistung auf ein solches „hässliches Gesicht" der Arbeit. Ein Beispiel dafür ist die Arbeit im Callcenter, für die in verschiedenen Studien belegt wurde, dass sie oft einförmig, stark reguliert, wenig motivierend und erfüllend für die Callcenter-Beschäftigten ist (z. B. Isic et al. 1999). Häufig müssen von den Dienstleistern starke Emotionen wie z. B. der Ärger der Kunden (wenn es mal wieder Probleme mit dem neuen Telekommunikationsanbieter gibt) oder eigener Ärger über diese Kunden reguliert werden. Dabei können die Callcenter-Beschäftigten selbst oft keinen nennenswerten Einfluss auf die eng getakteten Vorgaben zur Bewältigung der Menge an Telefonaten nehmen und können die von Kunden (oft zurecht) beanstandeten Defizite in der Organisation nicht verbessern. Eine solche tayloristisch organisierte, kleinteilige Arbeitszergliederung, die den Beschäftigten eine gleichförmige, skriptartige Arbeitsausführung bei engen Zeitvorgaben vorschreibt, ohne dass nennenswerte eigene Einflussmöglichkeiten vorliegen, macht es unmöglich, Freude und Erfüllung im Beruf zu finden.

## Würden wir arbeiten, wenn wir das Geld nicht bräuchten?

Mit dem Begriff Arbeit verbinden wir seit jeher negative und positive Seiten. Im Altertum wurde Arbeit oft vermieden, wenn man es sich leisten konnte. Sie wurde von Sklaven oder Leibeigenen verrichtet, die einem sogar „Trauben in den Mund hängten", während man entspannt im Bade lag. Im Christentum wurde Arbeit als gottgewollte Aufgabe gesehen und mit der „protestantischen Arbeitsethik" sogar zum Maßstab für die Heilserlangung erhoben (Weber 2010). Heute ist hingegen oft von „Freizeitgesellschaft" oder gar „Spaßgesellschaft" die Rede. Entfaltungsmöglichkeiten und Chancen der Selbstverwirklichung werden als Werte in den Mittelpunkt gestellt. Bei manchen Zeitgenossen gewinnt man den Eindruck, dass dies nur durch Reisen und Hobbys, Spaß mit Familie und Freunden, schwerlich aber durch Arbeit erreicht werden könnte. Manche entfalten im Karnickelzüchterverein mehr Engagement als in der abhängigen Erwerbsarbeit im Unternehmen.

Arbeit als wichtiger Bereich menschlicher Tätigkeit kann verschiedene Formen annehmen. Neben der bezahlten abhängigen Erwerbsarbeit in Organisationen gibt es Haus-, Erziehungs- oder Pflegearbeit in der Familie oder im sozialen Netz, Freiwilligen- und Ehrenamtsarbeit in der Nachbarschaft oder Gemeinde, aber auch selbstständige Arbeit und viele weitere Formen der Arbeit. Aus psychologischer Sicht ist (jede Form von) Arbeit eine zielgerichtete menschliche Tätigkeit zur Veränderung und Aneignung der Umwelt, die sich in der Erledigung selbst- oder fremdbestimmter Aufgaben vollzieht und mit höchst unterschiedlicher (gesellschaftlicher) Bewertung bezüglich der Realisierung individueller oder kollektiver Bedürfnisse, Ansprüche und Kompetenzen sowie mit charakteristischen Aufgabenteilungen und Machtstrukturen einhergeht (vgl. Semmer und Udris 2007). Wir wollen uns in diesem Buch insbesondere mit der abhängigen Erwerbsarbeit in Organisationen befassen, ohne dabei den hohen Wert anderer Formen von Arbeit in Zweifel zu stellen.

---

> ?

Stellen Sie sich vor, Sie gewinnen oder erben eine große Geldsumme, von der Sie den Rest des Lebens komfortabel leben könnten, auch ohne arbeiten zu gehen. Was würden Sie tun?

---

Schon vor rund 20 Jahren wurde die sogenannte *„Meaning of Work"*-Studie in acht westlichen Ländern durchgeführt, um bei fast 15.000 Erwerbstätigen Vergleiche hinsichtlich ihrer Einstellungen und Werte gegenüber der Arbeit, der Familie, der Freizeit etc. zu ermitteln (MOW International Research Team 1987). Hierbei wurde u. a. die inzwischen klassische „Lottofrage" an die Teilnehmer gerichtet, die wir Ihnen gerade gestellt haben. Die Ergebnisse der Studie zeigten, dass Arbeit kulturübergreifend, aber auch mit Unterschieden zwischen den Ländern, einen zentralen Stellenwert im Leben einnimmt. Eine interessante Arbeit zu haben, dafür Sicherheit und Bezahlung zu erhalten, waren die wenig überraschenden zentralen Motive der Beschäftigten in dieser Studie. Je nach Umständen war die interessante Arbeit noch wichtiger als die Bezahlung. Viele Befragte würden weiterarbeiten, selbst wenn sie das Geld zur Verfügung hätten, um nicht mehr arbeiten zu müssen – dann allerdings oft mit anderen Inhalten und in anderen Formen der Arbeit. In einer repräsentativen Stichprobe von knapp 1200 Frauen und Männern in den alten Bundesländern gaben zwei Drittel der Befragten an, weiterarbeiten zu wollen, auch wenn sie es aus finanziellen Gründen nicht müssten. Rund 40 % würden dies am selben Arbeitsplatz tun, 60 % hingegen unter veränderten Bedingungen. Der Wert von Arbeit geht also bei den meisten Menschen klar über die materielle Absicherung hinaus. Zugleich werden die Arbeitsbedingungen aber auch mehrheitlich als verbesserungsbedürftig bewertet, wobei dies je nach Arbeitsbereichen und Positionen deutlich variieren kann: So zeigt beispielsweise eine kleine Studie bei deutschen Managern, dass diese ganz überwiegend weiter, in drei Vierteln der Fälle aber anders arbeiten würden als bislang (Borchert und Landherr 2007).

Diese und andere Untersuchungen verdeutlichen, dass Arbeit zwar nach wie vor eine zentrale Stellung in unserem Leben einnimmt, zunehmend aber auch kritisch hinterfragt und bewertet wird. Im Unterschied zur Nachkriegsgeneration und folgenden Generationen (u. a. „Babyboomer") zeigen jüngere Arbeitnehmer heutzutage eine breitere Vielfalt aus Arbeitsorientierung, Freizeitorientierung und anderen Wertvorstellungen. Sie sind nicht mehr bereit, sich der Bezahlung wegen fügsam der Pflichterfüllung zu ergeben, sondern wollen auch Ansprüche an interessante Arbeitsinhalte, eigene Möglichkeiten der Einflussnahme und Mitwirkung, eine gute Balance zwischen Arbeit, Freizeit und anderen Lebensbereichen erfüllt sehen. Psychosoziale Funktionen der Erwerbsarbeit wie Aktivität und Kompetenz, Zeitstrukturierung, Kooperation und Kontakt, soziale Anerkennung und persönliche Identität (vgl. Semmer und Udris 2007) gewinnen in diesem Wertewandel immer mehr an Bedeutung.

## Gibt es ein (erfülltes) Leben nach der Berufstätigkeit?

Mit eindrucksvoller Akribie und Tiefe sind vor über 50 Jahren zwei Hamburger Internisten der Beobachtung nachgegangen, dass Beamte häufig in den Jahren nach ihrer regulären Pensionierung versterben (Jores und Puchta 1959). In einer Mischung aus quantitativen, statistisch gesicherten und qualitativen Untersuchungen mittels Interviews arbeiteten sie heraus, dass Beamte, die bis zu ihrem 65. Lebensjahr ihren Lebensinhalt und ihr soziales Selbstwertgefühl wesentlich in der Arbeit gefunden hatten, nach der Pensionierung ein vielfach höheres Risiko aufwiesen, zu erkranken und zu sterben. Beamte, die schon zuvor ausgeprägte Hobbys pflegten oder einen weiteren Beruf hatten, auf den sie zurückgreifen konnten (speziell bei der Polizei, die Beamte mit 60 Jahren regulär in Pension schickte), oder ihre Arbeit als Last empfunden hatten, liefen nicht in diese Gefahr – ein starkes Indiz, dass eine berufliche Arbeit eine sinnstiftende Tätigkeit bedeuten und damit Gesundheit erhalten kann.

Jores und Puchta wiesen damals schon auf die gesamtgesellschaftliche und kulturelle Dimension dieser Beobachtung hin. Sie fragten, ob die Kultur im Nachkriegsdeutschland dazu führe, „... dass der Mensch seine vielfältigen Anlagen weitgehend brach liegen lässt und in der Einseitigkeit [seiner beruflichen Tätigkeit, Anmerkung der Verfasser] das Ziel seines Lebens erfährt." Ein Mensch, dem nicht jeden Tag wenigstens eine Stunde gehört, ist kein Mensch, sagte der Theologe Martin Buber. Wenn wir in diesem Buch versuchen, die Licht- und Schattenseiten von beruflicher Tätigkeit zu zeigen und schließlich Möglichkeiten für Einzelne und für Organisationen formulieren, Arbeit so zu gestalten, dass sie die Anlagen der Beschäftigten fördert, zu Wohlbefinden beiträgt und Gesundheit erhält, dann sind wir uns dieser gesellschaftlichen Dimension wohl bewusst.

# Was kann und soll dieses Buch (nicht) leisten?

Politische, ökonomische, soziale, sozialpolitische Rahmenbedingungen schränken den Handlungsspielraum von Organisationen und Individuen ein. Vieles, was wir als wünschenswert – oder aus gesundheitlicher Sicht – für notwendig erachten, haben wir nicht in der Hand. Ein simples Beispiel: Wenn wir wissen, dass Arbeitsunsicherheit krank machen kann, dann würden wir anstreben, Wirtschaftskrisen, Stellenabbau oder Firmenpleiten zu verhindern. Dass wir das nicht können – und dazu als Psychologen und Ärzte auch nicht befähigt sind –, ist offensichtlich. So bleibt uns in diesem Beispiel darauf hinzuweisen, dass offene Kommunikation, Beteiligung an der Gestaltung anstehender Änderungen und möglichst weitgehende Kontrolle über die eigene Arbeit wichtige Faktoren sind, welche die Auswirkungen von Arbeitsunsicherheit auf die Gesundheit lindern können (Barrech et al. 2014). Damit heißen wir Arbeitsunsicherheit und ihre negativen gesundheitlichen Folgen nicht gut. Unsere professionellen Einflussmöglichkeiten als Psychologen und Ärzte beschränken sich aber im Wesentlichen auf das Geschehen innerhalb von Organisationen, auf Gruppen und auf einzelne Personen. Wir werden versuchen, diese Gestaltungsmöglichkeiten wo immer möglich oder sinnvoll aufzuzeigen, ohne das Ganze aus dem Blick zu verlieren.

Das Thema Arbeit und Gesundheit füllt Bände, um nicht zu sagen Bibliotheken. Die Auswahl der in diesem Buch behandelten Fragen ist subjektiv geprägt durch die drei Autoren, die sich von der Relevanz, dem Interesse und den eigenen Vorerfahrungen haben leiten lassen. Unser Ziel war nicht, ein Kurzlehrbuch zu schreiben. Wir wollen vielmehr aus unserer Sicht zentrale Themen illustrativ und – je nach Wichtigkeit – mit mehr oder weniger wissenschaftlicher Tiefe so aufbereiten, dass Interessierte sich ein eigenes Bild machen können. Durch die drei vertretenen Fachrichtungen Arbeits- und Organisationspsychologie, Psychosomatische Medizin und Psychotherapie sowie Arbeitsmedizin und Innere Medizin wird der Bogen ohnehin weit gespannt.

# Was erwartet Sie also in diesem Buch?

Bereits die ersten beiden Kapitel setzen sich mit zwei Gegensätzen auseinander, die uns im Zusammenhang mit dem Thema Arbeit und Gesundheit immer wieder begegnen werden: Im Kapitel „Wen(n) Aufgabenerfüllung glücklich macht" (Kap. 1) wird untersucht, unter welchen Bedingungen Arbeit sinnstiftend, erfüllend, freudvoll ist, vielleicht sogar im Sinne eines „Flow-Erlebens" zu Glückszuständen beitragen kann, aber auch, ob es zu viel Spaß an Arbeit geben kann. Kapitel 2 „Macht Arbeitslosigkeit krank?" betrachtet Zusammenhänge zwischen Arbeitslosigkeit und Gesundheit. Hierbei werden Wirkungen von Arbeitslosigkeit auf das Risiko zu erkranken untersucht; die psychosozialen Wirkmechanismen dieser Zusammenhänge sollen verständlich gemacht und der Einfluss von Sozialpolitik auf diese Zusammenhänge aufgezeigt werden.

Die zwei nachfolgenden Kapitel widmen sich verstärkt dem sozialen Kontext in der Arbeit. Im Kapitel „Gemeinsam sind wir stark? Licht und Schatten der Arbeit in Gruppen" (Kap. 3) wird geklärt, unter welchen Bedingungen Teamarbeit Vor- oder Nachteile für Leistung und Motivation mit sich bringen kann. Hierbei wird besonders auch auf psychodynamisch hilfreiche Aspekte der Arbeit in Gruppen eingegangen. Das Kapitel „Führen und geführt werden" (Kap. 4) soll ein Grundverständnis für gängige Führungsansätze vermitteln und vorrangig die Frage beantworten, wann Führung und Führungskräfte unterstützend sind und wann sie krank machen können.

Zwei weitere Kapitel beschäftigten sich dann mit dem Wandel von Arbeit und daraus entstehenden Folgen. Das Kapitel „Wandel oder Stabilität – was ist gut für uns?"(Kap. 5) beschreibt typische Veränderungen in Unternehmen, daraus resultierende Arbeitsunsicherheit und Widerstände sowie gesundheitliche Folgen für die Mitarbeiter und geht auch darauf ein, wie Veränderungsprozesse in Betrieben sozial- und gesundheitsverträglich gestaltet werden können. Im Kapitel „Immer schneller, höher, weiter – Zeit- und Leistungsdruck in der Arbeit" (Kap. 6) beschreiben wir gesellschaftliche und betriebliche Veränderungen aus der Wahrnehmung der Beschäftigten und gehen vornehmlich der Frage nach, wie sich erlebter Zeit- und Leistungsdruck auf die Qualität der Arbeit, aber auch auf die Qualität des Arbeitslebens auswirken.

Wiederum zwei Kapitel widmen sich anschließend arbeitsbedingtem psychischem Stress, Burnout, Depression und anderen Erkrankungen. Das Kapitel „Stress in der Arbeit macht krank, oder?" (Kap. 7) beschäftigt sich mit Konstellationen von Arbeitsbedingungen, sogenannten Arbeitsstressmodellen, die schwere Erkrankungen hervorrufen können. Ausgehend von biologischen und psychologischen Wirkungen von psychosozialem Stress wird dargestellt, warum wir heute mit großer Sicherheit sagen können, dass bestimmte, klar definierte Konstellationen von Arbeitsstress zumindest das Risiko für Depressionen und Herzinfarkte erhöhen, wenn nicht auch für weitere Erkrankungen. Das Kapitel „Burnout – etwas mehr Klarheit im Begriffsdschungel" (Kap. 8) greift die seit einigen Jahren hitzig diskutierte Debatte auf und liefert Argumente, dass Burnout sowohl aus individuellen, aber auch aus organisationalen Gründen in der Arbeit entstehen kann. Hiermit wollen wir auch zur Versachlichung und Abgrenzung von Themen wie psychischem Stress, Burn-out und Depression beitragen.

Im Kapitel „Wie viel Freizeit braucht der Mensch – Arbeitspausen, Erholung und Urlaub" (Kap. 9) werden die kleinen und großen Auszeiten von der Arbeit in Augenschein genommen, Pausen, Nickerchen bis hin zu Urlaub: Als generelle Regel scheint sich zu bewähren, dass mehrere kürzere Auszeiten, von Pausen bis hin zu (Kurz-)Urlauben, den Erholungseffekt insgesamt verstärken. Auch nach längeren Urlauben hält die Erholung kaum mehr als vier Wochen an. Ein echtes Abschalten vom Arbeitsdruck und das Beschäftigen mit anregenden, freudvollen Tätigkeiten fördert die Erholung.

Schließlich wollen wir im letzten Teil dieses Buches auch mögliche Gestaltungsansätze aufzeigen und vertiefen, die sich zum Erhalt der Gesundheit auf verschiedenen Ebenen ergreifen lassen. Im Kapitel „Was kann ich als Einzelner tun – oder: Kann man Resilienz lernen?" (Kap. 10) werden solche Maßnahmen vorgestellt, die jeder Einzelne von uns ergreifen kann, um in der Arbeit gesund zu bleiben. Dies reicht von Achtsamkeit, Entspannung und Stressbewältigung bis hin zur individuellen Gestaltung der eigenen Balance zwischen Arbeit und anderen Lebensbereichen. Im Kapitel „Arbeiten und gesund bleiben – was kann der Betrieb tun" (Kap. 11) werden dann hilfreiche Ansätze auf betrieblicher Ebene vorgestellt und diskutiert, die u. a. Maßnahmen einer lern- und gesundheitsförderlichen Gestaltung der Arbeitsorganisation, der Arbeitsaufgaben, der Führung und Zusammenarbeit im Betrieb beinhalten.

# Literatur

Barrech, A., Glaser, J., & Gündel, H. (2014). Arbeitsunsicherheit und Gesundheit. *Public Health Forum*, *22*(82), 23–25.

Borchert, M., & Landherr, G. (2007). *Meaning of Work (Arbeitsbericht)*. Duisburg: Universität Duisburg-Essen.

Isic, A., Dormann, C., & Zapf, D. (1999). Belastungen und Ressourcen an Call Center-Arbeitsplätzen. *Zeitschrift für Arbeitswissenschaft*, *53*, 202–208.

Jores, A., & Puchta, H. G. (1959). Der Pensionierungstod. Untersuchungen an Hamburger Beamten. *Med Klin*, *25*, 1158–1164.

Lewin, K. (1920). *Die Sozialisierung des Taylor-Systems*. Schriftenreihe Praktischer Sozialismus, Bd. 4, S. 3–36.

MOW International Research Team (1987). *The meaning of work*. London: Academic Press.

Semmer, N. K., & Udris, I. (2007). Bedeutung und Wirkung von Arbeit. In H. Schuler (Hrsg.), *Lehrbuch Organisationspsychologie* (4. Aufl. S. 157–193). Bern: Huber.

Ulich, E. (2011). *Arbeitspsychologie* (7. Aufl.). Stuttgart: Schäffer-Poeschel.

Weber, M. (2010). *Die protestantische Ethik und der Geist des Kapitalismus* (3. Aufl.). München: Beck.

# Inhaltsverzeichnis

# 1

# Wen(n) Aufgabenerfüllung glücklich macht

## Inhalt

H. Gündel et al., *Arbeiten und gesund bleiben*, DOI 10.1007/978-3-642-55303-5_1,
© Springer-Verlag Berlin Heidelberg 2014

Arbeit kann manchmal so packend sein, dass wir dabei die Zeit vergessen. Die Arbeitsaufgabe selbst kann uns fesseln. Beispielsweise wollen wir von einer Problemstellung nicht ablassen, bis wir eine geeignete Lösung dafür gefunden haben. Wir erleben dann ein Gefühl tiefer Befriedigung, wenn es uns gelungen ist, diese „Nuss zu knacken". Aber auch der Wert, den wir der erwarteten Konsequenz einer Aufgabenbewältigung beimessen, z. B. die Anerkennung für eine Leistung durch andere, kann uns beflügeln. Sei es ein persönliches Lob, eine Prämie oder eine günstigere Ausgangsposition für die weitere Karriereentwicklung – viele Anreize können uns motivieren, (zu) viel Zeit in Arbeit zu investieren.

## 1.1   Warum arbeiten wir?

Die Frage nach dem „Warum" des menschlichen Handelns beschäftigt die Motivationspsychologie seit vielen Jahrzehnten. Motive sind die Beweggründe für unser Handeln. Die Anreize einer Situation (z. B. einen Kiosk mit erfrischenden Getränken zu sehen) führen dazu, dass Motive (hier: Durst) angeregt werden und die Motivation entsteht, d. h. ein von uns ausgehendes aktives Verhalten (das erfrischende Getränk zu erwerben und zu konsumieren). Bereits mit den berüchtigten Rorschach-Tintenklecksen wurden die Beweggründe des menschlichen Handelns systematisch erforscht, auch wenn dieses projektive Verfahren heute nicht als wissenschaftlich anerkannt gelten kann. Im Kontext von Arbeit wurden in der frühen Forschung drei dominierende Motive geltend gemacht: die Bedürfnisse nach Macht, nach Leistung und nach Anerkennung. Aus der moderneren Sicht der Selbstbestimmungstheorie (*Self-Determination Theory*) von Deci und Ryan (1985, 2010) geht es um drei ähnliche, aber positive und mehr auf das Individuum ausgerichtete Motive: das Bedürfnis nach Autonomie, das Bedürfnis nach Kompetenz und das Bedürfnis nach Verbundenheit mit anderen.

―――――― ?

Wie ist das bei Ihnen? Möchten Sie gerne selbstbestimmt arbeiten und sich dabei als kompetent erleben? Möchten Sie sich mit Ihren Vorgesetzten und Kollegen verbunden fühlen? Was davon ist Ihnen am wichtigsten?

Vermutlich ist das auch bei Ihnen der Fall. Sicher gibt es aber weitere Gründe, weshalb Sie arbeiten – z. B. um den Lebensunterhalt Ihrer Familie zu sichern, um abgesichert zu sein (etwa bei Krankheit oder Berufsunfähigkeit) oder um Statussymbole (wie einen Titel oder ein Dienstfahrzeug) zu „besitzen". Maslow hat in seiner viel beachteten Bedürfnispyramide fünf Arten von Bedürfnissen unterschieden: physiologische Bedürfnisse (z. B. Hunger, Schlaf), Sicherheitsmotive (z. B. Schutz, Vorsorge), soziale Motive (z. B. Kontakt, Zugehörigkeit), Ich-Motive (z. B. Anerkennung, Status) und die Selbstverwirklichung als oberstes Motiv. Aufgrund der Anschaulichkeit und Plausibilität wird diese Maslow'sche Bedürfnispyramide in verschiedenen Disziplinen (z. B. BWL, VWL, Pädagogik) verwendet. Kritisch anzumerken ist, dass es keine überzeugenden Belege für die Behauptung gibt, zuerst müssten die unteren Bedürfnisse (z. B. Hunger, Schutz) befriedigt sein, bevor die „höheren" Bedürfnisse (z. B. Zugehörigkeit, Anerkennung) aktiviert würden. Unbeachtet bleibt oft auch Maslows Hinweis auf Veränderungen solcher Bedürfnislagen und ihrer Konstellation im Lauf des Lebens. Dabei sind nach Essen schreiende Babys, nach Schutz strebende junge Familien oder nach Statusobjekten suchende ältere Erwerbstätige gute Beispiele für solche Motivverschiebungen im Lebenslauf.

---

Haben Sie solche Veränderungen in Ihren Bedürfnissen selbst schon erlebt?

---

Ob es nun fünf oder mehr oder weniger solcher Bedürfnisklassen sind, die uns je nach unseren Lebens- und Einkommensverhältnissen zur Arbeit motivieren, mag eine eher akademische Frage sein. Ganz praktisch relevant ist aber der folgende Umstand: In dem Maße, in dem Mitarbeiter ihre Bedürfnisse hinsichtlich ihrer Arbeit auch wirklich befriedigen können, in dem Maße werden sie motiviert und zufrieden arbeiten, mehr Engagement und Leistung zeigen und der Arbeit weniger fernbleiben. Es ist nicht nur wichtig, dass wir selbst unsere Motive verstehen, die uns zum Arbeiten bewegen, sondern dass diese Bedürfnislagen auch mit den Vorgesetzten besprochen werden können, um eine möglichst gute Passung zwischen den Bedürfnissen und Angeboten der Beschäftigten und der Betriebe herstellen zu können. Bei einer systematischen Suche nach solchen Bedürfnisklassen helfen die zuvor genannten psychologischen Konzepte – nicht nur uns selbst, sondern auch Arbeitgebern und ihren stellvertretenden Führungskräften. In der psychologischen Forschung wird zudem zwischen extrinsischer und intrinsischer Motivation unterschieden. Damit wollen wir uns im nächsten Abschnitt näher befassen.

## 1.2  Was treibt uns äußerlich und innerlich zur Arbeit?

Die Unterscheidung in extrinsische und intrinsische Arbeitsmotivation wurde schon zur Mitte des vergangenen Jahrhunderts durch die *„Human Relations"*-

Bewegung geprägt. Als Reaktion auf die wissenschaftliche Betriebsführung (Taylorismus), die den Blick auf Effizienzsteigerung und Gewinnoptimierung richtete, wurden in der „Human Relations"-Bewegung die menschlichen Bedürfnisse der Beschäftigten in den Vordergrund gestellt. Ein Vertreter dieser Forschungsrichtung war Herzberg, der sich fragte, was uns in der Arbeit unzufrieden macht und was uns zufrieden hält. Hierbei unterschied er (Herzberg et al. 1959) die sogenannten extrinsischen Faktoren (auch: Kontext- oder Hygienefaktoren) als diejenigen Merkmale der Arbeit, die erfüllt sein müssen, damit wir nicht unzufrieden sind. Beispiele aus den Studien sind die Bezahlung und die Arbeitsbedingungen oder auch die sozialen Beziehungen zu Kollegen und Vorgesetzten. Dem gegenüber standen die sogenannten intrinsischen Faktoren (auch: Kontentfaktoren, Motivatoren) wie etwa der Arbeitsinhalt, die erlebte Anerkennung und Leistung, die uns nach Herzberg zufrieden mit der Arbeit machen. Jenseits aller Kritik an den Methoden und Ergebnissen dieser frühen Studien von Herzberg ist in der heutigen Forschung die Unterscheidung zwischen intrinsischer und extrinsischer Motivation in der Arbeit etabliert, auch wenn diese Unterscheidung mal enger und mal weiter gefasst wird. In der Diskussion vermischt sich oft auch, in welchem Maß die intrinsische Motivation aus der Person heraus (weil dieser Mensch eben so wissbegierig oder arbeitseifrig ist) oder aus der Aufgabe heraus (weil die Aufgabe eben so interessant und lernförderlich scheint) entsteht. Wir wollen uns hier weniger mit der Persönlichkeit auseinandersetzen (hierzu bietet die Persönlichkeitspsychologie einen Fundus an Unterscheidungsmerkmalen zwischen Menschen), sondern unseren Fokus auf die Arbeit und damit auf Arbeitsaufgaben und ihre Ausführungsbedingungen richten, die intrinsisch motivieren.

---

?

Wenn Sie an Ihre Arbeit denken, z. B. an den letzten Arbeitstag, welche der Aufgaben haben Sie eher intrinsisch (aus den Aufgaben selbst) motiviert erledigt und welche eher extrinsisch (von außen, von anderen) motiviert verrichtet?

---

Deci, E. L. und Ryan (2010) beschreiben Motivation entlang eines Kontinuums. Amotivation bildet quasi den Nullpunkt des Kontinuums. Umgangssprachlich wäre die Wendung „Null Bock haben" ein guter Ausdruck für einen solchen Erlebenszustand. Die extrinsische Motivation ist da schon mal etwas mehr, wird sich mancher Arbeitgeber denken. Diese zweite Form der Motivation beschreibt ein Verhalten, das durch Verhaltenskontrolle von außen (durch Lob und Bestrafung; zeitgemäßer formuliert durch Anreize und Sanktionen) reguliert wird. Das Verhalten ist maßgeblich darauf ausgerichtet, Belohnungen zu erhalten und Sanktionen zu vermeiden. Deci und Ryan sprechen hierbei von introjizierter Regulation (von außen gesteuert). Bei der identifizierten Regulation (als einer dritten Ausprägung der Motivation) werden die äußeren Anforderungen bereits als eigene Handlungsziele akzeptiert und auch selbst für wichtig erachtet. Das setzt jedoch voraus, dass eigene Einflussmöglichkeiten in der Arbeit auch gegeben sind. Die vierte und am meisten erwünschte Form ist die integrierte Regulation (die „wahre" intrinsische Motivation), die (fast) keiner Steuerung von außen mehr bedarf, sondern bei der die Ziele und Werte der Tätigkeit fest im eigenen Selbstkonzept verankert sind und somit die Motivation aus der Aufgabe heraus entsteht. Eine solche integrierte Regulation, d. h. wahre intrinsische Motivation, kann nur dann entstehen, wenn in hohem Maße selbstgesteuert gearbeitet werden darf.

Entscheidend für die intrinsische Motivation ist, dass Menschen beim Ausführen von Handlungen eigene Kompetenz und Selbstbestimmtheit erleben. Von intrinsischer Motivation spricht man dann, wenn die Aktivität aus starkem Interesse ausgeführt wird und zu Wachstum (*Growth*) führt, d. h. dass die Aktivität beim handelnden Individuum eine Zunahme an Wissen oder Können bewirkt. Wohl jenem Arbeitnehmer, der viele solcher intrinsisch motivierenden Aufgaben hat! Wehe jener Arbeitgeberin, die viele Aufgaben zu verteilen hat, die als solche nicht motivieren können! In manchen Betrieben, vor allem in Konzernen, werden ausgefeilte Anreiz- und Vergütungssysteme zum Teil in eigenen „*Compensation & Benefits*"-Abteilungen entwickelt und angepriesen. In den meisten Betrieben sind finanzielle Anreize die meist gepflegte Währung für anerkannte Leistungen. Wenn Zielvereinbarungen zu einfallslosen „Mehr Leistung – mehr Prämie"-Verknüpfungen verkümmern und man sich dann womöglich noch wundert, warum Mitarbeiter nicht mitdenken oder gar vorausdenken, wenn es keine unmittelbaren Prämien dafür gibt, dann sollte man sich der Selbstbestimmungstheorie besinnen. In einigen Experimenten bei Kindern, bei Studierenden und bei regulär Berufstätigen wurde gezeigt, dass äußere Anreize (z. B. Süßigkeiten, Geld) die intrinsische Motivation (zu malen, spielen, lernen oder arbeiten) untergraben. Deci und Ryan sprechen in ihrer Selbstbestimmungstheorie in diesem Zusammenhang von einem Korrumptionseffekt. Der Wechsel des Motivationsmodus rührt daher, dass intrinsisch motivierte Handlungen ein Gefühl von Selbstbestimmtheit mit einschließen, während dieses Gefühl bei extrinsisch motivierten Handlungen nicht auftritt. Extrinsische Motivation beschreibt ja eine Motivation, die nicht aus Interesse, sondern aufgrund äußerer (An-)Reize entsteht. Sobald eine Handlung belohnt wird, fühlt sich das Individuum kontrolliert und kann demzufolge keine Selbstbestimmtheit mehr erleben. Um die verlorene Autonomie auszugleichen, greifen Menschen auf andere Belohnung versprechende Ressourcen zurück, wie z. B. die Bezahlung oder die Anerkennung durch andere Personen.

## 1.3    Warum arbeiten wir mehr als wir eigentlich müssten?

Zum Teil ist diese Frage schon beantwortet – weil wir Aufgaben haben, die uns intrinsisch motivieren. Was bedeutet aber „mehr leisten als wir eigentlich müssten"? Vertraglich wird im Allgemeinen die Erfüllung bestimmter Aufgaben(-Bereiche) zu bestimmten Zeiten und in einem bestimmten Arbeitsumfang als Gegenwert für Bezahlung geregelt. Alles, was darüber hinaus geht, müssten wir eigentlich nicht tun – machen das aber dann doch? Warum das denn? Kapitalismuskritiker würden empört sagen: Den Kapitalisten noch mehr Arbeitskraft zu geben, als sie uns tatsächlich bezahlen? Dadurch weitere Arbeitsplätze vernichten, weil wir das unentgeltlich tun?

In der psychologischen Forschung zum Intra- und Extrarollenverhalten, zum „*Organizational Citizenship Behavior*" („Verhalten als Bürger der Organisation") und zum „*Organizational Commitment*" (Bindung an die Organisation) hat man sich mit Fragen der positiven Einstellung gegenüber Organisationen und mit freiwilligem Arbeitsverhalten intensiv beschäftigt. Intrarollenverhalten entspricht dem, was laut Arbeitsvertrag von uns gefordert wird. Extrarollenverhalten ist folglich alles, was darüber hinausgeht und freiwillig erbracht wird. Häufig identifizierte Formen von Extrarollenverhalten wurden auch „*Organizational Citizenship Behavior*", (kurz: OCB) genannt. Dazu zählen nach Organ (1988) Hilfsbereitschaft, Rücksichtnahme, Gewissenhaftigkeit, bürgerliche Tugenden (*„civic virtue"*) und Unkompliziertheit (*„sportsmanship"*).

> ? 
>
> Wann haben Sie einer Kollegin geholfen, obwohl es nicht zu Ihren Aufgaben zählte? Wann haben Sie aus Rücksicht oder Gewissenhaftigkeit länger oder mehr gearbeitet, als Sie es eigentlich mussten?

Auch wenn die Grenzen zerfließen, sobald die Inhalte der Arbeit und die Formen der Zusammenarbeit komplexer werden und deshalb oft nicht mehr genau festzulegen ist, wo Intrarollenverhalten aufhört und wo Extrarollenverhalten beginnt, können Sie dennoch vermutlich Beispiele nennen, in denen Sie mehr gemacht haben als Sie eigentlich mussten – und wenn es nur der Griff nach dem am Boden liegenden Papier war und der Gang zum Kollegen, der es verloren hatte. Organisationen brauchen solche Verhaltensformen, sonst würden sie in bürokratischen Grabenkriegen oder in Verantwortungsdiffusion versinken. Neben Persönlichkeitsmerkmalen sind auch die Kompetenz und die Eigeninitiative der einzelnen Menschen verschieden und mit verantwortlich dafür, ob OCB gezeigt wird oder nicht. Arbeitsbedingungen und

Arbeitsaufgaben tragen ebenfalls dazu bei. So hat sich gezeigt, dass eine günstige Konstellation von Arbeitsanforderungen (z. B. Abwechslungsreichtum, Planungsanforderungen) und arbeitsbezogenen Ressourcen (z. B. Tätigkeitsspielräume, soziale Unterstützung) mit mehr OCB, aber auch mit mehr Eigeninitiative, Engagement und Commitment einhergeht, d. h. ein proaktives Verhalten fördert.

*Organizational Commitment* bezeichnet die Bindung an eine Organisation. In der Forschung wurden schon früh verschiedene Formen des Commitment unterschieden, wobei sich die Systematik von Allen und Meyer (1990) weitgehend durchgesetzt hat, die folgende drei Formen des Commitment beschreibt: Affektives Commitment ist ein Gefühl der Verbundenheit mit dem Betrieb. Man arbeitet dort, weil man es möchte. Fortsetzungsbezogenes (*„continuance"*) Commitment basiert hingegen auf Kosten-Nutzen-Abwägungen mit dem Resultat, dass es keine besseren Alternativen gibt, d. h. weil man muss. Normatives Commitment bezieht sich schließlich auf den Glauben bzw. die innere Verpflichtung, dem Betrieb treu bleiben zu müssen, d. h. weil man es sollte. Psychoanalytisch betrachtet wäre diese Form mit Bezug auf das „Über-Ich" zu erklären, z. B. wenn man bleibt, weil man den Chef oder die Kollegen nicht enttäuschen oder hängenlassen will.

Organisationales Commitment, besonders das affektive Commitment, ist in Betrieben naturgemäß gern gesehen. In Reviews und Metaanalysen (Forschungsübersichten zu den empirischen Studien zum Thema) wird belegt, dass Commitment positive Zusammenhänge mit Arbeitsmotivation, Arbeitszufriedenheit, Bindung an die eigene Tätigkeit und fremdbewertete Arbeitsleistung zeigt. Das heißt, je motivierter und zufriedener, desto mehr Bindung und Leistung. Negative Zusammenhänge fanden sich mit psychischem Stress, Fluktuation und der Absicht, nach einer alternativen Beschäftigung zu suchen oder das Unternehmen tatsächlich zu verlassen (Meyer et al. 2002). Positiv beeinflusst wird organisationales Commitment wiederum durch Autonomie und Spielräume in der Arbeit, durch Teamzusammenhalt, positives Führungsverhalten, durch erlebte Gerechtigkeit und geringe Konflikte mit der eigenen Arbeitsrolle. Das unterstreicht einmal mehr die Wichtigkeit und das Potenzial einer guten Arbeitsgestaltung und Führung.

## 1.4 Erfüllung bei der Arbeit – was ist „Flow"?

Viele Menschen können bei ihrer Arbeit immer wieder einmal die Zeit vergessen und sich so tief in eine Aufgabe versenken, dass sie später überrascht sind, wie viel Zeit bereits vergangen ist. Für manche Menschen haben Teile ihrer Berufstätigkeit etwas von einem Hobby. Sie ziehen es nicht selten vor, weiter an einer speziellen Aufgabe zu arbeiten, anstatt ein anderes Hobby auszuüben. Wir haben bereits vermittelt, dass intrinsisch motivierte Tätigkeiten nicht in erster Linie für die Konsequenz der Arbeit (z. B. Wertschätzung, Anerkennung, finanzielle Absicherung) ausgeführt werden, sondern weil sich die Durchführung der Aufgabe als solche schon belohnend und erfüllend anfühlt. Viele Wissenschaftler haben sich Gedanken gemacht, welche Bedingungen erfüllt sein müssen, damit Menschen eine solche Erfüllung in ihrer Arbeit finden können.

---
?
---

Erfüllung in der Arbeit? Gibt es das überhaupt? Eigentlich fällt es doch jedem Menschen immer wieder schwer, nach dem Urlaub zurück an die Arbeit zu gehen!

Stimmt. Zumindest trifft dies auf die meisten Menschen zu. Es gibt wohl kaum jemanden, der sich bei der Arbeit immer erfüllt fühlt und sich nichts Schöneres vorstellen kann. Wenn man die Frage nach „Erfüllung in der Arbeit" ausgewogener betrachtet, läuft es meist darauf hinaus, dass es bei vielen Menschen immer wieder (mehr oder weniger häufige) Arbeitsepisoden und -aufgaben gibt, in denen sie zufrieden sind und arbeiten, ohne auf die Uhr zu schauen. Darüber hinaus kommt es auch vor, dass man regelrecht in einen Sog gerät, weil eine besonders gute Passung zwischen den Neigungen und Kompetenzen der handelnden Person und der ausgeübten Tätigkeit besteht. Hier spielen naturgemäß viele, auch persönliche Motive eine Rolle, z. B. auch, ob persönliche Werte, Ziele und Interessen mit den in der speziellen Arbeit enthaltenen Werten und Interessen übereinstimmen.

Im Zusammenhang mit erfüllender Arbeitstätigkeit wird immer wieder die „Flow"-Theorie erwähnt, die erstmals 1975 von Csíkszentmihályi (zusammenfassend Nakamura und Csikszentmihalyi 2002) beschrieben wurde. Typische Beispiele für Flow-Erleben sind Pianisten oder andere Künstler, die während ihrer Tätigkeit die Zeit vergessen, oder der Chirurg, der in seiner Aufgabe quasi versinkt und überhaupt nicht auf die Idee kommt, auf eine Uhr zu schauen, bevor die Operation zufriedenstellend abgeschlossen ist (vgl. Keller und Blomann 2008). Nach dieser Theorie von Csíkszentmihályi ist Flow durch die folgenden Merkmale beschreibbar:

- Der Einzelne konzentriert sich intensiv auf seine aktuelle Tätigkeit.
- Aufmerksamkeit und Handlung sind eng miteinander verbunden.
- Selbstreflektierende Gedanken sind in der Zeit des Flows vermindert, die Gedanken sind ganz bei der jeweiligen Aufgabe.
- Der Betreffende hat das klare Gefühl, in der aktuellen Situation die Kontrolle zu haben.

- Die zeitliche Wahrnehmung kann verändert sein, „Stunden können wie Minuten vergehen".
- Negative Gedanken wie Grübeln oder Sorgen verschwinden.
- Die jeweilige Tätigkeit fühlt sich im Moment der Ausübung belohnend und erfüllend an.

Nicht jedes Flow-Erleben muss immer alle Kriterien erfüllen. Selbstreflexion kann bei Flow-Zuständen durchaus möglich sein. Aber der Kern des Erfülltseins mit der jeweiligen Tätigkeit ist immer da. Ein ganz besonderes Kennzeichen des Flows ist die aktive, mit vorhandenen Kompetenzen gemeisterte Tätigkeit des Handelnden, im Unterschied zu anderen Erlebniszuständen, die zwar auch erfüllend oder sehr befriedigend sein können, aber eher passiv-rezeptiv sind (z. B. das Hören von Musik). Ein zentrales Merkmal ist, dass die Kompetenzen des Handelnden und die Anforderungen der jeweiligen Tätigkeit optimal zusammenpassen, die Anforderungen also weder zu gering empfunden werden (dann entsteht Langeweile) noch als zu hoch (dann entsteht ein Gefühl des Überfordertseins). Häufig trifft man solche Phänomene des Flows beim Spielen an, z. B. wenn Kinder, Jugendliche und auch viele Erwachsene stundenlang an Computern oder anderen Geräten kniffeln oder ballern. In der Arbeitswelt tritt so etwas weitaus seltener auf.

## 1.5 Sieht man Flow auch im Gehirn?

Eine aktuelle neurowissenschaftliche Bildgebungsstudie untersuchte die neuronalen Korrelate des Flow-Erlebens, also die Frage, welche Hirnareale im Zustand des Flow-Erlebens speziell aktiv sind. Dazu nahmen 27 gesunde Probanden während einer experimentellen Bildgebungsuntersuchung des Gehirns an drei verschiedenen mathematischen Aufgabenbedingungen teil: In der einen Bedingung wurde der Schweregrad der jeweiligen Aufgabe dem Wissens- und Fertigkeitsstand der jeweiligen Versuchsperson angepasst (d. h. Entsprechung zwischen Anforderungen und Fähigkeiten als Vorbedingung für ein Flow-Erleben). In den beiden anderen Bedingungen lag der Schwierigkeitsgrad der zu lösenden Aufgaben entweder unter den Fähigkeiten des Einzelnen (= Langeweile) oder überschritt dessen Fähigkeiten (= Überforderung). Der Zustand des Flows, gemessen an der jeweiligen Hirnaktivierung, war durch ein besonderes Profil der beteiligten Hirnregionen gekennzeichnet: Hirnregionen wie der mediale präfrontale Kortex, die z. B. beim Grübeln im Rahmen von Depressionen oder anderen selbstbezogenen Gedanken vermehrt aktiviert sind, waren im Flow herunterreguliert. Hirnregionen, die mit Belohnungsempfinden und mit dem Erreichen von Zielen einhergehen (also in Richtung des

Gefühls einer „Erfüllung", „intrinsisch belohnen"), wie Teile der Basalganglien, waren in ihrer Aktivität im Flow erhöht. Ebenso waren Hirnregionen herunterreguliert (Mandelkern = Amygdala), die auch im Zustand der Meditation vermindert aktiv sind.

Dies sind spannende Befunde, die zeigen, dass Flow-Erleben nicht einfach nur ein „subjektives Gefühl" ist, sondern auch mit einem veränderten Muster der Hirnaktivität einhergeht. Die Autoren äußern die Vermutung, dass Flow-Erleben in zukünftigen Programmen zur Stressreduktion eine Rolle spielen könnte. Ob das so ist, ob bzw. unter welchen Bedingungen es also im Flow-Erleben zu einer verringerten vegetativen Aktivität kommen kann, müssen weitere Studien zu diesem Thema zeigen. Klar ist hingegen schon jetzt, dass kreative Ideen nicht selten aus dem Flow-Erleben entstehen und dass die Möglichkeit zum Flow-Erleben durch Arbeitsbedingungen erleichtert oder auch erschwert werden kann. Die Arbeitsgestaltung entscheidet letztlich darüber, welche Form der Arbeitsmotivation vorherrscht und wie sich dadurch bedingt die Arbeitsleistung gestaltet – also ob jemand eher „Bäume ausreißt" oder eher „vor der Arbeit ausreißt".

---

**Fazit**

Menschen haben auch in der Arbeit unterschiedliche Bedürfnisse. Alle wünschen sich aber neben materieller Absicherung ein gewisses Maß an Selbstbestimmtheit, Kompetenzerleben und Zugehörigkeit zu anderen. Extrinsische Motivation wird in Unternehmen häufig hergestellt. Es mangelt aber nicht selten an Überlegungen, wie intrinsische Arbeitsfreude, entsprechend den Neigungen und Kompetenzen der Mitarbeiter, hergestellt werden kann. Das erfordert meist eine andere Art der Arbeitsteilung und intensivere Gespräche zwischen Führungskräften und Mitarbeiter. Im Idealfall schafft sich der Mensch im Laufe seines Lebens selbst eine private und berufliche Umgebung, die seinen persönlichen Fähigkeiten und Neigungen bestmöglich entspricht. Dabei müssen sicher auch Kompromisse eingegangen werden. Eigenverantwortung in der Arbeit erhöht die Chance, gerne zur Arbeit zu gehen und mit Freude zu arbeiten. Der Zustand des Flows ist sicher nur manchmal zu erreichen. Dass solche „Inseln" im Rahmen der Arbeit vorkommen, ist ein Gewinn für die berufliche Lebensfreude.

---

# Literatur

### Verwendete Literatur

Allen, N. J., & Meyer, J. P. (1990). The measurement and antecedents of affective, continuance and normative commitment to the organization. *Journal of Occupational Psychology, 63*(1), 1–18.

Deci, E. L., & Ryan, R. M. (1985). *Intrinsic motivation and self-determination in human behavior*. New York: Plenum.

Deci, E. L., & Ryan, R. M. (2010). *Self-Determination.* New York: Wiley.

Herzberg, F., Mausner, B., & Snyderman, B. (1959). *The motivation to work.* New York: Wiley.

Keller, J., & Blomann, F. (2008). Locus of control and the flow experience: an experimental analysis. *European Journal of Personality, 22,* 589–607.

Meyer, J. P., Stanley, D. J., Herscovitch, L., & Topolnytsky, L. (2002). Affective, continuance, and normative commitment to the organization: a meta-analysis of antecedents, correlates, and consequences. *Journal of Vocational Behavior, 61*(1), 20–52.

Nakamura, J., & Csikszentmihalyi, M. (2002). The concept of flow. In C. R. Snyder, & S. J. Lopez (Hrsg.), *Handbook of positive psychology* (S. 89–105). Oxford: Oxford University Press.

**Weiterführende Literatur**

Organ, D. W. (1988). *Organizational citizenship behavior: The good soldier syndrome.* Lexington: Lexington Books.

# 2

# Macht Arbeitslosigkeit krank?

## Inhalt

H. Gündel et al., *Arbeiten und gesund bleiben*, DOI 10.1007/978-3-642-55303-5_2,
© Springer-Verlag Berlin Heidelberg 2014

Wenn wir manchmal vor lauter Arbeit nicht mehr wissen, wie wir unseren Tag bewältigen sollen, mag die Vorstellung verlockend sein, nicht mehr arbeiten zu müssen. Was würden wir tun, wenn wir genug Geld hätten? Den Job an den Nagel hängen? Oder uns eine andere Arbeit suchen, die mehr Spaß und Erfüllung verspricht? Das sind durchaus Gedanken, die zu spinnen Freude machen kann. Aber langzeitig arbeitslos sein und Hartz IV-Empfänger? Davor schaudert uns eher. Dabei liegt bekanntlich zwischen den unteren Lohngruppen, die zum Teil durch staatliche Hilfen aufgestockt werden müssen, und Hartz IV, offiziell Arbeitslosengeld II, finanziell gesehen kein so großer Unterschied. Was unterscheidet also Arbeitslosigkeit von Lebenskunst ohne Arbeit?

Was macht für Sie den Sinn der Arbeit aus und was würden Sie verlieren, wenn Sie arbeitslos werden würden?

## 2.1  Die manifesten und die latenten Wirkungen von Arbeit

Wenn man über die Folgen von langer Arbeitslosigkeit spricht, kommt einem die historische Marienthal-Studie in den Sinn. Marienthal, ein kleiner niederösterreichischer Ort nicht weit von Wien, war im 19. Jahrhundert um eine Textilfabrik herum entstanden (Abb. 2.1). In den zwanziger Jahren des vergangenen Jahrhunderts wurde dort eine starke gemeinschaftliche Arbeiterkultur gepflegt. Internationale sportliche Erfolge und Theaterkultur prägten den Ort. Die Weltwirtschaftkrise erfasste aber auch die Textilproduktion, die Werke in Marienthal mussten 1929 schließen, und so kam es, dass der größte Teil der Beschäftigten in Marienthal für mehrere Jahre arbeitslos wurde. Drei Viertel der Haushalte waren auf die magere Arbeitslosenhilfe angewiesen, die ohnehin nur über wenige Wochen gezahlt wurde. Ein Soziologenteam um Marie Jahoda, Paul Felix Lazarsfeld und Hans Zeisel begleitete und untersuchte die Bevölkerung des Ortes intensiv über einen längeren Zeitraum und gewann so Erkenntnisse über die Folgen dauerhafter Arbeitslosigkeit. Die Forscher wendeten quantitative und qualitative Methoden an, Beobachtungen und Interviews, zählten und vermaßen, was sie vorfanden, befragten aber auch eingehend die Menschen zu ihrem Leben (Jahoda et al. 1975).

Sicher unterscheidet sich die Lage der Menschen in Marienthal in mehrfacher Hinsicht von der heutigen Situation arbeitsloser Menschen in Deutschland. Der wichtigste Unterschied ist wahrscheinlich, dass die Menschen damals um ihr Überleben bangen mussten, da Nahrungsmittel fehlten und das

**Abb. 2.1**   Fotografie aus der Marienthal-Studie. Quelle: Archiv für die Geschichte der Soziologie in Österreich, Universität Graz

Hauptproblem war, genug zu essen zu bekommen. Andererseits betraf die Arbeitslosigkeit eine – zuvor intakte – Gemeinschaft als Ganzes und war damit kein individuelles Problem in einer ansonsten florierenden Gesellschaft, wie es heute häufig der Fall ist. Trotz dieser Unterschiede sind viele der Erkenntnisse aus der Marienthal-Studie unverändert gültig. Eine zentrale Aussage betrifft die Zeit, die zur Verfügung steht, wenn die Arbeit entfällt. Diese Zeit – und das macht den Unterschied aus zu selbst gewähltem Nichtarbeiten – wird nicht als gewonnene Zeit genossen. Marie Jahoda drückte es in einem Fernsehinterview 1983 so aus: „Die unbegrenzte Zeit, die keine Struktur hat, wo nichts wirklich geschehen muss, die unbegrenzte Zeit ist nicht Freizeit, sie ist eine ungeheure seelische Belastung, die den Menschen nur zeigt, dass sie nicht gebraucht werden, dass sie mit ihrer Zeit nichts tun können, das irgendeinen

Wert hat, die die Menschen dazu zwingt, sich als Ausgestoßene von der gesamten Gesellschaft zu fühlen." Jahoda und ihre Kollegen stellten fest, dass die Arbeitslosigkeit sich auf nahezu alle Lebensbereiche – zumeist negativ – auswirkte. Schon damals wurde vermutet, dass auch die Gesundheit betroffen ist. Dass dies in vielen Fällen zutrifft, werden wir im Folgenden näher darstellen.

Arbeit hat neben der sogenannten manifesten Funktion, ausreichend Geld für den Lebensunterhalt zu verdienen, auch eine Reihe latenter Funktionen: Zeitstrukturierung, Sinngebung, soziales Eingebundensein. Mit der Arbeitslosigkeit entfallen diese latenten Funktionen und müssen aus anderen Quellen ersetzt werden (Jahoda 1995). Soziales Eingebundensein, in praktischer und gefühlsmäßiger Hinsicht, meist unter dem Fachbegriff der sozialen Unterstützung subsumiert, und Kohärenzgefühl, das Gefühl, dass die Dinge des eigenen Lebens einen zusammenhängenden Sinn ergeben, gelten mittlerweile als zentrale Determinanten der Salutogenese, der Gesunderhaltung und Gesundheitsförderung.

## 2.2 Sterben arbeitslose Menschen früher?

Aber stimmt es denn wirklich, dass arbeitslose Menschen kränker sind als Menschen, die eine berufliche Beschäftigung haben? Wenn wir im Folgenden diese Frage mit Ja beantworten, dann meinen wir den Vergleich zwischen Arbeitslosen und beruflich Beschäftigten als gesamte Gruppe. Im Kap. 7 über Arbeitsstress gehen wir auch darauf ein, dass sich die hier beschriebenen Unterschiede in der Gesundheit verringern, wenn arbeitslose Menschen mit Menschen verglichen werden, die unter psychosozial schlechten Arbeitsbedingungen tätig sind.

> Eine der größten aktuellen Metaanalysen (Roelfs et al. 2011) führt die Daten von 42 Längsschnittstudien und über 20 Millionen Personen zusammen, um die Frage zu beantworten, ob, bei welchen Gruppen und unter welchen Umständen Arbeitslosigkeit mit einem erhöhten Risiko zu sterben (Gesamtmortalität) einhergeht. Die zentrale Aussage: Arbeitslosigkeit ist mit einem 63 % höheren Sterblichkeitsrisiko verbunden (für Fachleute: Hazard Ratio 1.63; 95 % Konfidenzintervall, 1.49–1.79), auch wenn Unterschiede im Alter und anderer möglicher Einflussgrößen zwischen den Arbeitslosen und den Nichtarbeitslosen statistisch berücksichtigt werden. Das gilt für alle Vergleiche zusammengenommen, sogar noch stärker, wenn arbeitslose nur mit erwerbstätigen Menschen verglichen werden und nicht mit der ganzen übrigen Bevölkerung. Das erhöhte Sterblichkeitsrisiko gilt besonders für Personen in den frühen und mittleren Abschnitten des Erwerbslebens, weniger für Personen im letzten Drittel der beruflichen Karriere. Männer sind stärker betroffen als Frauen. Der Zusam-

menhang zwischen Arbeitslosigkeit und Sterblichkeit tritt am stärksten auf in den ersten 10 Jahren nach Eintritt der Arbeitslosigkeit und wird danach langsam schwächer. Wenn ungesundes Verhalten wie Trinken, Rauchen etc. vor Eintritt der Arbeitslosigkeit in die Analysen einbezogen wird (als mögliche Ursache für beides, den Verlust der Arbeit und das Risiko zu sterben), fällt der Zusammenhang zwar etwas schwächer aus – bleibt aber dennoch erhalten. Das spricht dafür, dass tatsächlich die Arbeitslosigkeit an sich die wesentliche Ursache für die erhöhte Sterblichkeit ist.

## 2.3  Sind arbeitslose Menschen kränker?

Welche Erkrankungen stecken hinter diesem erhöhten Risiko frühzeitig zu sterben? Es sind vor allem psychische und kardiovaskuläre Erkrankungen, die bei arbeitslosen Menschen gehäuft vorkommen (Herbig et al. 2013). Hier fällt die Parallele zu den Erkrankungen auf, die durch Arbeitsstress verursacht werden. Häufiger sind es auch gewaltsame Ereignisse (Unfälle etc.), die primär unabhängig von Erkrankungen die erhöhte Sterblichkeit erklären können.

Zu den psychischen Erkrankungen zeigt die internationale Literatur, zusammengefasst in mehreren Metaanalysen: Psychische Erkrankungen treten bei langzeitarbeitslosen Menschen etwa doppelt so häufig auf wie bei entsprechenden Erwerbstätigen (Paul und Moser 2009). Die hohe Zahl geht vor allem auf das Konto von Depressionen. Angststörungen sind insgesamt in der Gesamtbevölkerung häufig, verglichen mit dieser unterscheiden sich auch Arbeitslose nicht sehr; vergleicht man arbeitslose aber mit berufstätigen Menschen, sind letztere erheblich weniger von Angst geplagt. Die Datenlage zu übermäßigem oder zumindest riskantem Alkoholkonsum ist gemischt: Zwar finden sich, wie es dem gängigen Vorurteil entspricht, insbesondere bei männlichen Arbeitslosen häufiger Personen, die zu viel Alkohol konsumieren; bei genauerem Hinsehen sind aber Ursache und Wirkung oft umgedreht: Häufig führt ein Alkoholproblem in die Arbeitslosigkeit – und nicht umgekehrt. Und zuletzt: Auch wenn man gesunde arbeitslose Menschen ohne die genannten psychischen Erkrankungen auf ihr psychisches Wohlbefinden hin untersucht, findet man eine verminderte Lebenszufriedenheit, die mit der Dauer der Arbeitslosigkeit weiter abnimmt.

Was wissen wir speziell über den psychischen Gesundheitszustand arbeitsloser Menschen in Deutschland? Das Bundesgesundheits-Survey gibt als repräsentative Querschnittstudie ein klares Bild: Mehr als 3000 Berufstätige und über 400 als arbeitslos gemeldete Personen wurden vor einigen Jahren sehr aufwendig untersucht, mit einem ärztlichen Interview, mit Blutentnahme, mit einer psychiatrischen Befragung, und dann hinsichtlich gesundheitlicher

Aspekte verglichen. Klarer Befund: Depressionen, in geringerem Maß auch Angststörungen, sind bei arbeitslosen Menschen deutlich häufiger (Lange und Lampert 2005). Dies können wir auch in unseren eigenen Untersuchungen zur Gesundheitsförderung bei Langzeitarbeitslosen feststellen; darüber hinaus fiel uns der hohe Grad an Vereinsamung auf, der Anteil an Menschen, die keinen Partner haben, keine festen Bindungen (Herbig et al. 2012; Limm et al. 2012). Auch dies kann wieder Ursache und Folge der großen Häufigkeit psychischer Erkrankungen sein, die unter Arbeitslosen anzutreffen sind.

---

In Hinblick auf die „manifesten und latenten" Wirkungen der Arbeit und mit ein bisschen Lebenserfahrung erstaunt es nicht, dass der Verlust des Arbeitsplatzes psychische Erkrankungen auslösen kann. Wenn wir aber überlegen, dass physische und psychosoziale Einflüsse am Arbeitsplatz auch krank machen können, könnte man annehmen, dass Arbeitslose körperlich gesünder bleiben. Was meinen Sie?

---

Auch körperliche Erkrankungen sind häufiger bei langzeitarbeitslosen Menschen, die Datenlage ist allerdings nicht so eindeutig.

Eine große prospektive Kohortenstudie während der Zeit der Rezession in Schweden (1992–1996) untersuchte die Sterblichkeit als Folge bestimmter Erkrankungen (im Fachjargon: krankheitsspezifische Mortalität). Die Teilnehmer hatten anfangs noch eine bezahlte Arbeit und wurden dann arbeitslos. Mit Dauer der Arbeitslosigkeit stieg die Sterblichkeit insgesamt an. Auch hier: Der Anstieg war stärker bei Männern als bei Frauen. Ursachen für die Mortalität waren bei Frauen hauptsächlich ein Anstieg alkoholbedingter Erkrankungen sowie äußerer Einflüsse (z. B. Unfälle). Ursachen bei Männern war ein Anstieg von Krebserkrankungen, kardiovaskulären Erkrankungen (Herzinfarkt, Schlaganfall) und alkoholbedingten Erkrankungen, allerdings mit unterschiedlichen Zeitverläufen: Bis gegen Ende des 3. Jahres nach Beginn der Arbeitslosigkeit nahmen Krebs, Herzinfarkt und Alkoholfolgen zu, danach wieder ab; äußere Todesursachen stiegen stark zu Beginn und nochmals zum Ende der Beobachtung nach 4 und 5 Jahren an, Suizid und Verkehrsunfälle als Ursachen für die erhöhte Sterblichkeit nahmen zwar weniger stark, aber kontinuierlich zu (Garcy und Vågerö 2012).

Ähnliches wurde durch eine andere schwedische Studie bestätigt, die den Trick anwendete, nur Arbeitslosigkeit infolge einer Schließung von Betrieben zu untersuchen, um den möglichen Fallstrick zu vermeiden, dass erste Krankheitszeichen einer Person zum Jobverlust geführt haben könnten, nicht umgekehrt – der Jobverlust zur Krankheit. In den nächsten 12 Jahren nach den Betriebsschließungen stieg die Zahl der Krankenhausbehandlungen von Männern und Frauen aufgrund von Alkoholfolgen und die von Männern aufgrund von Verkehrsunfällen und Suizid an (Eliason und Storrie 2009).

Die führende Todesursache in westlichen Industrienationen sind aber nach wie vor Herz-Kreislauf-Erkrankungen, mit dem Herzinfarkt als prominentester Manifestation. Auswertungen von deutschen Krankenkassendaten über Personen, die aus einem Arbeitsverhältnis in Arbeitslosigkeit wechselten, zeigten, dass Krankenhauseinweisungen aufgrund von Herzinfarkten mit der Dauer der Arbeitslosigkeit anstiegen: in den ersten 8 Monaten um 49 %, nach 8 bis 16 Monaten um 82 % und nach mehr als 16 Monaten um insgesamt 208 % (Geyer und Peter 2003). Ähnliches berichtete eine US-amerikanische Studie; hier ging es um mehrere Tausend Personen im Alter über 50 nach Verlust des Arbeitsplatzes. Trotz Berücksichtigung eventueller Unterschiede bei typischen Herzinfarkt-Risikofaktoren erlitten die arbeitslos Gewordenen – im Vergleich zu weiterhin berufstätigen Personen – in den nächsten 10 Jahren mehr als doppelt so viele Herzinfarkte und Schlaganfälle (Gallo et al. 2006). Diese Ergebnisse sind nicht unbestritten: Die o. g. schwedische Studie, die die Auswirkung des Arbeitsplatzverlustes durch Schließung von Betrieben untersuchte, fand hingegen keinen Anstieg der Krankenhauseinweisungen aufgrund von Herzinfarkten und Schlaganfällen (Eliason und Storrie 2009). Was schließen wir daraus? Insgesamt spricht vieles dafür, dass arbeitslose Menschen ein erhöhtes Risiko für Herz-Kreislauf-Erkrankungen tragen, auch wenn die Datenlage nicht ganz so klar ist wie bei den Depressionen. Für das Angebot von Hilfen für einen gesünderen Lebensstil geben die Befunde allemal Anlass:

Was einen Ausgleich im Lebensstil bewirken könnte, wurde in England bei Männern mit unterschiedlichem sozioökonomischem, hier beruflichem, Status durchgespielt. Wie erwartet, hatten Menschen mit höherem beruflichem Status weniger Herzinfarkte (7,5 %) als solche mit niedrigerem Status (11 % Herzinfarkte). Interessant ist nun die Frage, wie diese Statistik aussähe, wenn alles getan würde, was man tun kann, um Herzinfarkte und Herz-Kreislauf-Erkrankungen bei beiden Gruppen zu verhindern: Sportförderung, gesunde Ernährung, nicht rauchen, Verhinderung und richtige Behandlung von Diabetes, von Hochdruck, von erhöhtem Cholesterin etc. Natürlich würde in beiden Gruppen die Häufigkeit für Herzinfarkte sinken. Ganz wesentlich aber ließe sich durch eine optimale Gesundheitsförderung die *Differenz* zwischen Menschen mit niedrigerem und höherem sozioökonomischem Status verringern (Kivimäki et al. 2008). Übertragen auf den Zustand der Arbeitslosigkeit lässt sich annehmen, dass hier ein großes gesundheitliches Potenzial durch optimale Verringerung von Risikofaktoren besteht.

## 2.4    Macht Arbeitslosigkeit krank – oder Krankheit arbeitslos?

Die Diskussion, ob Arbeitslosigkeit krank macht (Kausalitätsthese) oder ob kranke Menschen eher arbeitslos werden (Selektionshypothese) lässt sich – wiederum wie vermutet – mit sowohl als auch beantworten. Und auch hier stützt man sich nicht auf eine Untersuchung, sondern auf eine Metaanalyse von fast 240 Querschnittuntersuchungen und fast 90 Längsschnittuntersuchungen (Paul 2006). Es gilt wieder: Nur Längsschnittuntersuchungen können aufgrund der zeitlichen Abfolge auch etwas über Ursache und Wirkung aussagen. Die Daten sprechen nun sowohl dafür, dass der Wechsel in die Arbeitslosigkeit Krankheit verstärkt, dass also gesunde Menschen durch Arbeitslosigkeit krank werden, als auch dass umgekehrt Menschen, die arbeitslos sind und wieder eine Beschäftigung finden, dadurch gesünder werden. Das lässt sich aus der krankmachenden Wirkung von Armut und den psychosomatischen Auswirkungen der Arbeitslosigkeit an sich verstehen. Umgekehrt gibt es aber auch gute Daten, dass Menschen, die krank sind, schneller ihren Job verlieren und schwerer eine Arbeit finden. Einiges spricht auch dafür, dass ein niedriger sozioökonomischer Status, insbesondere geringe Bildung, sowohl Arbeitslosigkeit als auch Krankheit begünstigt, also Erklärung für beides ist. Es handelt sich somit nicht um Kausalität *oder* Selektion, sondern um Kausalität *und* Selektion – es gibt beide Phänomene. Das Tückische ist, dass Selektion und Kausalität sich gegenseitig verstärken im Sinne eines Teufelskreises, indem ein kranker Mensch eher arbeitslos wird, durch die Arbeitslosigkeit dann kränker wird und schließlich umso schlechtere Chancen hat, wieder Arbeit zu finden. Wir haben in eigenen Gesundheitsförderungsprojekten den großen Bedarf an Hilfe gesehen, die Menschen in einer solchen Lage benötigen.

> ?
>
> Wie stehen wohl die Chancen für kranke Menschen in Langzeitarbeitslosigkeit, diesem Teufelskreis zu entfliehen?

## 2.5    Wie lässt sich die Wirkung von Arbeitslosigkeit auf die Gesundheit erklären?

Wir haben oben die Marienthal-Studie und die manifesten und latenten Funktionen der Arbeit im Sinne Jahodas erwähnt. Der Wegfall der manifesten Funktion von Arbeit, das fehlende Einkommen und die damit verbundene vitale Bedrohung wie in Marienthal aufgrund von Hunger, oder „nur" der bisherigen Existenz durch Verlust des Status und sozialer Abstieg lösen Stressreaktionen aus und erschweren unter Umständen einen gesunden Lebensstil.

Solche direkten Effekte sind stärker in Ländern ohne gute soziale Absicherung zu erwarten. Eng mit den latenten Funktionen von Arbeit hängen die indirekten Effekte von Arbeitslosigkeit zusammen: der Verlust der sozialen Kontakte und der gesellschaftlichen Vernetzung, die selbstverständlichen täglichen Aktivitäten, die Herausforderung durch Aufgaben, das Erleben von Sinn, die Strukturierung von Zeit, das Erleben von Kontrolle, die persönliche Identität und Position in einer Gemeinschaft (Herbig et al. 2013). In Kap. 7 über Arbeitsstress beschreiben wir das kognitive Stressmodell nach Lazarus und Folkman. Es hilft auch zu erklären, dass Menschen Arbeitslosigkeit umso bedrohlicher bewerten und damit erleben, je bedeutsamer berufliche Arbeit für ihre wirtschaftliche Existenz und für ihr Selbstverständnis ist und je weniger Bewältigungsmöglichkeiten (*Coping*) sie sehen. Es gibt den bemerkenswerten Befund, dass stärkere Bewerbungsaktivitäten mit schlechterer psychischer Gesundheit einhergehen. Bewerbungsaktivitäten produzieren – in jedem Fall bei längerer Arbeitslosigkeit – Misserfolgserlebnisse, die das Vertrauen in die eigenen Bewältigungsmöglichkeiten der Stresssituation schwinden lassen. Wiederholte Misserfolgserlebnisse bewirken Hilflosigkeits- und Kontrollverlusterfahrungen, die wiederum zu Passivität und negativen Gesundheitseffekten führen (Frese und Mohr 1987). Arbeitslosigkeit kann noch Jahre später erhöhte Entzündungswerte im Sinne einer andauernden Stressreaktion nach sich ziehen (Janicki-Deverts et al. 2008). Im ersten Jahr nach Eintritt von Arbeitslosigkeit ließen sich – als biologisches Zeichen von Stress – ein Anstieg von Cortisol, einem der zentralen Stresshormone, und dann dauerhaft erhöhte Werte nachweisen (Maier et al. 2006). Schließlich gibt es – auf verschiedene Weisen erklärbar – Unterschiede im Lebensstil, ähnlich wie das auch für Beschäftigte mit niedrigem und hohem Arbeitsstress beobachtbar ist: 34 % der berufstätigen und 49 % der arbeitslosen Männer gaben an, zum Zeitpunkt der Befragung des Bundesgesundheits-Survey von 1998 täglich zu rauchen. Die Unterschiede bei Frauen fielen mit 28 % gegenüber 31 % geringer aus (Grobe und Schwartz 2003).

Was sagen arbeitslose Menschen, wie sie den Zusammenhang zwischen Arbeitslosigkeit und Gesundheit sehen? Im telefonischen Bundesgesundheits-Survey von 2003 (Lange und Lambert 2005) wurde die Frage gestellt: „Hat Ihre Arbeitslosigkeit etwas mit Ihrer Erkrankung zu tun?" Arbeitslose Menschen beantworteten sie umso häufiger mit „Ja", je länger sie arbeitslos waren. 30 % der Männer, die länger als 12 Monate arbeitslos waren, hatten das Gefühl, wesentlich aufgrund ihres gesundheitlichen Zustands keine Arbeit zu finden. Die Sicht der Ärzte der Bundesanstalt für Arbeit, die Vermittlungshindernisse aufgrund von Erkrankungen im Rahmen ihrer Begutachtungen diagnostizieren, bestätigt dies. Deren Daten zeigen, dass es, je länger die Arbeitslosigkeit andauert, desto häufiger krankheitsbedingte Vermittlungshemmnisse gibt.

## 2.6    Beeinflusst Sozialpolitik die Gesundheit arbeitsloser Menschen?

Wir haben oben die Metaanalyse zur Sterblichkeit unter Arbeitslosigkeit detaillierter beschrieben. Einbezogene Untersuchungen stammen im Wesentlichen aus den USA und Europa. Unerwartet fanden Roelfs und Mitautoren keinen Unterschied in der Stärke des Zusammenhangs zwischen Arbeitslosigkeit und Mortalität, wenn sie die Studien aus den verschiedenen Staaten verglichen – solchen mit ausgeprägtem Wohlfahrtssystem wie die skandinavischen Länder und solchen ohne wie die USA. Dies liegt vielleicht daran, dass alle Krankheiten in einen Topf geworfen wurden, es ging ja um die Sterblichkeit unabhängig von der genauen Ursache. Ein besseres Bild liefern Analysen zu einzelnen Erkrankungen und Todesursachen. Insbesondere gibt es zu Suiziden viele Forschungsarbeiten – mit konsistenten Ergebnissen. Ein Beispiel dazu: Eine große internationale Arbeit ging der Frage nach, wie im Verlauf von 30 Jahren in verschiedenen europäischen Ländern wirtschaftliche Krisen und in der Folge Arbeitslosigkeit mit krankheitsspezifischer Mortalität zusammenhängen (Stuckler et al. 2009) (s. Abb. 2.2). Erstes Resultat: Arbeitslosigkeit zieht einen Anstieg der Suizidrate nach sich sowie einen Anstieg der Mordrate (aber eine Verringerung der Verkehrsunfälle). In einem zweiten Schritt wurde untersucht, inwiefern dieser Zusammenhang davon abhängt, wie viel in die aktive Arbeitsmarktpolitik investiert wird. Zweites Resultat: Es hängt von der pro Kopf und Jahr in die aktive Arbeitsmarktpolitik investierten Summe ab, ob ein Anstieg der Arbeitslosigkeit zu einem Anstieg von Suizid und Mord führt. Statistisch lässt sich in Ländern, in denen diese Investition 190 US-$ pro Kopf und Jahr übersteigt, dieser Zusammenhang nicht mehr nachweisen. Dies kann als ein starker Hinweis gewertet werden (natürlich nicht als Beweis), dass Investitionen in die aktive Arbeitsmarktpolitik sich gesundheitlich auszahlen.

Der Sachverständigenbeirat für das Gesundheitswesen hat in seinem Gutachten aus dem Jahre 2007 die Empfehlungen zur Gesundheitsförderung arbeitsloser Menschen formuliert. Das oberste Ziel sei, Menschen wieder in Arbeit zu bringen. In der eigentlichen Gesundheitsförderung werden folgende Punkte für wesentlich gehalten: (1) Partizipation der Betroffenen, (2) Gesundheitsförderung im Setting-Ansatz, in der Lebenswelt, (3) zielgruppenspezifische Angebote, (4) Ausrichtung auf Risikoverhalten (z. B. Rauchen etc.), (5) Arbeit an der Motivation, bestehende Angebote in Anspruch zu nehmen. Mit dem Ziel, die psychische Gesundheit von Menschen in Langzeitarbeitslosigkeit zu verbessern, haben wir im Forschungsprojekt „Arbeit & Gesundheit" versucht, diese Punkte zu berücksichtigen, und sehen ermutigende Resultate (Limm et al. 2013). Das oberste Ziel bleibt aber die erfolgreiche Vermittlung in eine Beschäftigung.

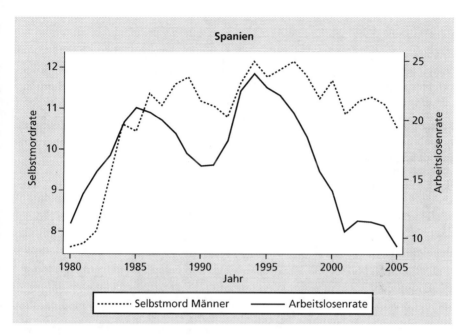

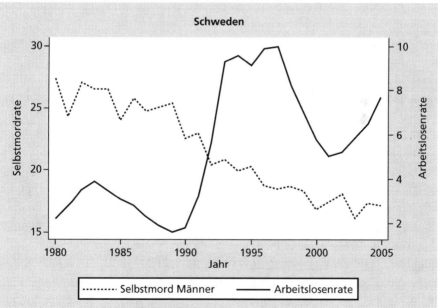

**Abb. 2.2**   Sozialpolitik, Arbeitslosigkeit und Suizidrate

**Fazit**

Berufliche Arbeit ist für viele weit mehr als nur ein Mittel zur Sicherung des Lebensunterhalts. So wundert es nicht, dass Arbeitslosigkeit nicht nur ökonomische Nöte verursacht, sondern auch Krankheiten begünstigen kann. Andererseits ist nicht zu übersehen, dass Krankheiten Arbeitslosigkeit nach sich ziehen können. Hier ist ein Teufelskreis erkennbar. Als Effekt dieser beiden Wirkungen sind arbeitslose und insbesondere langzeitarbeitslose Menschen kränker und haben eine kürzere Lebenserwartung als vergleichbare Beschäftigte: Sie leiden häufiger unter psychischen Erkrankungen, vornehmlich Depressionen, und unter Herz-Kreislauf-Erkrankungen. Parallelen in den biologischen und psychologischen Befunden zu Arbeitsstress und Gesundheit legen nahe, dass Arbeitslosigkeit als chronischer Stressor wirkt, biologisch und psychologisch. Ansätze zur Gesundheitsförderung, gestaltet nach den anerkannten Regeln der Gesundheitsförderung für sozial benachteiligte Menschen, sollten vor allem die psychische Gesundheit verbessern.

# Literatur

Eliason, M., & Storrie, D. (2009). Job loss is bad for your health – Swedish evidence on cause-specific hospitalization following involuntary job loss. *Soc Sci Med*, *68*, 1396–1406.

Frese, M., & Mohr, G. (1987). Prolonged unemployment and depression in older workers: a longitudinal study of intervening variables. *Soc Sci Med*, *25*(2), 173–178.

Gallo, W. T., Teng, H. M., Falba, T. A., Kasl, S. V., Krumholz, H. M., & Bradley, E. H. (2006). The impact of late career job loss on myocardial infarction and stroke: a 10 year follow up using the health and retirement survey. *Occup Environ Med*, *63*, 683–687.

Garcy, A. M., & Vågerö, D. (2012). The length of unemployment predicts mortality, differently in men and women, and by cause of death: A six year mortality follow-up of the Swedish 1992-1996 recession. *Soc Sci Med*, *74*, 1911–1920.

Geyer, S., & Peter, R. (2003). Hospital admissions after transition into unemployment. *Soz Praventivmed*, *48*, 105–114.

Grobe, T. G., & Schwartz, F. W. (2003). *Arbeitslosigkeit und Gesundheit*. Gesundheitsberichterstattung des Bundes, Bd. 13. Berlin: Robert Koch-Institut.

Herbig, B., Dragano, N., & Angerer, P. (2013). Health in the long-term unemployed. *Dtsch Arztebl Int*, *110*(23-24), 413–419.

Herbig, B., Glaser, J., & Angerer, P. (2012). Alt, krank, arbeitslos, chancenlos? Ergebnisse einer randomisierten Kontrollstudie zur Wirksamkeit kombinierter Gesundheits- und Arbeitsförderung bei älteren Langzeitarbeitslosen (AmigA-M). *Bundesgesundheitsblatt*, *55*(8), 970–979.

Jahoda, M., Lazarfeld, P. F., & Zeisel, H. (1975). *Die Arbeitslosen von Marienthal. Ein soziographischer Versuch über die Wirkungen langandauernder Arbeitslosigkeit.* Frankfurt a.M.: Suhrkamp.

Jahoda, M. (1995). Manifest and latent functions. In N. Nicholson (Hrsg.), *Encyclopedic Dictionary of Organisational Behaviour* (S. 317–318). Oxford: Blackwell.

Janicki-Deverts, D., Cohen, S., Matthews, K. A., & Cullen, M. R. (2008). History of unemployment predicts future elevations in C-reactive protein among male participants in the coronary artery risk development in young adults (CARDIA) study. *Ann Behav Med, 36*, 176–185.

Kivimäki, M., Shipley, M. J., Ferrie, J. E., Singh-Manoux, A., Batty, G. D., Chandola, T., Marmot, M. G., & Smith, G. D. (2008). Best-practice interventions to reduce socioeconomic inequalities of coronary heart disease mortality in UK: a prospective occupational cohort study. *Lancet, 372*(9650), 1648–1654.

Lange, C., & Lampert, T. (2005). Die Gesundheit arbeitsloser Frauen und Männer. Erste Auswertungen des telefonischen Gesundheitssurveys 2003. *Bundesgesundheitsblatt, 48*, 1256–1264.

Limm, H., Gündel, H., Heinmüller, M., Liel, K., Seeger, K., & Angerer, P. (2013). Gesundheitsförderung für Menschen in Langzeitarbeitslosigkeit. *Gesundheitswesen.* Epub ahead of print

Limm, H., Heinmüller, M., Liel, K., Seeger, K., Gündel, H., Kimil, A., & Angerer, P. (2012). Factors associated with differences in perceived health among German long-term unemployed. *BMC Public Health, 12*, 485.

Maier, R., Egger, A., Barth, A., Winker, R., et al. (2006). Effects of short- and long-term unemployment on physical work capacity and on serum cortisol. *Int Arch Occup Environ Health, 79*, 193–198.

Paul, K. I. (2006). *The negative mental health effect of unemployment: Meta-Analyses of cross-sectional and longitudinal data (Dissertation).* Erlangen-Nürnberg: Wirtschafts- und Sozialwissenschaftliche Fakultät, Friedrich-Alexander-Universität.

Paul, K. I., & Moser, K. (2009). Unemployment impairs mental health: meta-analyses. *J Vocat Behav, 74*, 264–282.

Roelfs, D. J., Shor, E., Davidson, K. W., & Schwartz, J. E. (2011). Losing life and livelihood: a systematic review and meta-analysis of unemployment and all-cause mortality. *Soc Sci Med, 72*(6), 840–854.

Stuckler, D., Basu, S., Suhrcke, M., Coutts, A., & McKee, M. (2009). The public health effect of economic crises and alternative policy responses in Europe: an empirical analysis. *Lancet, 378*, 124–125.

# 3

# Gemeinsam sind wir stark? – Licht und Schatten der Arbeit in Gruppen

## Inhalt

H. Gündel et al., *Arbeiten und gesund bleiben*, DOI 10.1007/978-3-642-55303-5_3,
© Springer-Verlag Berlin Heidelberg 2014

In die erste Gruppe – unsere Familie – werden wir hineingeboren, und durch die frühen Erfahrungen in der sozialen Interaktion mit dieser primären Bezugsgruppe werden wir maßgeblich mitgeprägt. Unzählige weitere Gruppen beeinflussen uns in verschiedenen Lebensabschnitten, die von Krabbelgruppen in der frühen Kindheit, über Freundeskreise in der Schule und Ausbildung oder im Sport, von Kollegen im Beruf bis hin zu Mitgliedern regelmäßiger „Kaffeekränzchen" im Rentenalter reichen können. In diesem Kapitel möchten wir die Arbeit in Gruppen bzw. (neudeutsch) Teams etwas näher betrachten und uns mit Vorteilen, aber auch Nachteilen der Arbeit in Gruppen befassen.

In der Psychologie sind Arbeitsgruppen meist definiert als mehrere (mindestens zwei) Personen, die zeitlich überdauernd in direkter Interaktion (d. h. im Austausch) stehen, gemeinsame Ziele in der Zusammenarbeit verfolgen, gemeinsame Normen und Werte sowie unterschiedliche Rollen der Mitglieder aufweisen und durch ein „Wir-Gefühl" miteinander verbunden sind. Dies unterscheidet eine Arbeitsgruppe von anderen Ansammlungen von Menschen, die beispielsweise beim „Public Viewing" ein Fußballspiel gemeinsam ansehen oder zufällig gleichzeitig an der Fußgängerampel auf „Grün" warten. Anders als bei der Einzelarbeit in Unternehmen, bei der Mitarbeiter alleine ihre Aufgaben verrichten, aber auch im Unterschied zur Arbeit im Raumverband (mit voneinander unabhängigen Arbeitsplätzen/-aufgaben im Großraumbüro) oder im Sukzessivverband (am gleichen Arbeitsgegenstand werden davor und danach von anderen Kollegen andere Tätigkeiten verrichtet), ist wirkliche Gruppenarbeit im arbeitspsychologischen Sinn (nach Hacker 2005) nur dann gegeben, wenn mehrere Personen gleichzeitig und artteilig am selben Arbeitsgegenstand tätig sind (z. B. bei der Entwicklung eines neuen Produkts in einem industriellen Forschungsteam).

---

? 

Haben Sie selbst schon Erfahrungen in Arbeitsgruppen im beruflichen Kontext gesammelt? Wie waren diese Erfahrungen?

---

In Unternehmen existieren verschiedene Formen der Arbeit in Gruppen, die z. B. als Fertigungsteams, Werkstattzirkel, Qualitätszirkel, Gesundheitszirkel, Projektteams oder teilautonome Arbeitsgruppen bezeichnet werden. Solche Formen der innerbetrieblichen Kooperation in Gruppen lassen sich beispielsweise nach der Dauer der Zusammenarbeit, nach dem Abwechslungsreichtum der Arbeitsaufgaben in der Gruppe oder nach dem Grad der gemeinsamen Entscheidungsbefugnisse in der Gruppe voneinander abgrenzen. Eine weitgehende Selbstregulation durch die Arbeitsgruppe umfasst bisweilen auch die Wahl des Gruppensprechers und die Auswahl neuer Teammitglieder. Projektteams arbeiten befristet (meist auf wenige Jahre oder Monate) zusammen. Die Ziele der Zusammenarbeit sind durch Projektanträge und -beschreibungen oft vorab schon recht klar geregelt. Das reduziert die Möglichkeiten der Selbstregulation durch die Gruppe.

Die Arbeit von industriellen Fertigungsteams ist auch durch technologische Vorgaben geprägt. Dennoch finden sich auch hier viele Möglichkeiten für eine gemeinsame Planung, Durchführung und Beurteilung der Arbeit und damit auch Möglichkeiten für selbstbestimmtes Arbeitshandeln. Die Planung der Arbeitszeiten, Urlaube und Pausen, die Aufgabenverteilung in der Gruppe (sofern Gruppenmitglieder für verschiedene Aufgaben qualifiziert sind), die Gestaltung der Information und Kommunikation in der Gruppe oder die gemeinsame Abstimmung von Projektphasen und Arbeitsschritten sind Beispiele für Kriterien (teil-) autonomer Arbeitsgruppen.

Es stellt sich die Frage, ob alle Aufgaben gleichermaßen für Gruppen geeignet sind. Bei welchen Aufgaben haben Gruppen Vorteile, bei welchen eher Nachteile?

## 3.1 Welche Aufgaben sind für Gruppen überhaupt geeignet?

Als einer der ersten hat sich Steiner (1972) in seinem Buch über Gruppenproduktivität mit diesen Fragen beschäftigt. Eine seiner Kernaussagen besteht darin, dass die Leistung in einer Gruppe abhängig von der jeweiligen Aufgabe ist. Aufgrund der Vielzahl denkbarer Gruppenaufgaben entwickelte Steiner eine Aufgabentypologie, die eine bessere Einordnung ermöglicht. Für die Charakterisierung von Gruppenaufgaben sind nach Steiner (1972) einige Fragen hilfreich. Kann die Aufgabe unterteilt werden und ist eine solche Unterteilung sinnvoll? Was ist wichtiger, die Qualität oder die Quantität?

Beim Hausbau handelt es sich um eine unterteilbare Aufgabe, bei der es durchaus Sinn macht, wenn sich Klempner um Rohre und Elektriker um Kabel kümmern. Bei der Arbeitsteilung ist abzuwägen, was zugunsten der Qualität oder Quantität vorteilhaft ist. Sollen von der Gruppe möglichst schnell viele Werkstücke oder Ideen produziert werden? Oder wird besonderer Wert auf die Sorgfalt und Beschaffenheit des Endprodukts gelegt? Es ist wichtig, nicht nur auf das Produkt der Gruppenarbeit zu blicken, sondern auch zu bedenken, was für die Gruppe und ihre Mitglieder förderlich ist. Vielfältige Aufgaben sind für Arbeitende förderlich, sofern die Aufgabenkomplexität deren Kompetenz nicht überschreitet – andernfalls müssen sie zuerst für die neuartigen Aufgaben qualifiziert werden.

**Tab. 3.1** Gruppen- versus Individualleistung, je nach Aufgabenstruktur

| Aufgabenstruktur | Beispiel | Gruppen- vs. Individualleistung |
|---|---|---|
| Additiv | Brainstorming | Gruppe besser als das beste Mitglied und schlechter als nominales Gruppenpotenzial |
| Disjunktiv | Problemlösen (Heureka) | Gruppe ist so gut wie das beste Mitglied |
| | Entscheidung (ohne Heureka) | Gruppe kann so gut sein wie das beste Mitglied, liegt jedoch meistens darunter |
| Kompensatorisch | Schätzen, Urteilen | Gruppen zeigen bessere Leistungen als die meisten ihrer Mitglieder |
| Konjunktiv | Bergsteigen im Team | Gruppenleistung ist gleich der Leistung des schlechtesten Mitglieds |

Eine andere Frage von Steiner (1972) richtet sich darauf, in welchem Verhältnis die Einzelleistungen zur Gruppenleistung stehen (s. Tab. 3.1). Lassen sich die Einzelleistungen einfach zur Gesamtleistung summieren, wie es dann der Fall sein könnte, wenn eine Gruppe Bauarbeiter einen Haufen Schutt auf einen Lkw schaufelt? Oder kompensieren sich Einzelleistungen wie bei typischen Schätzaufgaben (z. B. die Anzahl der Zuschauer im Stadion)? Oder müssen alle Gruppenmitglieder gleichermaßen ein gutes Ergebnis erzielen, wie es etwa bei einer Bergbesteigung in der Seilschaft der Fall ist? Hier wird die Gruppenleistung (z. B. die Zeit) durch das „schlechteste" Gruppenmitglied bestimmt.

Wann ist nun die Gruppe nach dieser Aufgabentypologie besser als der Einzelne? Zum einen bei den additiven Aufgaben, weil dann die Gruppe besser ist als das beste Mitglied, auch wenn sie wegen Koordinations- und Motivationseffekten, die wir später noch besprechen, schlechter bleibt als rein additiv aus den Einzelleistungen zu erwarten wäre. Eine typische additive Aufgabe liegt vor, wenn die Aufgabe unterteilbar ist und sich die Einzelleistungen sinnvoll zusammenfügen lassen (beispielsweise wenn mehrere Autoren an einem gemeinsamen Buch schreiben). Bei disjunktiven Aufgaben ist es laut Steiner auch sinnvoll, d. h. dann, wenn etwa Problemlösungen oder Entscheidungen getroffen werden sollen. Die gemeinsame Lösung ist bei Aufgaben mit Aha-Effekt, typischerweise den Denksportaufgaben (Heureka im Sinne von „Ich hab's", ich habe die richtige Lösung gefunden), immer so gut wie die Lösung des besten Mitglieds. Bei Entscheidungen kommt es darauf an, ob sich das Gruppenmitglied mit der besten Entscheidung auch wirklich durchsetzen kann. Nicht selten werden Minderheiten überstimmt, und so kann auch einmal eine schlechtere Lösung erzielt werden. Die anderen Aufgabentypen wurden oben schon erläutert, und hier liegt es auf der Hand, dass kompensatorische Aufgaben besser in Gruppen gelöst, konjunktive Aufgaben je nach Ziel aber besser dem dafür am besten geeigneten Gruppenmitglied übertragen werden sollten. In jedem Fall ist es lohnenswert, sich auch in der Arbeit Gedanken darüber zu machen, welche Art von Aufgabe man vor sich hat und wie die potenziellen Gewinne und Verluste aussehen, die man durch die Arbeit in der Gruppe erzielen könnte.

Besonders geeignet für Gruppenarbeit sind Aufgaben mit einer hohen Komplexität. Bei komplexen Problemlösungen sind weder das Ziel noch der Weg zur Zielerreichung vorab klar definiert. Es bedarf kreativer Ideen der Gruppenmitglieder, was die Zieldefinition, was die Planung des Arbeitsprozesses anbelangt. Ganzheitliche Gruppenaufgaben, die von der Planung über die Ausführung bis hin zur Ergebnisbewertung reichen und ein hohes Maß an Autonomie aufweisen, haben sich als förderlich für die Kreativität und Leistung in der Arbeit erwiesen. Dies zeigen beispielsweise Studien von Campion und Kollegen. 80 Gruppen von Finanzdienstleistern mit 391 Mitarbeitern und 77 Führungskräften wurden von dem Forscherteam genauer untersucht (Campion et al. 1993). Die Ergebnisse haben gezeigt, dass in Arbeitsgruppen, in denen psychologische Merkmale der Gruppenaufgaben günstiger bewertet wurden – u. a. der Grad an Selbstmanagement, Partizipation, Abwechslungsreichtum, (gesellschaftliche) Bedeutsamkeit der Aufgaben – eine bessere Leistung, gemessen an Vorgesetztenurteilen und an Produktivitätskennzahlen, erbracht wurde. Gruppen, in denen diese psychologischen Merkmale weniger gut umgesetzt waren, zeigten weniger gute Leistungen.

## 3.2 Ist es immer motivierend, in einer Gruppe zu arbeiten?

Vor einem Jahrhundert wurde von Ringelmann (1913) darauf aufmerksam gemacht, dass sich Einzelleistungen bei additiven Gruppenaufgaben nicht einfach aufsummieren lassen. Die Gesamtleistung der Gruppe ist bei solchen Aufgaben meist geringer als die Summe der Einzelleistungen. Das kann daran liegen, dass Koordinationsverluste entstehen, z. B. wenn beim Tauziehen die Einzelkräfte nicht synchron ausgeübt werden. Es treten aber auch Motivationsverluste auf. Wer kennt nicht „Trittbrettfahrer", die ihre eigene Leistung zurückhalten oder sich in einer „freizeitorientierten Schonhaltung" selten in die Gruppe einbringen. Vielleicht kennen Sie das aus der Familie, mit Sicherheit aus Lerngruppen in der Schule oder einem beruflichen Arbeitsteam. Die Gruppenproduktivität berechnet sich nach Ringelmann also aus der potenziellen Produktivität, d. h. der Summe der Einzelleistungen, abzüglich von Koordinations- und Motivationsverlusten.

Motivationsverluste bei der Arbeit in Gruppen werden in Übersichtsbeiträgen (z. B. Wegge 2004) ausführlicher beschrieben und voneinander abgegrenzt. Die Leistungszurückhaltung beim *„free riding"* (Trittbrettfahren) ist uns bewusst, weil wir annehmen, die anderen würden das schon auch alleine schaffen. Beim *„social loafing"* (sozialen Faulenzen) ist die Leistungszurückhaltung nicht bewusst. Dies wird oft dadurch verursacht, dass individuelle Leistungsanteile nicht definiert und erkennbar sind, vielleicht weil gar keine Bewertungsstandards vorliegen. Es kann auch sein, dass die Leistung bewusst zurückgehalten wird, weil man nicht „der Dumme sein" will, sofern man davon ausgeht, dass andere Gruppenmitglieder Trittbrettfahren. Neudeutsch nennt sich dieses Phänomen *„sucker effect"*.

Glücklicherweise gibt es aber auch Motivationsgewinne in Gruppen, wodurch Teamarbeit letztlich auch erst Sinn und Spaß macht. Die sogenannte soziale Erleichterung (*„Social facilitation"*-Effekt) besteht darin, dass die Anwesenheit anderer Gruppenmitglieder zu höherer Leistung führt.

---

Sind Sie nicht auch schon beim Laufen schneller oder in der Arbeit besser gewesen, weil andere zugesehen haben – besonders jene, die wichtig oder attraktiv erscheinen?

---

Vor einem halben Jahrhundert hat Zajonc (1965) den Effekt der sozialen Erleichterung experimentell belegt – nicht nur bei Menschen, sondern zuerst bei Küchenschaben, die in Anwesenheit anderer Schaben schneller herumliefen. Keinesfalls soll das heißen, dass ein „Aufseher" im Großraumbüro die gute Lösung wäre. Diese läge eher darin, die eigene Leistung gegenüber anderen sichtbarer zu machen.

Weitere Motivations- und Leistungsgewinne von Gruppenarbeit können darin bestehen, dass leistungsstärkere Gruppenmitglieder die Minderleistung von Schwächeren kompensieren (sogenannter *„Social compensation"*-Effekt) oder dass in der Arbeitsgruppe eine hohe Kohäsion, d. h. starker Gruppenzusammenhalt besteht, und dieses „Wir-Gefühl" die Gruppenleistung beflügelt.

## 3.3 Sollten Gruppenmitglieder möglichst gleich oder verschieden sein?

Sozialpsychologen warnen seit Langem davor, dass eine zu starke Kohäsion in Gruppen, vor allem wenn die Gruppenmitglieder schon lange zusammenarbeiten, zum sogenannten Gruppendenken führen kann. Janis (1972) beschreibt *„Group Think"* am Beispiel des Beraterstabs um John F. Kennedy. Bekanntermaßen hat der Beschluss zur Invasion der Schweinebucht auf Kuba Einzug in die „Top Ten der schlechtesten Politikentscheidungen" gehalten. Nach Janis neigen Gruppen dann zu derartigen Extrempositionen, wenn die Aufrechterhaltung der Kohäsion und der Solidarität in der Gruppe wichtiger ist, als Fakten realistisch zu betrachten, wenn Gruppen sich selbst überschätzen, wenig Informationen von außen einbeziehen, „engstirnig" denken und hohen Gruppendruck ausüben.

Wozu Menschen durch Druck der Führungsperson oder der Gruppe fähig sind, zeigen die Experimente zum Gehorsam von Milgram (1963) oder die Gefängnisstudie von Zimbardo et al. (1974), die sogar verfilmt wurde („Das Experiment"). Milgram hat gezeigt, dass wir unbekannten und unschuldigen Menschen bei Lernaufgaben in einem Experiment Stromstöße von qualvoller Stärke geben können, wenn nur eine Autorität (z. B. jemand im weißen Kittel) uns das befiehlt. Zimbardo hat in ähnlicher Weise den Verlust von Moral und Werten im Gefängnis verdeutlicht und gezeigt, wie schnell es doch passiert, die Seiten zu wechseln und aus der Rolle des Opfers selbst zum qualvollen Peiniger für andere zu mutieren. Man muss nicht an gewaltbereite „Fußballfans" oder aufmarschierende „braune Dummheit" denken, um den Gruppendruck auf Einzelne zu verdeutlichen. Auch im Arbeitsalltag so mancher Betriebe finden sich bisweilen recht unschöne Beispiele von Machtmissbrauch und Gruppendruck.

In der Arbeit werden Formen der verbalen und körperlichen Gewalt, wenn sie sich systematisch und andauernd in schädigender Absicht gegen andere Menschen richten, als Mobbing (auch: *Bullying*) bezeichnet. Die Arbeits- und Organisationspsychologie liefert Hinweise auf Ursachen in den Arbeitsbedingungen. Mobbing tritt beispielsweise dann gehäuft auf, wenn zeitliche Überforderung vorliegt, wenn geringe Spielräume und Einflussmöglichkeiten gegeben sind, wenn wenig soziale Unterstützung durch Vorgesetzte oder eine hohe Unsicherheit besteht. Die Sozialpsychologie hat in anderen Studien zu Rollen und Normen in Gruppen, sozialen Vergleichen oder Ursachen von sozialen Konflikten und deren Lösung weitere Antworten auf die Frage gegeben, wie man Arbeitsgruppen im Unternehmen, ihre Kommunikation und ihren Umgang mit den kaum vermeidbaren Sach- und Beziehungskonflikten besser gestalten kann. Verantwortungsdiffusion, Informationsprobleme und Kommunikationsstörungen, aber auch Arbeitsunterbrechungen, soziale Stressoren und Rollenkonflikte bei der Arbeit treten besonders häufig dann auf, wenn in Unternehmen zu wenig auf die sozialen Bedürfnisse der Mitarbeiter geachtet wird. Das kostet nicht nur Nerven, sondern auch Zeit und Geld.

Wir wissen, dass wir durch eine gute Gestaltung der Arbeit und durch eine bewusstere Übertragung von Gruppenaufgaben die Motivation zur Gruppenarbeit und die Leistung der Gruppe steigern können. Wie aber müssen Teams gebildet werden, damit positive gegenüber negativen Folgen überwiegen. Heutzutage wird viel über „*Diversity*" – Verschiedenartigkeit – geredet. Der zu spät ernst genommene demografische Wandel bringt vielen Betrieben altersbedingt ansteigende Fehlzeiten. Es wird nach Rezepten gesucht, wie man alternde Belegschaften möglichst lange gesund und arbeitsfähig erhält. Es ist hinreichend bekannt, dass im Alter nicht nur die Seh- und Muskelkraft, sondern auch die Informationsverarbeitungsspanne und -geschwindigkeit, die flüssige Intelligenz und andere wichtige Rohstoffe für menschliche Arbeit dahinschwinden. Konsequenterweise müsste man sich wünschen, möglichst viele junge Mitarbeiter im Team zu haben.

Glücklicherweise liegen aber andere Vorteile wie Erfahrung und Expertise, soziale Kompetenz und Routine auf einer anderen Waagschale des Humankapitals der älteren Arbeitnehmer. Die Frage ist nur, wer dann was im Team machen sollte und wie man die jeweiligen Stärken unterschiedlicher Altersgruppen von Mitarbeitern im Betrieb am besten zur Entfaltung bringen kann. Das darf keineswegs so funktionieren, dass die Jungen heben und die Alten denken. Vielmehr müssen die Arbeitsaufgaben in der Gruppe daraufhin betrachtet werden, welche speziellen altersrelevanten oder altersirrelevanten Anforderungen gestellt werden. Wenn man sich heutzutage so manche Rentner anschaut, besonders diejenigen, die in ihrem Beruf abwechslungsreiche und anspruchsvolle Aufgaben ausgeführt haben und dementsprechend auch in höherem Wohlstand leben, dann stellt sich in einigen Bereichen kaum die Frage, ob das ein Arbeitnehmer im höheren Alter noch leisten könnte. Anders sieht es bei schwer körperlich tätigen Arbeitnehmern aus. Eine Pflegekraft beispielsweise wird mit 60 Jahren kaum mehr schwere Bewohner alleine lagern oder mobilisieren können. Hier sind dann nicht nur Tandems aus Jung und Alt, sondern Hebehilfen gefragt, damit auch die jungen Pflegekräfte nicht frühzeitig an Muskel-Skelett-Erkrankungen leiden.

Selbstverständlich bezieht sich die Diversität nicht nur auf das Alter, sondern auch auf das Geschlecht. Frauen und Männer bringen unterschiedliche Gesichtspunkte in eine Diskussion ein, sodass es wünschenswert ist, Diversität zu gewährleisten. Wenn jedoch Unterschiede im Alter oder Geschlecht ein Thema sind, d. h. wenn in der Gruppe über „die Jungen" und „die Alten" oder über die „Männer" und die „Frauen" gesprochen wird, wenn also Alter oder Geschlecht im Arbeitsalltag salient ist, dann finden sich eher negative Effekte (Wegge und Schmidt 2006). In größeren Unternehmen gibt es immer öfter ein *Diversity Management*, das sich mit solchen und anderen Fragen der Gleichstellung oder Gerechtigkeit befasst.

Häufig werden altersgemischte Teams angepriesen, in denen doch von allen Tugenden (und Schwächen) etwas dabei ist. Bei genauerer Betrachtung findet die arbeitspsychologische Forschung (Wegge und Schmidt 2006), dass Vorteilen altersdiverser Teams (z. B. breiteres Spektrum an Wissen, Sichtweisen,

Ideen) auch Nachteile entgegenstehen, besonders dann, wenn solche „salient", also sichtbar und bewusst sind. Es empfiehlt sich, Gruppen gleichmäßig von Jung bis Alt zu besetzen, sodass möglichst keine Polarisation zwischen Jungen und Alten entstehen kann. In einigen Branchen, in denen der Fachkräftemangel besonders stark vorherrscht, sind solche Überlegungen natürlich obsolet. Da muss man nehmen (und nachqualifizieren), was zu bekommen ist.

---

**?**

Wie war die Zusammensetzung in Ihren Arbeitsgruppen und welche Erfahrungen haben Sie damit gemacht?

---

Im gemeinsamen Tun verlieren sich Stereotype, es entsteht Vertrauen und Wertschätzung und eine emotionale „Kraft", mit der sich auch die Psychotherapie befasst, auf deren Sichtweise in den folgenden Abschnitten näher eingegangen werden soll.

## 3.4   Wann gibt eine Gruppe Kraft?

Seit Generationen haben Psychosomatiker, Psychiater und Psychotherapeuten, die gruppentherapeutisch gearbeitet haben, also nicht mit einem einzelnen Patienten, sondern mit in der Regel gleichzeitig 8–10 Patienten und 1–2 Therapeuten, die Erfahrung gemacht, dass eine solche therapeutische Gruppe einen speziellen Zusammenhalt und eine spezielle Kraft bei der Lösung von verschiedenen Problemen ihrer einzelnen Mitglieder mobilisieren kann. Diese zusätzliche Wirkkraft erscheint in der klinisch-intuitiven Wahrnehmung oft stärker als das, was in einer Einzelpsychotherapie möglich und mobilisierbar ist („Die Gruppe ist der 11. Mann" – dieser Spruch kommt wohl aus dem Bereich des Fußballs, bezieht sich jedoch speziell darauf, dass Gruppen meist aus 10 Teilnehmern plus 1–2 Psychotherapeuten bestehen). Diese Erfahrungen, die in psychotherapeutischen Gruppen genau wie in vielen anderen Gruppensituationen, z. B am Arbeitsplatz, gelten, werden in Gruppenpsychotherapien wie unter einer Lupe besonders deutlich. Dies kommt daher, dass 1) therapeutische Gruppen für die einzelnen Mitglieder oft emotional besonders intensiv sein können und 2) die einzelnen Gruppenmitglieder innerhalb einer ihnen vorher unbekannten Gruppe in oft kürzester Zeit in eine ähnliche Position wie im „richtigen Leben" geraten und sehr ähnliche Erfahrungen machen. In Gruppenpsychotherapien wird dann in besonderer und offener Weise über die Gedanken und auch gefühlsmäßigen Reaktionen der Gruppenmitglieder untereinander gesprochen. Das hilft unbekannte oder totgeschwiegene, störende Muster der Kommunikation zu entdecken. Dadurch lassen sich Konflikte untereinander lösen und eine bessere soziale Unterstützung entwickeln. Auf dieser Grundlage werden dann oft schwierige Themen der einzelnen Gruppenmitglieder miteinander besprochen; die Gruppenmitglieder unterstützen und beraten sich auch gegenseitig, teilen belastende Gefühle des jeweils Einzelnen. Die allgemein heilsame und gesunderhaltende Wirkung von sozialer Unterstützung ist in der neurowissenschaftlichen und klinisch-empirischen als auch epidemiologischen Wissenschaft vielfach bewiesen (s. u.).

Einer der Gründerväter der Gruppenpsychotherapie, der deutsch-britische Psychiater Foulkes, hat auf dem Boden seiner reichhaltigen klinischen Erfahrung und vieler Diskussionen mit Neurologen und Soziologen wichtige theoretische Konzepte formuliert: Eine seiner Grundüberlegungen war, dass der Mensch kein nomadisches, in sich „abgeschlossen-funktionierendes" Lebewesen ist, sondern ähnlich wie ein einzelnes Neuron innerhalb des Nervensystems als „Knotenpunkt in einer strukturierten Einheit" aufgefasst werden könne. Ständig würden Informationen zwischen den verschiedenen Knotenpunkten hin und her laufen (Foulkes 1955).

Dem zugrunde liegt die von dem deutschen Soziologen Norbert Elias vertretene Auffassung, dass der Mensch von Natur aus ein soziales Wesen ist, dessen Verhalten immer ganz wesentlich von den früheren oder aktuellen Beziehungen zu anderen Menschen beeinflusst wird (Elias 1976). Foulkes greift diesen Gedanken auf und prägt später den Begriff der „Matrix": Dies bedeutet, dass der einzelne Mensch – analog zu einer Nervenzelle – einen Knotenpunkt innerhalb eines vorgegebenen Netzwerks darstellt, das von seinen wesentlichen Beziehungen geprägt ist. Der einzelne Mensch wird damit als ein grundsätzlich für Impulse von außen (halb-)offenes System angesehen. Jede Äußerung, jede Aktivität des einzelnen Menschen hat damit immer auch eine Auswirkung auf das gesamte Kommunikations- und Beziehungsnetzwerk (Matrix). Unterschiedliche Bereiche des Lebens, wie z. B. Arbeit, Privatleben, aber auch biografische Erfahrungen, bilden in diesem Gesamtnetzwerk unterschiedliche Matrizen, die jeweils einen Einfluss auf den Einzelnen haben.

Ähnlich wie Nervenzellen, die im sich entwickelnden Nervensystem bei fehlenden Synapsen (also fehlenden aktiven Verbindungen) zu anderen Nervenzellen zugrunde gehen können (*„pruning"*), könnte in diesem Vergleich auch soziale Isolation nicht selten analog gesehen werden als ein Prozess, der dem einzelnen betroffenen Menschen auf seelischer und körperlicher Ebene schaden kann. Aber davon später mehr. An dieser Stelle möchten wir uns ja zunächst den positiven Seiten der Gruppe zuwenden.

---

? 

**Was macht die besondere Kraft der Gruppe aus?**

Schon der Neurologe Kurt Goldstein, einer der Begründer der Neuropsychologie, hat in seinem Hauptwerk „Der Aufbau des Organismus" (1934) die Auffassung vertreten, dass ein Netzwerk von Neuronen mehr ist als die Summe seiner Einzelteile. Dieser Eindruck ist – auf einer Ebene der zwischenmenschlichen Beziehungen – immer wieder, aber nicht nur von Psychotherapeuten beschrieben worden, die mit Gruppen statt in der Zweier-Gesprächssituation arbeiten. Eine Analogie zum neurophysiologischen Modell besteht insofern, als ein Netzwerk von Nervenzellen definitiv mehr leisten kann als eine Zelle allein. Im Rahmen einer gut funktionierenden Gruppe werden durch Kommunikation und Austausch kreative Prozesse in besonderer Weise angestoßen.

Eine weitere Funktion der Gruppe wurde von Wilfred Bion als „*Containment*" beschrieben (Bion 1961, 1967): Damit ist gemeint, dass negative Gefühle wie Frustration, Ärger, Wut oder Trauer bei einzelnen Mitgliedern im Rahmen einer Gruppe aufgenommen und auf bis heute nicht wirklich geklärte Weise durch bewusste und unbewusste Kommunikation quasi seelisch „verdaut" werden können. Die klinische Vorstellung besagt, dass andere Gruppenmitglieder nicht verarbeitete negative Erfahrungen und Affekte eines Gruppenmitgliedes quasi „aufnehmen" („*Container*"), durch eigenes Einfühlen, Nacherleben und Mentalisieren in seiner destruktiven, beunruhigenden Wirkung abschwächen und dann derart dem Betroffenen quasi „verarbeitet" zurückspiegeln können. Der Effekt ist nicht selten, dass zwischenzeitliche Stimmungsschwankungen oder seelische Belastungen von einzelnen Gruppenteilnehmern innerhalb einer funktionierenden Gruppe abgeschwächt und aufgefangen, eventuell sogar in kreative Impulse umgewandelt werden können.

Die biologischen Mechanismen, durch die eine Gruppe Kraft geben kann, sind noch nicht erforscht. Vermutlich haben sie damit zu tun, dass durch den Austausch bewusster und unbewusster sensorischer Signale eine Verbindung zwischen Individuen entsteht bzw. fühlbar wird (besagte Idee der „Matrix"), die gesundheitsförderlich, also salutogen sein kann. Psychologische Erklärungen für diese Effekte sind vielfältig (z. B. soziale Unterstützung, Identifikation/Kohäsion in der Gruppe).

## 3.5 Einige biologische Auswirkungen der gelungenen Gruppenzugehörigkeit (und Paarbeziehung)

Es gibt eine Reihe von überraschend klaren Befunden zum positiven Zusammenhang zwischen der Integration eines Lebewesens in eine Gruppe und Gesundheit bzw. Überleben: Verschiedene Untersuchungen zeigen, dass sozial gut integrierte Menschen gegenüber solchen, die sozial isoliert sind, deutlich länger leben, weniger häufig seelisch krank werden und seltener unter verschiedensten auch ernsthaften Leiden wie kardiovaskulären Erkrankungen, Krebs und Infektionserkrankungen leiden. In einem aktuellen Review zu diesem Thema fasst Eisenberger die derzeitige Forschungslage dahingehend zusammen, dass ein Mangel an sozialen Beziehungen einen wesentlichen Risikofaktor für die menschliche Gesundheit darstellt, vergleichbar mit allgemein bekannteren Risikofaktoren für die allgemeine Gesundheit wie Bluthochdruck, Rauchen oder Übergewicht (Eisenberger 2013).

Ein neuer Erklärungsansatz für die positiven Effekte einer guten sozialen Integration in eine soziale „Matrix" vertritt die durch verschiedene Studien schon belegte Auffassung, dass die Integration in eine funktionierende Gruppe vermutlich auch deswegen positiv auf das Erleben des Einzelnen wirkt, weil Integration in eine Gruppe im Gehirn der einzelnen Mitglieder sehr speziell auch diejenigen Hirnregionen aktiviert bzw. stimuliert, die auch in anderen Situationen (wie Verliebtsein, Anerkennung bekommen) ein Belohnungsgefühl vermitteln. Vorläufige Befunde legen nahe, dass die positiven Effekte einer Gruppenzugehörigkeit über die Aktivierung von Belohnungszentren im Gehirn, besonders in der Region der sogenannten Basalganglien, verarbeitet werden. In diesem Zusammenhang gibt es seit Langem Theorien, die eine Aktivierung des Belohnungssystems mit parasympathischer Aktivität und einer damit verbundenen Reduktion des sogenannten Stresssystems in Verbindung bringen (Übersicht in Eisenberger 2013). Auf eine solche Beziehung zwischen der Aktivierung von Belohnungszentren und parasympathischer Aktivität weisen auch neue Tierexperimente hin.

Eine Reihe von Experimenten – an Tieren wie auch an Menschen durchgeführt – zeigt die folgenden Befunde: Wenn bindungsorientierte Säugetiere wie z. B. Präriewühlmäuse mit einer neuen und unbekannten Umgebung konfrontiert werden, reagiert ihr Stresssystem weniger stark, wenn sie nicht allein, sondern zusammen mit einem Artgenossen sind (Übersicht in Eisenberger 2013). Ähnliche Befunde haben sich für Ratten und Rhesusaffen zeigen lassen. Die Forscher sprechen in diesem Zusammenhang von einem *„Buffering Effect"* oder *„Social Buffering"* („sozialer Puffer"). Das bedeutet, dass das Stresssystem eines Säugetieres in Gegenwart eines Artgenossen deutlich geringer von möglichen stressauslösenden Reizen in entsprechenden „Stresssituationen" aktiviert wird. Ähnliche Befunde haben beim Menschen gezeigt, dass die Gegenwart eines Freundes während einer Stresssituation im Labor sowohl die kardiovaskuläre Reaktion, also Puls und Blutdruck, als auch die Ausschüttung des Stresshormons Cortisol im Sinne eines Puffers beeinflusst (Eisenberger 2013).

Zusammengefasst sprechen diese Befunde dafür, dass gerade herausfordernde oder schwierige Situationen in einer funktionierenden, d. h. unterstützenden Gruppe besser und mit einer geringeren Stressbelastung des Einzelnen bewältigt werden können, als wenn ein Mensch dies alleine versucht.

Dies entspricht auch ganz der klinisch-psychosomatischen Erfahrung. Häufig berichten Mitarbeiter, die auch durch arbeitsplatzbezogene Faktoren seelisch oder körperlich erkrankt sind, dass sie bestimmte schwierige Aufgaben an der Arbeitsstelle längere Zeit sehr gut bewältigt hätten, solange sie Mitglied eines funktionierenden Teams gewesen seien. Eine dann stattfindende Umstrukturierung hätte sie aber z. B. in eine Gruppe von zuvor unbekannten Arbeitnehmern gebracht, denen sie sich nicht verbunden und zugehörig gefühlt hätten. Kurz nach Wegfall der Unterstützung durch die gewohnte Gruppe haben sich dann bei diesen Patienten seelische oder körperliche Symptome wie bei einem Burnout oder einer Depression, oft aber auch körperliche Erkrankungen wie Rückenschmerzen, Bluthochdruck oder Herzrhythmusstörungen entwickelt.

## 3.6 ... und wann kostet eine Gruppe Kraft oder macht sogar krank?

Der britische Psychoanalytiker und Künstler Morris Nitsun veröffentlichte einen Klassiker der gruppenpsychotherapeutischen Literatur (1996). In „*The Anti-Group*" beschreibt er, dass es in nahezu jeder (sozialen) Gruppe auch zu negativen, destruktiven Impulsen und Affekten kommt. Er versteht dabei die psychotherapeutische Gruppe als eine Art Mikrokosmos, in der alles vorkommt, was grundsätzlich auch in größeren sozialen Gruppen, z. B. am Arbeitsplatz, eine wichtige Rolle spielt. Meist resultieren negative, destruktive Impulse in sozialen Gruppen aus ganz unterschiedlichen Ängsten der Gruppenmitglieder, aus Misstrauen oder narzisstischen („egoistischen", selbstbezogenen) Motiven. Unter den Mitgliedern einer jeden sozialen Gruppe kann sich Ärger (bzw. die „*Anti-Group*") z. B. in Form von Neid, Rivalität und destruktivem gegenseitigem Konkurrieren äußern.

Diese negativen Impulse entstehen nach Nitsun oft durch eine zuvor verzerrte bzw. gestörte Kommunikation. Sie gefährden das Funktionieren einer Gruppe. Dies führt er auf aggressive und feindliche Gefühle zurück, die mehr oder weniger unweigerlich entstehen, wenn Menschen in Gruppen zusammenkommen. Solange wir diese negativen Affekte in ihren unterschiedlichen Ausdrucksweisen nicht erkennen, persönlich erfahren und als solche anerkennen, verleugnen wir einen wichtigen Anteil in zwischenmenschlichen Beziehungen. Deswegen gilt in der Regel auch der psychotherapeutische Merksatz, dass negative Affekte *in* eine Beziehung gehören, weil nur dadurch eine gute Chance besteht, sie gemeinsam bzw. in der Gruppe zu bewältigen und wichtige Aspekte einer Beziehung „durchzuarbeiten". Bestmögliche bzw. gelingende Kommunikation ist ein wichtiges, wenn nicht das wichtigste „Werkzeug", um destruktive Impulse zu bewältigen.

Nitsun vertritt die Auffassung, dass Ärger und Aggressionen eine wichtige und produktive Rolle in der biografischen Entwicklung eines Menschen spielen. So können aus bewältigten aggressiven Spannungen in Gruppen ausgesprochen kreative Impulse entstehen, die Bewältigung von aggressiven Spannungen kann somit eine Gruppe als Ganzes weiterentwickeln. Dieser Prozess beruht auf einem regelhaften Zusammenspiel von kreativen und destruktiven Kräften innerhalb sozialer Gemeinschaften und ist oft Bedingung für eine konstruktive Weiterentwicklung.

Destruktive, also „Anti-Group"-Tendenzen, -Impulse und -Prozesse können grundsätzlich immer den Zerfall einer Gruppe fördern bzw. deren Produktivität hemmen. Diese negativen Prozesse in Gruppen können offen oder verdeckt auftreten. Sie können die gesamte Gruppe betreffen oder auch nur Untergruppen. Sie können – wie in der persönlichen lebensgeschichtlichen Entwicklung eines Menschen – einen wichtigen Entwicklungsschritt anzeigen, können aber auch zur Destabilisierung bis hin zum Zerfall einer Gruppe beitragen.

————— ?  —————

Haben Sie in Ihren bisherigen Arbeitsgruppen schon solche Spannungen erlebt, die zu Problemen oder gar zur Auflösung der Gruppe oder umgekehrt auch zu positiven Entwicklungen in der Gruppe geführt haben?

Dem Leiter einer Gruppe, im übertragenen Sinne der Führungskraft, kommt in der Regel eine wichtige integrierende Funktion zu. Verschiedene Verhaltensweisen der Führungskraft sind wichtig, um hier erfolgreich sein zu können: vor allem das eigene Ziel, die Gruppe zusammenzuhalten, aber auch eine Position der Neutralität gegenüber den unterschiedlichen Gruppenmitgliedern zu bewahren. Es ist meistens, aber zumindest unreflektiert nicht in jedem Fall sinnvoll, in geeigneter Form und einem geeigneten Rahmen die negativen Gefühle in Teams zur Sprache zu bringen und die Kommunikation darüber zu fördern. Auch wenn nicht darüber gesprochen wird, wirken diese negativen Gefühle und Stimmungen über Handlungen und insgesamt. Hier eignen sich neben Sitzungen der Teams selbst auch Teamsupervisionen, also Sitzungen mit einem externen, neutralen und diesbezüglich ausgebildeten Supervisor. Idealerweise ergänzen sich beide Besprechungsmodalitäten.

## 3.7 Wie Gruppen sich selbst zerstören können

Wenn soziale Gruppen gut funktionieren, können sie den einzelnen Mitgliedern meist selbstständig Halt bieten. Wenn es aber zu allgemeinem Druck und Stressbelastungen kommt, ist die integrierende Funktion der Führungskraft besonders gefordert. Vielleicht profitiert sie dann selbst von einem „Gehaltenwerden" (*„holding-environment"*), sei es in der eigenen Familie, dem eigenen sozialen privaten und/oder beruflichen Netzwerk, oder durch eine Fachsupervision durch externe Experten. Ansonsten droht der Führungskraft, selbst in destruktiven zwischenmenschlichen Verwicklungen gebunden zu werden.

Wenn solche offenen oder verdeckten, bewussten oder unbewussten, aggressiven oder gar destruktiven Impulse innerhalb einer sozialen Gruppe nicht bewältigt werden, drohen chronisch destruktive Verhaltensweisen und letztlich der Zerfall der Gruppe. Nicht selten kommt es bei solchen Prozessen zum Suchen und Finden eines vermeintlichen „Sündenbocks" mit Ausstoßungsprozessen, die aus Sicht der Betroffenen nicht selten als „Mobbing" (s. o.) bezeichnet werden.

Mobbing oder „*Bullying*" ist gerade aus der Sicht eines Psychosomatikers und Psychotherapeuten, der immer wieder Patienten mit Depressionen, chronischen Rückenschmerzen oder selbstdiagnostiziertem Burnout behandelt, ein ernsthaftes und nicht seltenes Problem. Im Kern steht fast immer der Eindruck des Betroffenen, unerwünscht zu sein und abgelehnt zu werden. Häufig besteht beim Mobbing ein zumindest subjektives Machtgefälle zwischen den handelnden Personen, das die Betroffenen in eine Position bringt, in der sie sich hilflos und ausgeliefert fühlen. In der Natur des Mobbing liegt, dass es eine längere Zeit anhält und nicht auf kurze Zeit begrenzt ist. Unterschieden wird zwischen einer persönlichen oder arbeitsbezogenen Form des Mobbing: Die persönliche Variante ist im Kern durch die wiederholte Entwertung der betreffenden Person gekennzeichnet, sei es durch Gerüchte oder auch ganz offen im direkten Kontakt. Die arbeitsbezogene Variante des Mobbing besteht z. B. im Aufbau eines nicht zu bewältigenden Arbeitsdruckes durch unrealistische Deadlines, ggf. noch mit häufigerem Wechsel der Zielvorgaben. Häufig kommen bei Mobbing beide Varianten überlappend oder nacheinander vor.

Mobbing bzw. das Gefühl, ungerecht behandelt zu werden, unerwünscht zu sein, ausgegrenzt zu werden, ist für die meisten betroffenen Menschen ein starker möglicher Auslöser für seelische und körperliche Erkrankungen. Es ist daher nicht überraschend, dass Mobbingopfer deutlich häufiger als der Durchschnitt der Bevölkerung unter nahezu allen Formen von gesundheitlichen Problemen leiden und natürlich auch höhere Arbeitsunfähigkeitszeiten als der Durchschnitt der Arbeitnehmer aufweisen. Die Mechanismen, die dazu führen, sind unterschiedlich. Im Vordergrund stehen zum einen sicher ein verstärktes Grübeln über die Situation am Arbeitsplatz, gerade auch außerhalb der Arbeit und in der Nacht, was den gesamten Menschen physiologisch gesehen „stresst" und unter Druck setzt. Hier sind es die nicht zu stoppenden Gedanken (= mehr kognitiver Stressor), die krank machen können. Ein- und Durchschlafstörungen sind ebenso typisch wie innere Unruhe und Anspannung. Noch grundlegender ist aber vermutlich das Gefühl, abgelehnt zu werden, gerade nicht Teil einer persönlich als wichtig erachteten Gruppe und Gemeinschaft zu sein (= mehr emotionaler Stressor). Dies ist sicher einer der stärksten im Leben vorkommenden Stressoren, da wir Menschen evolutionär gesehen in einer Gruppe bzw. sozialen Gemeinschaft leben und aufeinander bezogen sind. Entsprechend kommt es bei einer längeren Mobbingerfahrung oft zu einem bewusst oder unbewusst reduzierten Selbstwertgefühl, außerdem zu einem Gefühl der Ohnmacht und Hilflosigkeit und zu einem damit verbundenen seelischen Dauerstress. In den allermeisten Fällen treten in absehbarer Zeit auch seelische und körperliche Symptome auf. Wie es der gesunde Menschenverstand erwarten lässt, zeigen wissenschaftliche Längsschnittuntersuchungen auch tatsächlich eine gegenseitige Verstärkung von Mobbingerfahrung und dem Auftreten seelischer (und sicher auch körperlicher) Symptome (z. B. Kivimäki et al. 2003; Reknes et al. 2014).

Die klinische Erfahrung und manche wissenschaftliche Untersuchungen sprechen auch dafür, dass bei einer Untergruppe von Mobbingopfern auch frühere persönliche seelische Verletzungen mit bleibenden seelischen „Narben" eine Rolle spielen können: In einer Untersuchung an 189 Patienten der stationären psychosomatischen Rehabilitation konnte die Arbeitsgruppe um Axel Kobelt an der Universität Bremen zeigen, dass von Mobbingerfahrungen Betroffene im Vergleich zu psychosomatisch erkrankten Menschen ohne Einschränkungen der beruflichen Funktionsfähigkeit sich selbst als „ängstlicher, selbstunsicherer, kränkbarer und zwanghafter" (Kobelt 2009) einschätzen. Kobelt und Kollegen verweisen auch darauf, dass in einer anderen Untersuchung Mobbingopfer im Vergleich zur Normalbevölkerung eine erhöhte seelische Verletzlichkeit („Neurotizismus") aufwiesen. Klinisch gesehen heißt das, dass einige Menschen, die sich selbst als Mobbingopfer sehen und es oft auch geworden sind, quasi in sich, oft unbewusst oder vorbewusst, auch spezielle Persönlichkeitsanteile oder -stile haben, die dazu beitragen können, einen Konflikt am Arbeitsplatz zu verschärfen. Auch hier ist eine möglichst frühe psychotherapeutische Beratung sehr sinnvoll, da die Erkenntnis solcher eigenen Anteile, die eventuell zum Konfliktgeschehen beitragen bzw. beigetragen haben, wieder neue Möglichkeiten für eine aktive Klärung, gegebenenfalls auch zu konstruktiverem Handeln und positiver Veränderung in sich bergen.

In einer Mobbingsituation ist es wichtig, aus der Position des Ausgeliefertseins und der Hilflosigkeit herauszukommen und zu überlegen, welche eigenen, aktiven Schritte möglich sind. Hier ist eine Beratung durch verschiedene mögliche Ansprechpartner, z. B. Betriebsarzt, soziale Ansprechpartner im Betrieb, Betriebsrat oder Psychotherapeut, sinnvoll, wenn Betroffenen selbst keine möglichen sinnvollen Schritte mehr einfallen.

---

**Fazit**

Gemeinsam sind wir stark – das gilt besonders für solche Gruppen, die komplexe Arbeitsaufgaben bearbeiten, deren Mitglieder unterschiedliche Wissensbestände, Fähigkeiten und Fertigkeiten in die Gruppe einbringen, die selbstbestimmt arbeiten können und die auch die Kraft der sozialen Unterstützung einer Gruppe erleben, wie sie nicht nur in der Psychotherapie, sondern auch in einem guten Betrieb vorhanden sein kann. Der Mensch ist ein soziales Wesen, und wir haben Bedürfnisse nach sozialem Anschluss. Deshalb ist es wichtig, Kooperation in der Arbeit zu ermöglichen, soziale Bedürfnisse in Arbeitsgruppen im Blick zu behalten und Zeit dafür aufzuwenden. Negative oder gar destruktive Entwicklungen in einer Arbeitsgruppe müssen mit Priorität zufriedenstellend gelöst werden, damit die Gruppe ihre volle Kraft entfalten kann.

---

## Literatur

Bion, W. R. (1961). *Experiences in groups*. London: Tavistock Publications.

Bion, W. R. (1967). *Second thoughts*. London: William Heinemann. Reprinted London: Karnac Books 1984

Campion, M. A., Medsker, G. J., & Higgs, A. C. (1993). Relations between work group characteristics and effectiveness: Implications for designing effective work groups. *Personnel Psychology, 46*, 823–850.

Eisenberger, N. I. (2013). An empirical review of the neural underpinnings of receiving and giving social support: implications for health. *Psychosom Medicine, 75*(6), 545–556.

Elias, N. (1976). *Über den Prozess der Zivilisation. Soziogenetische und psychogenetische Ursachen*. Frankfurt/M.: Suhrkamp. Taschenbuch Wissenschaft.

Foulkes, S. H. (1955). Grundzüge und Entwicklung der Gruppenanalyse. In S. H. Foulkes *Gruppenanalytische Psychotherapie*. München: Pfeiffer.

Goldstein, K. (1934). *Der Aufbau des Organismus. Einführung in die Biologie unter besonderer Berücksichtigung der Erfahrungen am kranken Menschen.* Den Haag: Nijhoff.

Hacker, W. (2005). *Allgemeine Arbeitspsychologie. Psychische Regulation von Wissens-, Denk- und körperlicher Arbeit* (2. Aufl.). Bern: Huber.

Janis, I. L. (1972). *Victims of group think.* Boston: Houghton-Mifflin.

Kivimäki, M., Virtanen, M., Vartia, M., Elovainio, M., Vahtera, J., & Keltikangas-Järvinen, L. (2003). Workplace bullying and the risk of cardiovascular disease and depression. *Occup Environ Med*, *60*, 779–783.

Kobelt, A., Pfeiffer, A., Winkler, M., vom Bauer, V., Gutenbrunner, C., & Petermann, F. (2009). Sind Mobbingbetroffene eine besondere Patientengruppe in der psychosomatischen Rehabilitation? *Rehabilitation (Stuttg)*, *48*(5), 312–320.

Milgram, S. (1963). Behavioral study of obedience. *The Journal of Abnormal and Social Psychology*, *67*(4), 371–378.

Nitsun, M. (1996). *The Anti-Group. Destructive Forces in the group and their creative potential.* Routledge, London, New York.

Reknes, I., Pallesen, S., Magerøy, N., Moen, B. E., Bjorvatn, B., & Einarsen, S. (2014). Exposure to bullying behaviors as a predictor of mental health problems among Norwegian nurses: Results from the prospective SUSSH-survey. *Int J Nurs Stud*, *51*(3), 479–487.

Ringelmann, M. (1913). Recherches sur les moteurs animes: Travail de l'homme [Research on animate sources of power: The work of man]. *Annales de l'Institut National Agronomique*, *XII*(2), 1–40.

Steiner, I. D. (1972). *Group process and productivity.* New York: Academic Press.

Wegge, J. (2004). *Führung von Arbeitsgruppen.* Stuttgart: Hogrefe.

Wegge, J., & Schmidt, K.-H. (2006). Altersheterogenität von Arbeitsgruppen als Determinante von Innovation, Gruppenleistung und Gesundheit. *Zeitschrift für Arbeitswissenschaft*, *60*, 75–76.

Zajonc, R.B. (1965). Social facilitation. *Science*, *149*, 269-274.

Zimbardo, P.G., Haney, C., Banks, C., & Jaffe, D. (1974). The psychology of imprisonment: Privation, power, and pathology. In Z. Rubin (Ed.), *Doing unto others: Explorations in social behavior*, 61–73. Englewood cliffs, NJ: Prentice Hall.

# 4

# Führen und geführt werden

## Inhalt

H. Gündel et al., *Arbeiten und gesund bleiben*, DOI 10.1007/978-3-642-55303-5_4,
© Springer-Verlag Berlin Heidelberg 2014

# 4.1    Was macht eine gute Führungskraft aus?

Schon als Kinder wurden wir geführt, auch wenn auf den Visitenkarten unserer Eltern, Kindergärtnerinnen oder Lehrer nicht Erziehungsmanager stand. Der Begriff Manager wird inzwischen inflationär gebraucht. Bankberater sind jetzt Finanzmanager, Teamleiter von Reinigungskolonnen zu Facility-Managern geworden. Hier soll es aber nicht um Betriebsführung oder Personalverwaltung gehen, sondern um Personalführung – deswegen sprechen wir auch von Führung und nicht von Management. Führung bedeutet im betrieblichen Kontext die absichtliche Einflussnahme auf andere Menschen zum Zweck der gemeinsamen Aufgabenerfüllung. Im Volksmund hat sich der Witz breitgemacht, Personalführung sei die Kunst, Mitarbeiter so schnell über den Tisch zu ziehen, dass sie die Reibungshitze als Nestwärme empfinden. Gute Führung ist jedoch anders.

Was aber macht eine gute Führungskraft aus? Mit dieser Frage befasst sich die Führungsforschung seit Langem. Dabei muss immer die Frage gestellt werden: Woran soll der Erfolg einer guten Führung gemessen werden? Ist es vorrangig die Leistungssteigerung des Teams oder die Zufriedenheit der Teammitglieder? Ist es die Krankheitsquote oder das Stresserleben der Mitarbeiter in der eigenen Abteilung? Viele solcher erwünschten oder unerwünschten Wirkungen wurden untersucht, um zu klären, wer als Führungskraft erfolgreich ist. Dabei wurde auch der Frage nachgegangen, welche Art von Menschen Führungskräfte werden.

> Wenn Sie an Ihre jetzige Führungskraft oder an eine Führungskraft in ihrer beruflichen Vergangenheit denken, wie würden Sie deren Persönlichkeit beschreiben?

In der Psychologie haben sich fünf relativ stabile Eigenschaften zur Beschreibung der Persönlichkeit eines Menschen gut etabliert – die sogenannten *„Big Five"*. Zu den Dimensionen in diesem Persönlichkeitsmodell zählen *Extraversion* (nach außen gerichtet, gesellig), *Offenheit für Erfahrungen* (experimentierfreudig, fantasievoll), *Neurotizismus* (ängstlich, emotional labil), *Verträglichkeit* (verständnisvoll, mitfühlend) und *Gewissenhaftigkeit* (verantwortlich, sorgfältig). Unterschiede in diesen Persönlichkeitseigenschaften sind laut Forschung etwa zur Hälfte genetisch, zur anderen Hälfte durch die Lebensumstände bedingt. Prägende Lebensumstände sind nicht nur die Familie, sondern auch Schule, Beruf, Freunde usw. Welche dieser Eigenschaften haben wohl Führungskräfte?

Mit dieser Frage haben sich Judge et al. (2002) in einer sogenannten Metastudie befasst. Metastudien (auch: Metaanalysen) erstellen – wie eingangs schon erwähnt – eine Bilanz aus den Ergebnissen bislang veröffentlicher Einzelstudien. In insgesamt 73 Studien wurden diese fünf Persönlichkeitsmerkmale im Zusammenhang mit Führung untersucht. Extraversion war dabei die Persönlichkeitseigenschaft, die am meisten mit einer Führungsposition und mit Führungserfolg zusammenhängt. Aber auch Gewissenhaftigkeit und Offenheit für Erfahrungen hängen positiv mit Führung zusammen. Neurotizismus hingegen ist bei Führungskräften weniger stark ausgeprägt. Neben diesen *„Big Five"* wurden weitere Persönlichkeitseigenschaften in die Zusammenhangsanalysen der Metastudie einbezogen. Den Ergebnissen zufolge sind erfolgreiche Führungskräfte auch dominanter, geselliger und leistungsorientierter als weniger erfolgreiche Führungskräfte und Mitarbeiter ohne Führungsaufgaben.

Unklar ist, ob Menschen mit solchen Persönlichkeitseigenschaften eher in Führungspositionen kommen und dort erfolgreich sind, oder ob sie erst durch die Führungsposition z. B. extravertierter, offener und gewissenhafter werden. Sicher spielt beides eine wichtige Rolle. Der leider kürzlich verstorbene, einflussreiche deutsche Führungsforscher Lutz von Rosenstiel fasste den letzteren Gedanken unter das Motto „Wem Gott ein Amt gibt, dem gibt er auch Verstand".

Persönlichkeitsmerkmale wie Intelligenz, Bedürfnisse nach Macht und Leistung sowie die Überzeugung, selbst die Geschehnisse im Leben bestimmen zu können (internale Kontrollüberzeugung, s. unten), wurden in einigen Studien ebenfalls mit Führung und Führungserfolg in Verbindung gebracht. Nicht zuletzt spielt auch das Geschlecht eine wichtige Rolle – denn Führung ist nach wie vor ganz überwiegend männlich. Mit Blick auf Chancengleichheit wird heute politisch Einfluss darauf genommen, dass mehr Frauen in Führungspositionen gelangen (können).

Bei all den Heldenliedern auf herausragende Führungspersönlichkeiten in Managermagazinen darf nicht vergessen werden, dass Persönlichkeitseigenschaften kaum mehr als 10 % des Führungserfolgs erklären. Es gibt viele andere Faktoren, die zum Führungserfolg beitragen. Neben dem Führungsverhalten ist vor allem die Führungssituation entscheidend. Außerdem darf auch nicht vergessen werden, dass sich so manch ein erfolgreicher Führer mehr als Psychopath denn als erstrebenswertes Vorbild gezeigt hat.

## 4.2   Wie verhält sich eine gute Führungskraft?

Unsere Persönlichkeitseigenschaften beeinflussen unser Verhalten. Doch sind wir nicht immer wieder selbst von unserem oder dem Verhalten anderer Personen überrascht? Im Beruf verhalten wir uns oft anders als im Privatleben. In bestimmten Situationen sind wir hilfsbereit, in anderen aber nicht. In der Führungsforschung ist das Verhalten von Führungskräften Gegenstand zahlreicher

Untersuchungen. Früher wurde ausgehend von Studien an den Universitäten von Ohio und Michigan zwischen einem aufgaben- bzw. leistungsorientierten Führungsverhalten und einem mitarbeiterorientierten Führungsverhalten unterschieden. Auch heute noch wird immer wieder analysiert, ob Mitarbeiterorientierung im Sinne der Wertschätzung, Zugänglichkeit und Sorge für die Mitarbeiter gegenüber Leistungs- und Aufgabenorientierung im Sinne der Ziel- und Aufgabenstrukturierung sowie der Leistungskontrolle von Mitarbeitern mit einem höheren Führungserfolg einhergeht.

---

**Was glauben Sie, was ist wichtiger für eine erfolgreiche Führungskraft – sich um die Mitarbeiter oder um die Leistungsergebnisse zu kümmern?**

---

In einer anderen Metastudie haben Judge et al. (2004) auf der Grundlage von 130 veröffentlichten Studien geprüft, wie mitarbeiter- und aufgabenorientiertes Führungsverhalten mit der Zufriedenheit und der Arbeitsmotivation der Mitarbeiter sowie mit Leistungskriterien des Führungserfolgs zusammenhängen. Sie stellten fest, dass beide Führungsverhaltensweisen positiv mit allen Erfolgskriterien zusammenhängen. Eine gute Führungskraft tut also das eine (auf Mitarbeiterbedürfnisse eingehen), ohne das andere zu lassen (strukturgebend für Leistung sorgen). Die Ergebnisse dieser Metastudie zeigen zudem, dass Mitarbeiterzufriedenheit und Arbeitsmotivation enger mit mitarbeiterorientiertem Führungsverhalten zusammenhängen als mit aufgabenorientiertem Führungsverhalten. Führungskräfte mit einem fürsorglichen und wertschätzenden Verhalten haben demnach auch die zufriedeneren und motivierteren Mitarbeiter.

Mittlerweile hat sich in der Führungslehre ein weiteres Führungsmodell etabliert, in dem Führungsverhalten in zwei Bereiche – die transaktionale und die transformationale Führung – unterteilt wird. Transaktionales Führungsverhalten folgt der Logik eines Tauschgeschäfts mit dem Prinzip Geld bzw. Belohnung gegen Leistung. Transformationales Führungsverhalten konzentriert sich hingegen darauf, den Mitarbeitern höher stehende Ziele und Visionen zu vermitteln, sie zu inspirieren und zu motivieren, diese Visionen gemeinsam umzusetzen und ihnen – wie beim mitarbeiterorientierten Führungsverhalten – Wertschätzung und Fürsorge entgegenzubringen. Es wurde angenommen, dass durch transformationales Führungsverhalten mehr Vertrauen, Loyalität und Zurückstellung von Eigeninteressen entsteht und damit auch mehr Leistung möglich ist, als wenn nur transaktional geführt wird (Bass 1985). Aufgrund dieser breiteren Spanne von Einflussmöglichkeiten der Führungskraft auf die Mitarbeiter wird das Modell englischsprachig als *„full* *range leadership model"* bezeichnet. Mit dem passend zum Modell entwickelten Fragebogen lassen sich verschiedene Merkmale einer transformationalen Führung, einer transaktionalen Führung und des sogenannten Nichtführens („Laissez-faire") beurteilen und voneinander abgrenzen. Eine naheliegende Frage ist – wie erfolgreich sind diese Verhaltensweisen?

---

?

Hätten Sie lieber einen sachlichen Chef, der die Aufgaben genau vereinbart, der gute Leistungen belohnt und schlechte bestraft und der stets eingreift, sobald ein unerwünschtes Verhalten gezeigt wird? Oder fänden Sie es besser, wenn Ihnen Ihr Chef die gemeinsamen Ideale und Ziele mitreißend erklärt, Sie ermuntert, es ihm nachzutun, und darauf vertraut, dass Sie dies leisten werden?

---

Beides klingt nicht übel, kann es unter Umständen aber sein. Vielleicht ist der sich rein transaktional verhaltende Chef zu sachlich und zugeknöpft, als dass man ihm etwas erzählen würde, was nicht mit der Arbeit zu tun hat. Andererseits kann ein Chef, der sich sehr transformational und charismatisch gibt, auch als maßlos gelten und mit seinen Visionen vielleicht die Realität und die Leistungsgrenzen der Mitarbeiter verkennen. Nicht umsonst hat unser Altbundeskanzler Helmut Schmidt in einem Interview einen bemerkenswerten Satz geäußert: „Wer Visionen hat, der soll zum Arzt gehen."

Aber was ist nun das bessere Führungsverhalten – transaktional oder transformational? Die Antwort hierauf gibt eine weitere Metastudie.

Einmal mehr führten Judge und Piccolo (2004) auch eine Metastudie zur transaktionalen und transformationalen Führung durch. Sie fanden insgesamt 87 Studien, in denen Zusammenhänge mit verschiedenen Erfolgskriterien von Führung untersucht wurden. Transformationale Führung, aber auch die kontingente (d. h. unmittelbare) Belohnung als ein zentrales Merkmal transaktionaler Führung zeigen einen positiven Zusammenhang zur Arbeitszufriedenheit und Arbeitsmotivation der Mitarbeiter. Das heißt, je mehr eine Führungskraft mitreißt, überzeugt und motiviert und je mehr unmittelbar auf gute oder schlechte Leistungen reagiert wird, umso zufriedener und motivierter sind die Mitarbeiter. Zur Leistung des Teams und der Führungskraft zeigen sich zwar auch positive Zusammenhänge, jedoch in einem deutlich geringeren Ausmaß. Das verwundert kaum, weil dies von zahlreichen weiteren Faktoren wie z. B. der Aufgabenschwierigkeit beeinflusst wird. Wie zu erwarten, zeigen die Befunde der Metastudie außerdem, dass Nichtführen („Laissez-faire") negativ mit Zufriedenheit und Leistung zusammenhängt. Wenn eine Führungskraft also durch Abwesenheit glänzt, wenn sie gebraucht wird, oder wenn Entscheidungen nicht getroffen, sondern immer wieder verschleppt werden, so geht das mit Unzufriedenheit und Leistungseinbußen einher.

# 4.3   Führung nach Maß?

Nun könnte man den Eindruck gewinnen, bestimmte Führungseigenschaften oder -verhaltensweisen seien immer gut. Dem ist allerdings nicht so – es kommt nämlich darauf an. Stellen Sie sich vor, eine Führungskraft leitet eine Abteilung mit hochqualifizierten Mitarbeitern, die alle schon lange im Beruf und im Betrieb und inzwischen ein eingespieltes Team sind. Stellen Sie sich eine andere Situation vor, in der die Führungskraft gerade neue Mitarbeiter für das Team rekrutiert hat, die nun beginnen, erste Berufserfahrungen zu sammeln und mit den erfahrenen Kollegen zusammenzuarbeiten. Zweifellos sind diese Führungssituationen sehr unterschiedlich. Situatives Führen heißt, dass die Führungskraft je nach Situation, in der sie sich selbst befindet oder in der ihre Mitarbeiter sind, ein unterschiedliches Führungsverhalten zeigen sollte, um erfolgreich zu sein.

---

?

Wenn Sie wieder an Ihre jetzige Führungskraft oder an eine Führungskraft in ihrer beruflichen Vergangenheit denken: Verhält sie sich immer gleich? Gibt es Situationen, Aufgaben oder Personen im Team, bei denen ein anderes Führungsverhalten gezeigt wird oder angezeigt wäre?

---

Die heutige Führungsforschung ist sich weitgehend einig, dass je nach Situation unterschiedlich geführt werden muss. Es kommt eben auf die Aufgaben, aber auch auf die Mitarbeiter an. In einer unstrukturierten Situation mit komplexen Aufgaben und erfahrenen Mitarbeitern tut die Führungskraft gut daran, Entscheidungen an das Team zu delegieren. Anders ist es, wenn es darum geht, unerfahrene Mitarbeiter einzuarbeiten, mit Informationen über Ziele und Abläufe zu versorgen und gut strukturierte, bekannte Aufgaben zu lösen. Besonders auch in zeitkritischen Situationen ist eine klare Ansage der Führungskraft partizipativen (beteiligungsorientierten) Prozessen im Team überlegen. Wichtig ist dabei, dass ein Wechsel zwischen Führungsverhaltensweisen seitens einer Führungskraft nicht willkürlich etwa nach Lust und Laune, sondern für die Mitarbeiter berechenbar ist, beispielsweise wenn sie wissen, dass in bestimmten Situationen nicht lange diskutiert werden kann.

Da nicht jeder Mitarbeiter die Führungskraft gleich wahrnimmt und sich Führungskräfte auch nicht immer gleich gegenüber allen Mitarbeitern verhalten können, bilden sich in Teams verschiedene Gruppen heraus. Mit der sogenannten *„in-group"* steht die Führungskraft im engen, vertrauensvollen Kontakt, gibt und erhält mehr Informationen. Diese Gruppe von Vertrauten kann dementsprechend mehr Einfluss auf die Führungskraft und ihre Entscheidungen ausüben. Die *„out-group"* hingegen hat weniger Kontakt zur

Führungskraft, erfährt nicht alles oder gar vieles nicht und kann demnach auch wenig Einfluss auf die Entscheidungen der Führungskraft ausüben.

---

?

Wie ist es bei Ihnen? Zählen Sie zur in-*group* oder zur *out-group* Ihrer Führungskraft? Oder wenn Sie selbst Führungskraft sind: Wie verteilen sich Ihre Mitarbeiter auf diese beiden Gruppen?

---

Ziel einer Führungskraft sollte es sein, hochwertige paarweise Arbeitsbeziehungen zu möglichst vielen Mitarbeitern im Team zu entwickeln. Die Theorie des *„Leader-Member-Exchange"* (kurz: LMX) befasst sich speziell mit der sozialen Interaktion in der Führungskraft-Mitarbeiter-Dyade, d. h., es geht um den guten Austausch und die Qualität der Arbeitsbeziehung zwischen Führungskraft und einzelnen Mitarbeitern. Je mehr solcher guter Partnerschaften eine Führungskraft hat, umso besser fallen die Leistung, die Zufriedenheit und auch die Bindung der Mitarbeiter an das Unternehmen aus. Wenn der Vorgesetzte die individuellen Probleme, Bedürfnisse und Leistungen der einzelnen Mitarbeiter also gut kennt und bei möglichst vielen einzelnen Mitarbeitern ein hohes Vertrauen genießt, dann ist Führung besonders erfolgreich.

Dulebohn et al. (2012) geben in ihrer Metastudie zu Bedingungen und Konsequenzen von LMX einen Überblick über die Ergebnisse von insgesamt 247 Einzelstudien. Als Bedingungen einer guten Austauschbeziehung werden verschiedene Merkmale der Geführten und der Führungskraft (Eigenschaften, Verhalten) einbezogen. Die Ergebnisse zeigen, dass kompetente, positiv gestimmte Mitarbeiter, die gewissenhaft, verträglich und offen für neue Erfahrungen sind, auch die besseren Austauschbeziehungen zu ihren Führungskräften haben. Transformationales Führungsverhalten und kontingente Belohnung durch die Führungskraft ebenso wie das Vertrauen und die Erwartung der Führungskraft, dass Mitarbeiter erfolgreich sein werden, begünstigen gute Austauschbeziehungen ebenfalls. Eine wichtige Rolle spielt dabei auch, inwieweit die Geführten sich selbst positiv darstellen, der Führungskraft ähnlich sind und diese mögen. Vertiefte Analysen zeigen, dass die Ergebnisse sich über Branchen wie auch über Länder (in denen die einzelnen Studien durchgeführt wurden) hinweg verallgemeinern lassen. Hinsichtlich der Konsequenzen von LMX zeigt die Metastudie, dass Zufriedenheit vor allem mit der Führungskraft, aber auch mit Arbeit, Bindung an die Organisation, Gerechtigkeitserleben, Arbeitsverhalten und Arbeitsleistung in dem Maße besser ausfallen, in dem eine gute Austauschbeziehung (hohes LMX) vorliegt. Umgekehrt nehmen erlebte Unsicherheiten, Kündigungsabsicht und tatsächlicher Arbeitsplatzwechsel ab, wenn LMX zunimmt. Gute Führung ist folglich auch Arbeit an der Beziehung zu den Mitarbeitern. Wertschätzung und Respekt, beidseitiges Vertrauen und Verlässlichkeit müssen oft erst aufgebaut werden. Das erfordert viel Zeit für die Kommunikation mit den Mitarbeitern.

# 4.4    Was sind wichtige Führungsaufgaben?

Kommunikation mit den Mitarbeitern ist eine wichtige, wenn nicht sogar die wichtigste Aufgabe einer Führungskraft. Der kanadische Managementforscher Henry Mintzberg beschreibt in seiner viel zitierten Doktorarbeit anhand von Fallstudien die Rollen und Aufgaben in der Führung (Mintzberg 1973). Dazu zählen interpersonale Rollen (u. a. Repräsentant, Vorgesetzter), Aufgaben der Informationsverarbeitung (u. a. Sammeln, Verteilen) und der Entscheidung (u. a. Problemlösung, Ressourcenverteilung). Er stellte fest, dass Führungskräfte am meisten Zeit für mündliche und schriftliche Kommunikation aufwenden. Dabei sind die Einzeltätigkeiten eher kurz und fragmentiert und der Wechsel zwischen eher trivialen und folgenschweren Entscheidungen ist schnell. Das Arbeitstempo ist hoch, es treten viele Unterbrechungen auf, und für Pausen bleibt nur wenig Zeit. Diese Beschreibung eines typischen Führungsalltags hat auch heute noch Gültigkeit, wie neuere Studien bei Führungskräften zeigen. Nach wie vor haben Kommunikationsaufgaben den höchsten Anteil. Eine besonders wichtige Führungsaufgabe ist die Zielvereinbarung mit den Mitarbeitern.

———— ? ————

Wissen Sie genau, was Sie wie und bis wann in Ihrer Arbeit zu erledigen haben? Wurden Ihnen diese Ziele von Ihrer Führungskraft vorgegeben, oder wurden sie gemeinsam mit Ihnen vereinbart?

Locke und Latham (1990) befassten sich in ihrer Zielsetzungstheorie besonders mit der Frage, wie Ziele beschaffen sein müssen, damit sie zu den besten Leistungen führen. In einer Serie von Experimenten untersuchten die Forscher die Art von Zielen hinsichtlich der resultierenden Leistungsergebnisse. Sie gingen davon aus, dass schwer zu erreichende Ziele bessere Leistungen nach sich ziehen als leichte Ziele. Weiterhin nahmen sie an, dass spezifische, schwere Ziele zu besseren Leistungen führen als unkonkrete oder keine Ziele. Diese Annahmen konnten in ihren eigenen Studien und in vielen nachfolgenden Studien zur Zielsetzungstheorie immer wieder belegt werden. Leistung steigt also mit zunehmender Zielschwierigkeit kontinuierlich bis zu einem gewissen Niveau an, das durch individuelle Fähigkeitsgrenzen bestimmt ist. Bei spezifischen, herausfordernden Zielen werden weitaus höhere Leistungen erzielt als bei unkonkreten Zielen. Wenn Ihr Chef also mal wieder zu Ihnen sagt: „Tun Sie Ihr Bestes", dann sollten Sie ihn klar darauf hinweisen, dass solche unkonkreten Ziele nachweislich zu einer schlechteren Arbeitsleistung führen.

Studien zur Zielsetzungstheorie haben zudem gezeigt, dass bessere Leistungen erbracht werden, wenn Mitarbeiter die Ziele akzeptieren und wenn sie sich der Zielerreichung darüber hinaus auch persönlich verpflichtet fühlen und bereit sind, außerordentliche Anstrengungen aufzuwenden, um die vereinbarten Ziele zu erreichen. Insofern ist es besonders wichtig, dass im Mitarbeitergespräch nicht nur konkrete und anspruchsvolle Ziele vereinbart werden, sondern dass die Mitarbeiter an dieser Zielvereinbarung beteiligt werden, indem sie idealerweise selbst Vorschläge machen, wie die zu erreichenden Ziele aussehen sollen. Zeitnahe externe Rückmeldungen zu Leistungsfortschritten und zum Grad der Zielerreichung wirken darüber hinaus positiv auf die Leistung.

Neben dieser etwas ausführlicher dargestellten Aufgabe der Leistungssteuerung über Zielvereinbarungen, die im Unternehmenskontext meist als *„Management by Objectives"* (MbO) bekannt ist, haben Führungskräfte zahlreiche weitere Aufgaben zu erfüllen. Neben der Gestaltung von Arbeitssystemen, der Verteilung und Koordination von Arbeit und der Motivation der Mitarbeiter besteht eine heute immer wichtiger werdende Aufgabe darin, die Arbeits- und Leistungsfähigkeit der Mitarbeiter zu erhalten. Dies kann zum einen über den jeweiligen Arbeitseinsatz und die Aufgabenzuweisung, zum anderen auch über Schulung und Qualifizierung erfolgen. Dabei sind Führungskräfte immer mehr auch gefordert zu erkennen, wenn ein Mitarbeiter an seine Leistungsgrenzen oder darüber hinaus gelangt und krankheitsbedingte Ausfälle drohen. Besonders schwierig ist die betriebliche Wiedereingliederung von Mitarbeitern nach einer längeren Erkrankung oder Rehabilitation, vor allem dann, wenn im Betrieb keine speziellen Arbeitsplätze verfügbar sind, die eine anfängliche Schonung ermöglichen.

Nachdem wir nun einige Aspekte genannt haben, wie gute Führung aussehen sollte, möchten wir nachfolgend darauf eingehen, wie „schlechte" Führung aussehen kann und was sie anzurichten vermag.

## 4.5 Die dunkle Seite der Macht?

Führungskräfte können Vorbild sein, gerecht und wertschätzend, zwischen unterschiedlichen Interessengruppen vermitteln, motivieren und idealerweise sogar mitreißen. Sie kommunizieren und entscheiden oft viel und in kurzen Abständen. Dabei kann der Blick auf die körperliche und seelische Gesundheit ihrer Mitarbeiter durchaus auch mal verloren gehen. Eine Führungskraft kann es auch nicht „allen recht" machen und muss auch mal für manche Betroffene „hart" wirkende Entscheidungen zum Wohle der Organisation treffen. Die Grenze zwischen gut begründbaren, grundsätzlich sinnvollen Entscheidungen mit manchmal unvermeidbar negativen Auswirkungen für bestimmte Mitarbeiter und dem Eindruck, dass primär „Macht ausgeübt" wird und zwischenmenschliche, ethische Normen von Wertschätzung und Gerechtigkeit nicht mehr gelten, ist sicher fließend. Dennoch entsteht oft ein klares Bild bei Mitarbeitern und Kollegen, wenn scheinbar rücksichtslos eigene Ziele ohne den Blick auf das Gesamte „durchgeboxt" werden sollen.

---

Kennen Sie Beispiele, wo diese Grenze eindeutig überschritten wurde? Wenn ja, woran machen Sie Ihren Eindruck fest?

---

Immer wieder hört und liest man von Machtmissbrauch, scheinbarer Willkür, „eiskalten", rein zahlenorientierten Entscheidungen, oft auch von immer neuen, kaum zu erfüllenden Anforderungen. Dafür stehen beispielhaft die folgenden Zitate: „Der XY will wiedergewählt werden, da will er glänzen und stößt immer neue Projekte an, und für uns ist es einfach nicht mehr zu schaffen," oder „Die wollen einfach noch ein paar gute Jahre mitnehmen, selbst so viel wie möglich verdienen, wie es hier langfristig geht, ist denen egal, und für die liegen wir Mitarbeiter immer noch in der Hängematte, obwohl einer nach dem anderen geht oder umfällt."

Manche Mitarbeiter fühlen sich bevormundet, in ihren Fähigkeiten und Wünschen nicht beachtet, empfinden ihren Chef als unempathisch, emotional kalt, eventuell auch unberechenbar. Kurzum – lauter negative Eigenschaften, die mit dem Chef bzw. der Chefin in Verbindung gebracht werden können. Wo liegt tatsächlich die Grenze zwischen „hart, aber gerecht" und „unfair"? Was ist ein möglicherweise unangenehmes, aber angemessenes Verhalten zum Durchsetzen von eigenen Interessen, und wo fängt „die dunkle Seite" der Macht an? Lässt sich die Grenze zur „dunklen Seite der Macht" näher bestimmen? Kennen Sie Persönlichkeiten, die dazu neigen, ungerecht zu führen, anderen das Gefühl zu geben, ausgenutzt und nicht mit menschlicher Wertschätzung behandelt zu werden? Wie lässt sich diese „dunkle" Seite erkennen?

Im nachfolgenden Abschnitt wollen wir uns dieser Frage aus psychoanalytischer Sicht nähern.

## 4.6 Narzissmus – ein gefährliches Persönlichkeitsmerkmal

Das psychoanalytische Konzept des Narzissmus ist prinzipiell gut geeignet, diese „dunklen Seiten" der Macht genauer zu verstehen. Zusammengefasst beschreibt Narzissmus eine Persönlichkeitshaltung, die im Extremfall durch „Selbstüberschätzung, großspuriges Auftreten, mangelnde Empathie und einen Hang zu ausbeuterischem Verhalten" (Neumann 2010) gekennzeichnet ist. Ein wichtiges Merkmal dieser extremen Haltung, die als Persönlichkeitsstörung gesehen wird, sind die oben erwähnten Schwierigkeiten im zwischenmenschlichen Bereich, insbesondere ein geringes Einfühlungs- und Mitfühlungsvermögen in andere Menschen. Es mangelt also an einer Fähigkeit, die gerade bei den vielfältigen und zunehmend benötigten kommunikativen Tätigkeiten einer Führungskraft zentral ist.

Narzissmus ist ein schillernder Begriff, es gibt sowohl „gesunde Varianten", also Menschen, die sehr leistungsfähig und mitreißend sind und deren hohe Anspruchshaltung an sich selbst und andere zu bewundernswerten Leistungen führen kann, ohne dass andererseits z. B. die Grenze des zwischenmenschlichen Respektes überschritten wird. Oft werden diese Menschen für ihre Leistungen bewundert. Menschen mit einer narzisstischen Persönlichkeitsstruktur haben nicht selten, aber auch nicht regelhaft in ihrer Kindheit verletzende Erfahrungen gemacht, z. B. Trennungserlebnisse oder andere negative, zwischenmenschlich enttäuschende Erfahrungen. Verschiedene psychoanalytische Forscher gerade aus dem Bereich der Objektbeziehungstheorie oder der sogenannten interpersonalen Psychiatrie wie z. B. Harry Stack Sullivan haben schon früh darauf hingewiesen, dass die Persönlichkeit eines Menschen bei allen biologischen Gegebenheiten stark von den (frühen) zwischenmenschlichen (interpersonalen) Faktoren abhängt (s. auch Conci 2005). Der Wert, der meiner Person subjektiv von anderen, gerade frühen Bezugspersonen in meinem eigenen Erleben entgegengebracht wird, bildet den Kern des späteren eigenen („internalisierten") Selbstwertgefühls. Frühe Enttäuschungen, seien sie von außen berechtigt oder unberechtigt, und insbesondere schwerer wiegende Trennungserfahrungen können so dazu führen, dass der angenommene eher geringere Wert der eigenen Person in den Augen der anderen (ausgelöst durch z. B. die Erfahrung des Verlassenwerdens) „internalisiert" wird. Dies ist ein im Wesentlichen unbewusster Prozess, die möglichen Folgen sind u. a. ein emotionaler Rückzug (Zitat Patient: „Jeder Stein in der Mauer, die mich umgibt, ist eine erlittene Enttäuschung."), aber auch bewusste oder unbewusste Selbstwertzweifel und der Wunsch, den eigenen Wert durch außergewöhnliche Leistungen zu stabilisieren.

Wenn diese Menschen es aufgrund eigener Ressourcen oder günstiger äußerer Umstände schaffen, diese seelischen Schwierigkeiten zu überwinden, bleibt doch in der Tiefe ein oft geringeres natürliches Selbstwertgefühl, eventuell auch ein Mangel an Einfühlung gegenüber anderen Menschen. Frühe Enttäuschungen im eigenen Leben können zum emotionalen Rückzug führen.

Hervorragende Leistungen, gerade auch im Beruf, dienen dann auch später dazu, das eigene Selbstwertgefühl zu verbessern und die basal verankerte, oft nicht bewusste Unsicherheit im Kontakt mit anderen Menschen zu stabilisieren, also auf einer auch unbewussten Ebene immer wieder zu beweisen, wie „wertvoll" sie sind. Der psychoanalytisch ausgebildete Psychosomatiker

Rudolf nennt dies eine Depressionsabwehr „in Form überhöhter Leistungsangebote und Anpassungsbereitschaft, die später beim erwachsenen Patienten in den narzisstischen Stolz auf die eigene Belastbarkeit mündet" (Rudolf 1996).

Dabei können die Betreffenden schwerpunktmäßig auf eigene Bedürfnisse, Ansprüche und Wünsche achten und die Wünsche und Bedürfnisse ihrer Mitmenschen weniger im Blick haben. Das ist die mögliche Kehrseite im Übergang zwischen gesundem und pathologischem Narzissmus: einerseits zwar viel Energie und Dynamik, vielleicht auch ganz innovative Ideen, aber andererseits fordernd und schwer berechenbar, gelegentlich unberechenbar im zwischenmenschlichen Kontakt. Allerdings gibt es keine feste Grenze zwischen gesundem und pathologischem Narzissmus, die Übergänge sind fließend: Hier der mitreißende, motivierende und dynamische Chef, dort der unempathische und immer wieder Druck ausübende Vorgesetzte. Einen schönen Überblick über die gesamte Bandbreite des Themas Narzissmus und Führung hat der Schweizer Psychiater Gerhard Dammann erarbeitet (2009).

---

**Woran ist pathologischer Narzissmus erkennbar, wann ist die Grenze zwischen gesundem und pathologischem Narzissmus überschritten?**

---

Typische Merkmale einer narzisstischen Persönlichkeit sind eine Schwäche beim Erkennen eigener Grenzen, hohe Ansprüche gegenüber Mitarbeitern und Kollegen, ein Wunsch nach raschem Erfolg. Oft sind diese Menschen „unbewusst kompetitiv" und wenig empathisch: Das heißt, pathologisch-narzisstische Führungspersönlichkeiten oder Kollegen können nach außen sehr freundlich sein, im Laufe der Zeit fällt aber auf, dass sie andere für ihre Zwecke ausnutzen ohne entsprechende Gegenleistungen, sich selbst in den Mittelpunkt stellen, Leistungen für sich beanspruchen und damit glänzen wollen. Im Gegenüber entsteht dabei subtiler oder auch massiver Ärger und das Gefühl, übergangen zu werden, nicht fair behandelt, nicht mit seinen berechtigten Bedürfnissen gesehen zu werden. Manchmal findet sich dieser narzisstische Umgangsstil unter dem Deckmantel eines scheinbar idealistischen Gedankens, einer guten Sache, die aber im Kern der persönlichen Selbstwerterhöhung dient. Mitarbeiter fühlen sich typischerweise ausgenutzt und nicht als Person wertgeschätzt. Typisch ist das mangelnde Einfühlungsvermögen in Mitmenschen und Mitarbeiter, die sogenannte Empathie. Von außen wirken diese Menschen dann in bestimmten zwischenmenschlich wichtigen Situationen emotional kalt und abweisend. Ein wesentlicher „Grenzstein" zwischen gesundem und pathologischem Narzissmus ist daher die Fähigkeit einer Führungskraft, empathisch mit dem jeweiligen Gegenüber umzugehen, diesen als ganzen Menschen mit eigenen Interessen, Zielen und Grenzen wahrzunehmen und nicht ausschließlich als nützliches „Selbstobjekt" zum Erfüllen der eigenen Ziele zu „benutzen".

Wenn ein pathologischer Narzissmus vorliegt, mit ausgeprägten Störungen der Empathie und des zwischenmenschlichen Beziehungsvermögens bei der Führungskraft, haben die betroffenen Menschen in der Regel Probleme damit, im Bedarfsfall auch selbst Hilfe anzunehmen. Bei Enttäuschungen oder Zurücksetzungen reagieren sie oft sehr verletzlich und sensibel. Nicht selten kommt es zu einer lebenslangen Suche von einer im Kern „selbstunsicheren", nicht selten in frühen Beziehungen bindungstraumatisierten, narzisstisch-selbstunsicheren Persönlichkeit nach äußerer Bestätigung durch Leistung, auch und eventuell besonders auf „Kosten" anderer.

## 4.7 Wann erhält Führung gesund, wann macht sie Mitarbeiter und Führungskräfte selbst krank?

Eine Führungsfunktion innezuhaben, ist selbstverständlich nicht gesundheitsschädlich, sondern eher gesunderhaltend, weil Führungskräfte mehr Selbstbestimmung über ihre Arbeit haben. Ein höherer sozioökonomischer Status und ein höheres Selbstwirksamkeitserleben gehen mit einer verbesserten allgemeinen Gesundheit einher. Ein dem Selbstwirksamkeitserleben verwandtes Konzept ist das des „*locus of control*" (Rotter 1975), d. h. der persönlichen Kontrollüberzeugung: Inwieweit habe ich das Gefühl, bestimmte Ereignisse durch mein eigenes Verhalten (mit-)bestimmen zu können?

Das Gefühl einer guten persönlichen Kontrolle über verschiedenste Lebensumstände („interner" *locus of control*) geht in vielen wissenschaftlichen Untersuchungen mit besserer Gesundheit einher. Demgegenüber korreliert das Gefühl der Machtlosigkeit, der Eindruck, eher keinen Einfluss auf den Gang der persönlich wichtigen Ereignisse und Lebensumstände zu haben („externer" *locus of control*), mit einem höheren Erkrankungsrisiko. Es ist also anzunehmen, dass Führungskräfte, die in der Regel über einen höheren Handlungsspielraum verfügen, auch häufiger eine internale Kontrollüberzeugung aufweisen.

---
? 
---
... und ... sind Führungskräfte nicht sowieso immer gesünder?
---

Interessante Befunde zur Wechselwirkung zwischen sozialem Status und Gesundheit, genauer gesagt Arteriosklerose, kommen aus der Tierforschung: 2009 veröffentlichten US-amerikanische Primatenforscher eine Metaanalyse zum Zusammenhang zwischen sozialem Status und Arteriosklerose bei der

Affenart *Macaca fascicularis* (auch Javaneraffe, Langschwanzmakak oder Krabbenesser), einer Primatenart aus der Gattung der Makaken.

Nach Analyse von insgesamt 419 Primaten (200 weiblich, 219 männlich) zeigten sich im Laufe einer ca. 25-jährigen Forschung die folgenden Zusammenhänge: Unter allen männlichen Makaken entwickelten die dominanten Tiere eine weiter fortgeschrittene Arteriosklerose als ihre untergeordneten Vergleichstiere. Dieser Zusammenhang ließ sich aber nur bei den Tieren beobachten, die in wiederkehrend instabilen sozialen Gruppen immer wieder ihre Dominanzstellung behaupten bzw. darum kämpfen mussten. Dominante Tiere in stabilen sozialen Verhältnissen zeigten demgegenüber eine statistisch nichtsignifikante Tendenz zu geringerer Ausprägung von Arteriosklerose. Weibliche dominante Tiere wiesen gegenüber untergeordneten weiblichen Primaten unter allen sozialen Bedingungen eine geringere Ausprägung der Arteriosklerose auf. Die Forscher sprechen gerade mit Blick auf die männlichen Tiere vom „Preis der Macht": Besserer Zugang zu verschiedenen Ressourcen (Nahrung, Sexualpartner etc.), aber unter instabilen sozialen Umständen schneller fortschreitende Arteriosklerose (Kaplan et al. 2009).

In einem Übersichtsartikel in der renommierten Zeitschrift *Science* hatte schon der US-amerikanische Primatenforscher Robert Sapolsky (2005) nach intensiven eigenen Forschungen ähnliche Zusammenhänge beschrieben, die sich zumindest teilweise nach klinischer Erfahrung auch bei Menschen wiederfinden:

- Wenn bestehende Hierarchien tief greifend neu geordnet/organisiert werden, stehen dominante Tiere häufig im Zentrum der Spannungen und erleben den stärksten psychischen wie physischen Stress.
- Wenn sich diese Hierarchien wieder stabilisieren, erleben die untergeordneten Primaten den stärksten Stress. Wenn diese sich unterordnenden Primaten den direkten Kontakt mit den dominanten Tieren nicht vermeiden können, erleben sie dadurch erneut/verstärkt Stress.
- Diejenigen Primaten, die innerhalb einer solchen Hierarchie einer höheren Stressbelastung unterliegen, entwickeln häufiger bestimmte, oft gerade Herz-Kreislauf-betonte körperliche Symptome und Erkrankungen wie

  - hohen Blutdruck,
  - eine verzögerte kardiovaskuläre (Herz- Kreislauf-) Stressreaktion nach einer akuten Belastung und eine verzögert abnehmende Stressreaktion des Organismus, wenn die Belastungssituation vorbei ist,
  - eine ungünstige Verteilung der Blutfettwerte (Cholesterin),
  - eine verstärkte Neigung zu Arteriosklerose unter einer fettreichen Diät.

Diese Merkmale können sich bei dominanten wie auch bei sich unterordnenden Tieren zeigen, je nach Zustand und Dynamik innerhalb der betreffenden Hierarchie. Die Primatenforschung hat bei manchen Primatenarten („*wild baboons*") aber auch gezeigt, dass eine über mehrere Generationen erhaltene „Kultur" der geringen Aggression und des guten Zusammenhaltes dazu führt, dass auch in stabilen Hierarchien die untergeordneten Tiere keine oder deutlich geringere Anzeichen einer prinzipiell pathologischen Stressreaktion zeigen.

Einen ähnlichen Effekt hat das in manchen Tierarten vorkommende Verhalten von dominanten Tieren, das in der Biologie als „*reconciliation*", also Versöhnung, beschrieben wird. Wenn hier dominante Säugetiere einen Kampf mit einem Artgenossen gewonnen haben, gehen sie später im Verhalten auf den unterlegenen Artgenossen zu und signalisieren dadurch, dass er nicht ausgeschlossen ist, sondern weiter zur Gemeinschaft gehört. Dadurch wird der Zusammenhalt der gesamten Gemeinschaft wesentlich gestärkt.

---

**?**

**... und ... gilt das auch für Menschen?**

---

Dies ist unseres Wissens noch nicht so genau untersucht worden. Führungskräfte mögen manchmal auch durch „Imponiergehabe" glänzen, aber sicher unterscheiden sich Primaten und Menschen in nicht unwesentlichen, sowohl biologischen als auch soziokulturellen Merkmalen. Allerdings sprechen Lebenserfahrung und klinisch-medizinische Erfahrung dafür, dass zumindest bei dominanten Männern in Führungspositionen, die immer wieder „um ihr Revier kämpfen müssen", in einer Untergruppe auch solche langfristig gesundheitsschädlichen Zusammenhänge auftreten können. Entscheidend ist, wie auch an einer neueren Studie an US-amerikanischen Führungskräften auf empirischer Basis gezeigt werden konnte, ob die betreffenden Menschen ein Gefühl eigener Kontrolle über ihre berufliche Tätigkeit empfinden (berufliche Selbstwirksamkeit) oder sich den Ereignissen ausgeliefert und als reagierend erleben (externe Kontrollüberzeugung) (Editorial dazu bei Sapolsky 2012).

Bestimmte Merkmale können diese gesundheitlich besonders gefährdete Untergruppe kennzeichnen, auf die wir nachfolgend eingehen.

## 4.8  Risiken in der Persönlichkeit einer Führungskraft

Ein für sich selbst und Mitarbeiter „schwieriger" Vorgesetzter kann verschiedene persönliche Risiken aufweisen:

Oft ist es der Mangel, sowohl eigene wie auch die Belastungsgrenzen der Mitarbeiter rechtzeitig wahrzunehmen. Die narzisstische Persönlichkeitsstruktur geht dann oft mit einer genuin verminderten Fähigkeit einher, eigene Gefühle wahrzunehmen (gegebenenfalls auch darüber zu sprechen) und als Wegweiser für das eigene, eventuell unbewusst gesundheitsschädigende Verhalten zu benutzen. So bleibt gern unbemerkt, dass ständige Leistungsbereitschaft und überlange Arbeitszeit bei Mitarbeitern, aber auch bei der Führungskraft selbst zu Bluthochdruck, Herzrhythmusstörungen und anderen gesundheitlichen Problemen führen können. Menschen mit narzisstischen Persönlichkeitsstörungen finden sich im Laufe ihres Lebens nicht selten unter den Patienten mit chronischen körperlichen Erkrankungen, z. B. des Herz-Kreislauf-Systems. Wenn permanent eigene physiologische Grenzen überschritten werden, kann dies auf Dauer zur Manifestation von chronischen, stressassoziierten Erkrankungen beitragen. Dazu kommt, dass insbesondere Führungskräfte mit einem pathologischen Narzissmus nicht selten auch oder gerade über die Arbeit hinaus zwischenmenschliche Probleme haben, sodass sie über weniger Halt und Ausgleich gebende Beziehungen außerhalb der Arbeit verfügen.

Schon in den Anfängen der Psychosomatischen Medizin wurde auf dem Boden klinischer Eindrücke von zwei Kardiologen die „Typ-A-Persönlichkeit" (Friedman und Rosenman 1959) und deren Zusammenhang mit einem erhöhten Risiko für Herz-Kreislauf-Erkrankungen beschrieben: Typische Kennzeichen einer solchen Persönlichkeit sind laut Friedman und Rosenman Ärger und eine gewisse Feindseligkeit gegenüber anderen, ein ausgeprägtes Ehrgeiz- und Wettbewerbsdenken, Ruhelosigkeit und innere Anspannung. Aktuelle Befunde bestätigen nicht den gesamten Typ-A-Komplex, aber gerade den Risikoaspekt des Verhaltensmerkmals „Feindseligkeit"/Ärger. Dies gilt stärker für Männer als für Frauen (Chida und Steptoe 2009). Allerdings scheinen weniger die direkten physiologischen Veränderungen als vielmehr ein schlechteres Gesundheitsverhalten bei Menschen mit diesem Persönlichkeitszug (also z. B. weniger körperliche Bewegung und mehr Tabakkonsum) für diesen negativen Zusammenhang verantwortlich zu sein (Wong et al. 2013).

Nicht immer sind es gereizte und narzisstisch getönte Persönlichkeiten, die ein erhöhtes gesundheitliches Risiko in Führungspositionen tragen. Oft sind auch Menschen betroffen, die nach langen Phasen der Mehrfachbelastung (z. B. Alleinerziehende, Pflegende von Angehörigen, Menschen, die alles sehr genau machen möchten) vor allem mit langen, unspezifischen körperlichen Symptomen reagieren: Das Konzept der „vitalen Erschöpfung" als Folge von langandauernder übermäßiger Beanspruchung besagt, dass auch längere, Monate bis Jahre andauernde eher körperliche Symptome wie allgemeine Erschöpfung, Abgeschlagenheit und Energiemangel sowie Schlafstörungen (oft einhergehend mit vermehrter Reizbarkeit und Demoralisierung) mit einem negativen Verlauf von Herz-Kreislauf-Erkrankungen wie koronarer Herzerkrankung, Herzinfarkt und Schlaganfall korrelieren (Kop 2012).

## 4.9 Allgemeines zur Bedeutung der Führungskraft für die Gesundheit der Mitarbeiter

Seit dem griechischen Arzt Hippokrates (480–375 v. Chr.) ist bekannt, dass die Lebensumstände eine Rolle bei der Entstehung und für den Verlauf vielfältiger Erkrankungen spielen können. Tatsächlich sind Mensch und Umwelt untrennbar miteinander verbunden. Gesundheit besteht aus einer Balance zwischen vielfältigen Kräften und Einflüssen. Die menschliche Gesundheit ist u. a. abhängig von regelmäßiger Sauerstoffzufuhr, von vielfältigen Nährstoffen und Mineralien, der Außentemperatur und in ähnlicher Weise auch von den umgebenden zwischenmenschlichen Beziehungen. Nur wird Letzteres erst allmählich im Rahmen der modernen Neurowissenschaften überdeutlich. In einem klassischen und bis heute wegweisenden Artikel („Relationships as Regulators") hat der US-amerikanische Psychiater und Neurowissenschaftler Myron Hofer dies 1984 beschrieben: „… evidence that the presence of human social relationships can modify physiologic responses in the participants and have important effects on health outcomes." Detailliert führt Hofer aus, dass wichtige zwischenmenschliche Beziehungen eine regulatorische, gesunderhaltende (bei guter sozialer Unterstützung) oder krankmachende (z. B. bei Trennung, Verlust durch Todesfall etc.) Rolle für Säugetiere aufweisen können. Das bedeutet auch, dass zwischenmenschliche Ereignisse, wie Konflikte, Ärger, Enttäuschungen, aber auch ein guter Zusammenhalt und gegenseitige Unterstützung in Krisensituationen, im Guten wie im Schlechten negative oder eben auch positive Wirkungen auf die Gesundheit des Menschen haben können. Viele weitere Forschungsarbeiten konnten diese Zusammenhänge bis heute bestätigen. Das gilt für soziale Beziehungen in unserem Privatleben ebenso wie für soziale Beziehungen in der Arbeit. Es kommt also im Betrieb darauf an, wie sich die Beziehungen in der Arbeitsgruppe und insbesondere zur Führungskraft darstellen. Die Führungskraft als wichtige Bezugsperson am Arbeitsplatz kann demnach einen erheblichen Einfluss auf die Gesundheit eines Arbeitnehmers haben. Immerhin prägt der Vorgesetzte das Arbeitsklima, und viele Menschen verbringen einen erheblichen Teil ihrer Lebenszeit im Arbeitsumfeld. „Ich erkenne die Persönlichkeit eines Klinikchefs daran, wie dessen Mitarbeiter durch die Flure gehen", sagte sinngemäß der Hannoveraner Psychiater und Philosoph Hinderk Emrich. Dennoch ist es im Konfliktfall nicht selten eine spezielle „Dynamik" zwischen Führungskraft und Mitarbeiter, zu der beide Parteien beitragen können. Sowohl konstruktive und vertrauensvolle Zusammenarbeit als auch Spannungen und Konflikte entstehen im „Zwischen" (Hinderk Emrich), also zwischen zwei Personen, deren speziellen Lebensgeschichten und Persönlichkeiten, und sind damit auf mehr als nur eine Person zurückzuführen. Das heißt natürlich nicht, dass einzelne Führungskräfte nicht auch viel an gegenseitigem Vertrauen und dem grundsätzlichen Willen zur Zusammenarbeit durch unvorteilhafte Entscheidungen bzw. Verhaltensweisen rasch zerstören können.

## 4.10   Wie Führung in die Klinik treiben kann

Bei psychosomatischen Patienten, die z. B. an einer Depression erkranken, gibt es einige, bei denen ein schlechtes Verhältnis zum Vorgesetzten eine wesentliche Rolle bei der Entstehung der Erkrankung spielt. Hier kann sich im Laufe der Zeit auch eine ganz starke persönliche Sensibilität für echte oder vermeintliche Signale des Vorgesetzten entwickeln: Herr X.[1] beispielsweise, der eine herausgehobene Position innehatte, erkannte den bevorstehenden Eintritt seines Vorgesetzten in sein Zimmer schon in der Art, wie seine Tür geöffnet wurde. Nachdem das Thema Arbeitsplatz in einer Psychotherapiestunde ausführlich besprochen wurde, träumte er in der darauf folgenden Nacht von seinem Vorgesetzten und wachte morgens mit massiven Magenschmerzen auf.

Dieses ganz kurze Beispiel zeigt, wie tief sich ein schwieriges Verhältnis zum Vorgesetzten in das persönliche Bewusstsein „eingraben" kann und wie direkt sich persönliche Ängste und Ärger beim betroffenen Mitarbeiter nicht nur in seelischen (kognitiv-affektiven), sondern auch in primär körperlichen Symptomen akut wie chronisch äußern können.

Fühlen sich Mitarbeiter von ihren Vorgesetzten persönlich „gemobbt", kann dieses Erleben zentral für die individuelle Gesundheit des Mitarbeiters werden.

Herr Y.[2], 55-jährige erfolgreiche Führungskraft in einem großen Industriebetrieb, entwickelte nach dem Wechsel des Vorgesetzten plötzlich Rückenschmerzen, massive Erschöpfungsgefühle und Schlafstörungen. Im psychosomatischen Erstgespräch sprach Herr Y. über seinen Eindruck, vom neuen Vorgesetzten auf subtile Weise unfair behandelt und wiederholt abgewertet zu werden. In der Folge erinnerte sich Herr Y. auch an einen als sadistisch und abwertend erlebten eigenen Vater, dem er durch eine frühe Berufswahl

---

[1] Angaben wesentlich verändert.
[2] Angaben wesentlich verändert.

und Auszug von zuhause zu entkommen versucht hatte. Ihm wurde bewusst, dass der neue Vorgesetzte ihn an den eigenen Vater erinnerte und er sich wie damals, also vor ca. 45 Jahren, plötzlich hilflos und ausgeliefert fühlte.

So wichtig das Verhalten des Vorgesetzten für die Gesundheit der Mitarbeiter sein kann, ist es natürlich nur eine, wenn auch sehr wichtige Facette der wichtigen beruflichen Einflüsse auf die Gesundheit eines Mitarbeiters. Daher sind Schulungen von Führungskräften bezüglich eines gesundheitsförderlichen Umgangs mit ihren Mitarbeitern unbedingt empfehlenswert.

## 4.11 Lässt sich gesundes Führen lernen?

Wenn Führung einen solch großen Einfluss auf Leistung und Gesundheit von Mitarbeitern ausüben kann, liegt es nahe, daraus für die Praxis Konsequenzen zu ziehen. Die eine könnte sein, eine Neueinstellung oder eine Berufung in eine Führungsposition auch davon abhängig zu machen, ob bereits Fähigkeiten zur Personalführung vorhanden sind; die andere Möglichkeit wäre, Führungskräfte zu schulen, ihnen Informationen zu vermitteln und sie zu trainieren, damit sie besser werden. Aber geht das? Lässt sich Führungsverhalten den Mitarbeitern gegenüber im Alltag verändern? Bringen die Veränderungen gegebenenfalls auch den Mitarbeitern etwas? Können Führungskräfte Arbeitsbedingungen verbessern? Organisationen positiv beeinflussen? Wie so oft in Psychologie und Medizin hinkt das Wissen über effektive Interventionen dem Wissen über die Phänomene und ihre Zusammenhänge deutlich hinterher. Oder einfacher: Das Problem ist bekannt, nicht aber die Lösung. Wir wollen uns hier – entsprechend dem oben Gesagten – auf ein Kriterium festlegen, mit dem wir die Wirksamkeit von Führungskräfteschulungen messen könnten, und zwar die Gesundheit der Mitarbeiter. Gesundheit, Leistungsbereitschaft und Leistungsfähigkeit werden ja zum Teil aus denselben Quellen gespeist, wie wir oben berichtet haben.

---
?
---

Wie könnte ein solches Führungskräftetraining aussehen, das auch die Gesundheit der Mitarbeiter bewahrt oder sogar verbessert?

---

Die Wirkung von komplexen Interventionen, also Eingriffen, die nicht im Experimentallabor unter idealen Bedingungen, sondern in der komplizierten Wirklichkeit durchgeführt werden, ist meist schwer zu erfassen. Die Praxis „pfuscht" immer wieder in das Experiment hinein, und am Ende kann es schwierig werden, beobachtete Veränderungen der Intervention zuzuschreiben, insbesondere langfristig. Die betriebliche Praxis ist dabei besonders geeignet, experimentelle Studiendesigns zu stören. So beschreiben viele Forscher, die praktische Führungskräftetrainings, Verbesserungen von Arbeitsbedingungen oder Stressprävention in Betrieben wissenschaftlich untersuchen wollen, dass während ihrer Untersuchungen auch unkontrollierte Einflüsse auf Organisation und Mitarbeiter entstanden sind: eingreifende Wechsel in der Personalstruktur, Änderung von Abteilungs- bzw. Unternehmenszielen, Umstrukturierungen des Betriebs, Verkäufe, Umzüge etc. Wenn den Forschern ihr Vorhaben so durcheinander gebracht werden kann, ist es ein Glücksfall, wenn sich von betrieblicher Seite ein „natürliches" Experiment ergibt:

In Schweden geriet eine große Versicherung durch eine Änderung der Gesetzeslage unter wirtschaftlichen Druck. Die Mitarbeiter hatten Angst vor einschneidenden Umstrukturierungen. Um den Stress zu reduzieren und das soziale Klima zu stärken, wurden in einem Teil des Unternehmens Führungskräfte in unterstützender, mitarbeiterorientierter Führung geschult, während in anderen Unternehmensteilen keine Intervention durchgeführt werden konnte. Ein Team von Forschern untersuchte die Effekte des Führungskräftetrainings, indem sie mehrere Hundert Mitarbeiter des gesamten Unternehmens (inklusive der Führungskräfte) vor und nach der Schulung, also ein Jahr später, untersuchten. Sie verteilten Fragebögen und nahmen Blut ab. Die Veränderung der Arbeitsbedingungen und der Gesundheit der Mitarbeiter aus den Abteilungen, in denen die Schulungen durchgeführt wurden, war Gegenstand der Untersuchungen, die Veränderungen bei den Mitarbeitern der anderen Abteilungen dienten als Vergleich. Nach einem Jahr zeigten sich zwei bedeutsame Verbesserungen bei den Mitarbeitern, deren Führungskräfte an dem Training teilgenommen hatten, im Vergleich zu den Mitarbeitern aus den Vergleichsabteilungen: Aus den Beschreibungen der „Interventions-"Mitarbeiter vor und nach der Trainingsmaßnahme bei ihren Führungskräften ging hervor, dass sie danach – im Gegensatz zu ihren Kollegen aus anderen Abteilungen – mehr Tätigkeitsspielraum in ihrer Arbeit wahrnahmen; d. h. dass sie mehr bestimmen konnten, welche Arbeit sie sich vornehmen und auf welche Weise sie diese erledigen wollten. Tätigkeitsspielraum bei der Arbeit trägt substanziell zur Gesundheit der Mitarbeiter bei; langfristig reduziert Tätigkeitsspielraum das Risiko, einen Herzinfarkt oder eine Depression zu erleiden. Umgekehrt kann ein Mangel an Tätigkeitsspielraum ein Stressfaktor sein und hormonelle Stressreaktionen bewirken, z. B. eine Erhöhung des Stresshormons Cortisol. Als Indiz, dass in der schwedischen Untersuchung nicht nur die Wahrnehmung von Tätigkeitsspielraum verbessert, sondern tatsächlich der Stress reduziert wurde, sank auch das Cortisol im Blut der Mitarbeiter in den Interventionsabteilungen. Ein Indiz bleibt aber ein Indiz und ist kein Beweis: Ob die Mitarbeiter wirklich weniger krank wurden, ist nicht bekannt.

Wir beschreiben dieses Projekt, um zu zeigen, dass prinzipiell auf dem Wege einer Führungskräfteschulung die Gesundheit der Beschäftigten verbessert
werden kann. In diesem Fall war die Schulung allerdings ausgesprochen intensiv, gemessen an den heute üblichen ein- bis zweitägigen Trainings: Die Führungskräfte wurden zur Teilnahme verpflichtet und kamen ihrer Verpflichtung
auch weitgehend nach. Das Programm startete mit einem eintägigen Workshop, gefolgt von zweistündigen Treffen alle 14 Tage, ein ganzes Jahr lang. Den
Abschluss bildete wieder ein eintägiger Workshop. Es kamen über 60 Stunden Schulungszeit zusammen, das ist eine ganze Menge. Die Treffen wurden
von externen Experten geleitet, starteten jeweils mit einem Impulsvortrag, auf
den dann eine Diskussion folgte. Vermittelt wurde medizinisches und psychologisches Wissen über Individuen, Wissen über Gruppenprozesse, Fragen des
Transfers, der praktischen Anwendung auf soziale und psychologische Prozesse
im Betrieb und der praktischen Anwendung für die zukünftige Reorganisati-
on, d. h. eine Verbesserung der psychosozialen Bedingungen (Theorell 2001).

## 4.12    Wie sollten Führungskräfte trainiert werden?

Unsere eigenen Erfahrungen über die letzten Jahre zeigen, dass auch große
wirtschaftlich starke Firmen so viel Investition scheuen und stattdessen versuchen, ihren Führungskräften das Thema Führung und Gesundheit in ein bis
maximal zwei Tagen nahebringen zu lassen. Ein guter Zugang zu den Führungskräften sind ihre eigenen Erfahrungen im Laufe des Arbeitslebens – mit
dem eigenen Stress bei der Arbeit, der Wirkung des Verhaltens ihrer Chefs
und mit eigenen physischen und psychischen Reaktionen auf Belastungen. In
einem Trainingstag lässt sich auch Verständnis wecken für das, was bei der Arbeit gesund hält und was krank macht. Verhaltensänderungen aber brauchen
Zeit und häufig auch Unterstützung durch andere. Dafür fehlt – vermeint-
lich – oft die Zeit. Und so wundert es nicht, dass auch im letzten Jahrzehnt
wenig Erkenntnis gewonnen wurde, was Führungskräftetrainings langfristig
für die Mitarbeitergesundheit bringen.

Japanische Kollegen haben den Kenntnisstand 2011 zusammengefasst
(Tsutsumi 2011). Die meisten Führungskräfteschulungen, deren Wirksamkeit untersucht wurde, waren erheblich kürzer als die in dem schwedischen
Unternehmen. Zum Teil wurden internetbasierte Selbstlernprogramme eingesetzt, zum Teil kurze persönliche Schulungen durchgeführt. Dennoch gab
es einige Hinweise, dass die psychische Gesundheit der betroffenen Mitarbeiter – zumindest kurzfristig – von den Maßnahmen profitierte.

Ebenso wie die japanischen Forscher würden wir aus unseren Erfahrungen schließen, dass eine einmalige Schulung zwar Nutzen zeigt, aber nur sehr

begrenzt. Günstiger wären mehrere Schulungstermine in mehrwöchigem Abstand, um die Umsetzungen von Verhaltensänderungen – oder deren Scheitern – in weiteren Treffen reflektieren zu können. Um einen „Kulturwandel" zu bewirken, ist es günstig, möglichst viele Führungskräfte zu erreichen. Je nach Position in der Organisation kann mehr Gewicht auf das unmittelbare Führungsverhalten, den täglichen Umgang mit den Mitarbeiter gelegt werden (untere Führungskräfte), oder auf die Gestaltung von Arbeitsbedingungen und Unternehmensorganisation (mittlere und obere Führungskräfte). Auch wenn der Beweis der Wirksamkeit noch nicht so schlüssig erbracht ist, wie man sich das wünschen würde, um eine allgemeine Empfehlung auszusprechen, reichen die in diesem Kapitel beschriebenen starken Zusammenhänge zwischen Führung und Gesundheit der Mitarbeiter und die hoffnungsvollen Interventionsergebnisse aus, Führungskräftetrainings zu unterstützen. Die Gesundheit der Mitarbeiter ist es wert.

---

**Fazit**

Führen und geführt werden sind zwei Seiten einer Medaille. Führung kann einen großen Einfluss auf Leistungsfähigkeit und Arbeitsunfähigkeit, auf Kreativität, Gesundheit und manches mehr der Mitarbeiter haben. Eine Führungskraft ist auch für die Gesundheit der Mitarbeiter zuständig und sollte dies im Hinblick auf gelebte Führungskultur wie Wertschätzung, Kommunikation und Konfliktlösung mit bedenken. Die Fähigkeit zur Empathie, zum Erkennen und Beachten auch emotionaler Signale, wird in Zeiten komplexer Beziehungen zwischen Führungskräften und Mitarbeitern immer wichtiger. Dazu gehört aber auch, dass Mitarbeiter Schwierigkeiten offen ansprechen, anstatt stillschweigend innerlich oder real zu kündigen. Eine entsprechende Kommunikationskultur muss durch die Führungskräfte ermutigt werden. Lippenbekenntnisse werden rasch durchschaut. Aber auch ein Misstrauen bei den Mitarbeitern ist oft nur schwer zu überwinden. Hier sollten beide Seiten aufeinander zugehen. Eine Führungskraft steht aber auch selbst erheblich unter Druck und muss auch die Bewahrung der eigenen Gesundheit im Auge haben. Es ist wichtig, Menschen, die gute Führungskräfte werden könnten, frühzeitig zu finden und zu fördern, denn sie sind eher selten. Ebenso wichtig ist es, diesen Führungskräften die notwendige Zeit für Führung zu geben, das ist heutzutage fast noch seltener. Entscheidend ist auch der Stellenwert, den ein Unternehmen einer guten, mitarbeiterorientierten Führung beimisst. Nur wenn gute Führung belohnt wird, wird sie auch gelebt.

# Literatur

Bass, B. M. (1985). *Leadership and performance beyond expectations*. New York: Free Press.

Chida, Y., & Steptoe, A. (2009). The association of anger and hostility with future coronary heart disease: a meta-analytic review of prospective evidence. *J Am Coll Cardiol, 53*(11), 936–946.

Conci, M. (2005). *Sullivan neu entdecken. Leben und Werk Harry Stack Sullivans und seine Bedeutung für Psychiatrie, Psychotherapie und Psychoanalyse*. Gießen: Psychosozial-Verlag.

Dammann, G. (2009). Narzissmus und Führung. In J. Eurich, A. Brink (Hrsg.), *Leadership in sozialen Organisationen* (S. 61–89). VS Verlag für Sozialwissenschaften: Wiesbaden.

Dulebohn, J. H., Bommer, W. H., Liden, R. C., Brouer, R. L., & Ferris, G. R. (2012). A meta-analysis of antecedents and consequences of leader-member exchange: Integrating the past with an eye toward the future. *Journal of Management, 38*, 1715–1759.

Friedman, M., & Rosenman, R.H. (1959). Association of specific overt behavior pattern with blood and cardiovascular findings: blood cholesterol level, blood clotting time, incidence of arcus senilis, and clinical coronary artery disease. *Journal of the American Medical Association, 169*, 1286–1296.

Hofer, M. A. (1984). Relationships as regulators: a psychobiologic perspective on bereavement. *Psychosom Med, 46*(3), 183–197.

Judge, T. A., Bono, J. E., Ilies, R., & Gerhardt, M. W. (2002). Personality and leadership: A qualitative and quantitative review. *Journal of Applied Psychology, 87*, 765–780.

Judge, T. A., & Piccolo, R. (2004). Transformational and transactional leadership: A meta-analytic test of their relative validity. *Journal of Applied Psychology, 89*, 755–768.

Judge, T. A., Piccolo, R. F., & Ilies, R. (2004). The forgotten ones? The validity of consideration and initiating structure in leadership research. *Journal of Applied Psychology, 89*, 36–51.

Kaplan, J. R., Chen, H., & Manuck, S. B. (2009). The relationship between social status and atherosclerosis in male and female monkeys as revealed by meta-analysis. *Am J Primatol, 71*(9), 732–741.

Kop, W. J. (2012). Somatic depressive symptoms, vital exhaustion, and fatigue: divergent validity of overlapping constructs. *Psychosom Med, 74*(5), 442–445.

Locke, E. A., & Latham, G. P. (1990). *A theory of goal setting and task performance*. Englewood Cliffs, NJ: Prentice Hall.

Mintzberg, H. (1973). *The nature of managerial work*. New York, NY: Harper & Row.

Neumann, E. (2010). Offener und verdeckter Narzissmus. Paradox eines Konstrukts. *Psychotherapeut, 55*(1), 21–28.

Rudolf, G. (1996). *Psychotherapeutische Medizin. Ein einführendes Lehrbuch auf psychodynamischer Grundlage*. Stuttgart: Ferdinand Enke.

Rotter, J. B. (1975). Some problems and misconceptions related to the construct of internal versus external control of reinforcement. *Journal of Consulting and Clinical Psychology, 43*(1), 56–67.

Sapolsky, R. M. (2005). The influence of social hierarchy on primate health. *Science*, *308*(5722), 648–652.

Sapolsky, R. M. (2012). Importance of a sense of control and the physiological benefits of leadership. *Proc Natl Acad Sci U S A.*, *109*(44), 17730–17731.

Theorell, T., Emdad, R., Arnetz, B., & Weingarten, A. M. (2001). Employee effects of an educational program for managers at an insurance company. *Psychosom Med*, *63*, 724–733.

Tsutsumi, A. (2011). Development of an evidence-based guideline for supervisor training in promoting mental health: literature review. *J Occup Health*, *53*, 1–9.

Wong, J. M., Na, B., Regan, M. C., & Whooley, M. A. (2013). Hostility, health behaviors, and risk of recurrent events in patients with stable coronary heart disease: findings from the heart and soul study. *J Am Heart Assoc*, *2*(5), e000052.

# 5

# Wandel oder Stabilität – was ist gut für uns?

## Inhalt

H. Gündel et al., *Arbeiten und gesund bleiben*, DOI 10.1007/978-3-642-55303-5_5,
© Springer-Verlag Berlin Heidelberg 2014

Nichts ist so beständig wie der Wandel. Mit diesem, dem griechischen Philosophen Heraklit zugeschriebenen, geflügelten Wort kommt zum Ausdruck, dass in der Welt alles im Fluss ist. In der heutigen Arbeitswelt gilt das oft auch. Der Wandel in der Arbeit reicht von Fusionen zwischen und Akquisitionen von Unternehmen, über betriebliche Restrukturierungen in der Aufbau- und Ablauforganisation, die Neuverteilung von Positionen und Teamzusammensetzungen, bis hin zur Änderung der Arbeitsaufgaben. Der Volksmund formuliert das vulgärer, doch kaum weniger philosophisch mit den Worten: Ständig wird eine neue Sau durchs Dorf getrieben.

Es gibt viele Gründe, warum Veränderungen für uns positiv sind. Wer würde bestreiten, dass lebenslanges Lernen mit der erfolgreichen Anpassung an sich verändernde Lebens- und Arbeitsumstände einhergeht. Wer würde behaupten, dass die Arbeitsleistung keine Einbußen nähme, wenn man sich an Schreibmaschine und „gelbe Schneckenpost" klammerte, während unaufhaltsam neue Office-Features und neuartige Kommunikationsmedien über uns hereinbrechen. Manches ist überflüssig oder zumindest lästig, aber viele technologische Neuerungen erleichtern uns die Arbeit und das Leben ungemein. Mit wichtigen Neuerungen Schritt zu halten, ohne gleich jede mitzumachen, zwischen wichtigen und unwichtigen Innovationen zu unterscheiden, das ist eine Herausforderung der Stunde.

Aufgaben, die früher arbeitsteilig mit anderen erarbeitet wurden (z. B. wenn die Sekretärin das Diktat abgetippt und der Postdienst die Schriftstücke weitergeleitet hat), erledigen wir heute ganz allein. Wir haben dann ganzheitlichere Aufgaben, von denen die Arbeitspsychologie sagt – und in vielen Studien belegt –, dass diese die Kompetenz und Persönlichkeitsentwicklung fördern. Aus der Zielsetzungstheorie ist bekannt, dass anspruchsvolle (aber machbare) Ziele besser für die tatsächliche Leistung sind als einfache Ziele, die uns unterfordern. Wir wissen auch, dass Menschen, die im Berufsleben anspruchsvolle und abwechslungsreiche Aufgaben ausgeführt haben, auch diejenigen sind, die im höheren Alter geistig und körperlich gesünder und leistungsfähiger sind. Wer rastet, der rostet.

Das gilt auch in der Medizin in vielen unterschiedlichen Bereichen: Wenn Menschen älter werden und z. B. degenerative Kniebeschwerden entwickeln, also eine Verminderung des notwendigen Knorpelgewebes, liegt es nahe, das Knie einmal länger „zu schonen", also weniger zu bewegen. Genau dies ist aber zumindest in dieser einfachen Empfehlung falsch: Erst die Bewegung ernährt und erhält den Knorpel, längere „Schonung" führt zum weiteren Abbau. Ähnliches gilt oft auch z. B. für den Umgang mit Rückenschmerzen. Es scheint ein nahezu allgemeingültiges Gesetz des Lebens zu sein: Zuviel Ruhe und Schonung, in der Arbeit z. B. auch Monotonie und Unterforderung, können schädlich sein und den körperlichen und seelischen Abbau begünstigen.

Denken Sie an die Unterschenkelmuskeln nach einem vierwöchigen Gips. Es ist selbstverständlich, dass Zeiten der Schonung absolut notwendig sind, nicht nur für ein Knie nach einer Verletzung oder Überbeanspruchung. Was sollte also gegen eine kontinuierliche Veränderung im Betrieb und in der eigenen Arbeit sprechen?

Jenseits der grundsätzlich positiven neuartigen Anforderungen in der Arbeit sind Veränderungen in Betrieben nicht selten mit zusätzlicher Arbeit verbunden. Zum einen resultiert das aus unmittelbaren Rationalisierungseffekten, die häufig der Anlass für betriebliche Restrukturierungen sind. Bei Unternehmenszusammenschlüssen gibt es fast immer Verlierer. Die einen verlieren die Führungsposition, weil das akquirierende Unternehmen diese Position stellt. Die anderen verlieren lieb gewonnene Routinen, wenn Arbeitstechnologien standardisiert werden.

In der praxisorientierten, zum Teil auch in der wissenschaftlichen Literatur zu *Change Management* stehen positive Seiten der Veränderung in Unternehmen im Vordergrund. Beispielhafte Argumente sind: Betriebe können schneller auf die Marktanforderungen reagieren, Mitarbeiter sind flexibler einsetzbar, sie lernen kontinuierlich Neues dazu und entwickeln sich damit in ihrer Kompetenz und Persönlichkeit weiter. Neben diesen positiven Seiten auf wirtschaftlicher, betrieblicher und individueller Ebene sind jedoch auch mögliche negative Seiten im Blick zu behalten: erlebte Unsicherheit oder gar Verlustangst in Bezug auf die Arbeitsstelle, den Arbeitsinhalt und die Expertise im Arbeitsbereich. Allzu einseitigen *Change Management*-„Gesängen" über die Vorzüge „lernender Unternehmen" stehen auch einige Schattenseiten und Verlierer in solchen Veränderungsprozessen gegenüber. Es sind nicht Unternehmen, die lernen, sondern die arbeitenden Menschen. Eine wichtige Frage dabei ist, wie man die notwendigen Änderungen menschengerecht umsetzen kann. Zuvor möchten wir aber einen Eindruck vermitteln, wie sich der organisationale Wandel darstellt.

## 5.1 Was verändert sich eigentlich in der Arbeitswelt?

Jeder hat Beispiele im Kopf, wie solche Veränderungen aussehen. Ein traditionelles Familienunternehmen verschwindet in einem Konzern oder in einer undurchschaubaren Unternehmensgruppe, mit Sitz womöglich auf den Cayman Islands. Eine Entlassungswelle rollt durch das börsennotierte Unternehmen: Während die Börse den Konzern mit steigenden Aktienkursen beflügelt, ist der Nachbar jetzt auch arbeitslos und „flügellahm". Mitarbeiter von börsennotierten Unternehmen erfahren von der Übernahme auch oft erst aus der Presse. Schließlich sollen keine Gewinnmitnahmen gefährdet werden. Jenseits dieser pointierten Beispiele ist die Realität in vielen Betrieben ebenfalls von Umstrukturierungen geprägt (Eurofound 2012). Beispiele für „*bad practice*" von betrieblichem Wandel lassen sich in der Literatur zu „*Mergers & Acquisitions*" (M&A), die sich mit (Miss-)Erfolgsfaktoren von Unternehmenszusammenschlüssen und -übernahmen befasst, reichlich finden. Die Zusammenschlüsse bzw. vielmehr Übernahmen von BMW und Rover oder von Daimler und Chrysler sind als beispielhafte Misserfolge in die Wirtschaftsgeschichte eingegangen.

Ein Unternehmenszusammenschluss kann in drei Phasen unterteilt werden (Winkler und Dörr 2001): Während beim „*Pre-Merger*" vorrangig das potenzielle Zielunternehmen und dessen Umfeld wirtschaftlich analysiert wird (*Due Diligence*), werden in der *Merger/Deal*-Phase Verhandlungen über Preis, Zahlungsform und Vertragsabschluss geführt. Beim *Post-Merger* stehen Integration, Wertsteigerung und Leistungsverbesserung im Mittelpunkt. Zu Beginn wird gern ein „*Merger of Equals*" (Zusammenschluss gleichberechtigter Partner) verkündet. In der Realität ist ein Gleicher dann doch meist gleicher als der andere. Der Verlierer gibt sich gelegentlich auch dadurch zu erkennen, dass überproportional viele Führungspositionen verloren gehen. Da kommt in diesem Unternehmen wenig Freude auf.

Während großer Aufwand bei Accounting und Controlling betrieben wird, werden wesentliche Aufgaben einer kulturellen Integration stiefmütterlich behandelt. Dabei sind es die Mitarbeiter, die zukünftig miteinander und möglichst einvernehmlich auf ein gemeinsames Unternehmensziel hin arbeiten sollten. Wenn jedoch unterschiedliche Leitbilder, Führungskulturen, informelle Strukturen und Arbeitstechnologien aufeinander treffen, die manchmal schwer in Einklang gebracht werden können, dann sind Einbußen im Betriebsklima, in der Arbeitsmotivation und Arbeitsleistung und nicht zuletzt in der Gesundheit der Betroffenen wahrscheinlich.

---

? 

Von welchen Veränderungen waren Sie in den letzten Jahren in Ihrer Arbeit betroffen? Waren Ihre persönlichen Erfahrungen mit diesen Veränderungen positiv oder negativ?

---

Ein Zusammenschluss zweier Unternehmen beinhaltet wichtige psychologische Faktoren. Viele dieser Faktoren gelten auch für innerbetriebliche Umstrukturierungen. Bei einem Zusammenschluss steckt ein großer Teil des wirtschaftlichen Potenzials dieser Transaktion im Personalbereich. Zum einen wird bislang unternehmensexternes Know-how gewonnen, zum anderen werden

Einsparungen durch Rationalisierung und verringerten Personaleinsatz erzielt. Aus betriebswirtschaftlicher Sicht gilt es, solche Rationalisierungspotenziale zu erkennen und auszuschöpfen, aber auch Kompetenzträger zu identifizieren und zu fördern, um einen Abfluss an Wissen zu vermeiden (Strähle 2004). Meist sind Unternehmenskulturen zusammenzuführen, was vor allem bei internationalen bzw. interkulturellen Transaktionen eine große Herausforderung ist. Mitarbeiter müssen auf solche Veränderungen vorbereitet werden. Die Betriebswirtschaft hält hierfür den Begriff „Integrationsmanagement" bereit.

Mayerhofer (2002) gelangte in ihrer Studie zu dem Schluss, dass gängige Verfahren einer *Human Resource (HR)-Due Diligence* vor allem quantitative Aspekte des Personalbereichs, sogenannte „*hard facts*", wie Personalstruktur, Personalkennzahlen (Fluktuation, Krankenstand etc.), Vergütungs- und Arbeitszeitsysteme, untersuchen. „*Soft facts*", wie etwa organisationale Bindung oder Identifikation, Arbeitsmotivation, Potenzialträger im Management, Qualifikation der Mitarbeiter oder Personalstrategien, werden der Autorin zufolge kaum beachtet – wobei gerade diese Faktoren beim Integrationsmanagement entscheidend für den Erfolg oder Misserfolg sind.

Vielversprechend stellt sich die Erfolgsbilanz von Unternehmenszusammenschlüssen nicht dar. In einem früheren Artikel des Harvard Business Review wurde das Fazit gezogen: „Most studies come to the conclusion that less than 50 % of mergers ever reach anywhere near the economic or strategic destination that was envisioned for them" (Rau 1997, S. 7). Auch nach anderen Quellen erreichen zwischen 50 % und 70 % der Unternehmenstransaktionen die angestrebten Ziele nicht, etwa die Hälfte der Transaktionen im Zeitraum zwischen 1990 und 2000 vernichtete sogar Wert (Vogel 2002). Neben anderen Gründen dürfte das auch auf die Versäumnisse bei der *HR-Due Diligence* und auf Unzulänglichkeiten im Integrationsmanagement während der *Post-Merger*-Phase zurückzuführen sein (Kästle 2004).

Wenn Werte, Normen und Überzeugungen der Unternehmen nicht übereinstimmen, weil keine Unternehmenskultur identisch mit einer anderen ist, wenn „bessere" Arbeitsweisen übergestülpt werden (z. B. wenn in deutschen Traditionsunternehmen Englisch als Geschäftssprache eingeführt wird und nicht frühzeitig Qualifizierungsmaßnahmen für alle Beschäftigtengruppen stattfinden), löst das bei vielen Beschäftigten Unsicherheiten und Ängste aus. In der Folge entstehen neben Gerüchten oft auch soziale Konflikte zwischen Kollegen und mit Führungskräften. Nicht selten steigen auch Krankheitstage und Fehlzeiten, die Arbeitsleistung sinkt.

## 5.2 Welche (Folgen von) Unsicherheiten sind bei organisationalem Wandel zu erwarten?

In der heutigen Arbeitswelt ändern sich also zunehmend Aufgaben und Formen inner- und zwischenbetrieblicher Zusammenarbeit. Betriebliche Restrukturierung mit oder ohne „Zustand nach Fusion" sind nahezu an der Tagesordnung. Für die Beschäftigten geht das mit verschiedenen Formen erlebter Arbeitsunsicherheit einher. In einer Studie der Europäischen Union zu Arbeitsbedingungen aus dem Jahr 2010 gaben 16 % der befragten Erwerbstätigen an, Arbeitsunsicherheit zu erleben. Dies stellt eine Steigerung um 2 % gegenüber der vorangegangenen Befragung im Jahr 2005 dar – ein Trend, der sich seit den 1990er-Jahren auch in anderen Ländern abzeichnet (OECD 1997; Eurofound 2010). Sich beschleunigende Veränderungen können bedrohlich sein und immer größere Arbeitsunsicherheit auslösen.

Hatten Sie bei den Veränderungen in Ihrer Arbeit das Gefühl, Spielball der Geschehnisse zu sein, oder konnten Sie selbst frühzeitig an der Gestaltung dieser Veränderungen mitwirken?

Im engeren Sinn bedeutet Arbeitsunsicherheit die Ungewissheit in Bezug auf den Fortbestand des Arbeitsplatzes (quantitative Arbeitsunsicherheit). Im weiteren Sinn (qualitative Arbeitsunsicherheit) ist die Ungewissheit in Bezug auf den Fortbestand von subjektiv wichtigen Arbeitsplatzmerkmalen gemeint (Sverke et al. 2002; De Witte 2005). Das kann ein eingespieltes Team sein oder auch eine „lieb gewonnene" Arbeitsaufgabe. Es geht also um die subjektive Einschätzung einer Situation. Selbstverständlich unterscheiden sich Menschen voneinander. Während die eine die Veränderung als Herausforderung erlebt, weil sie gelernt hat, mit derartigen Veränderungen umzugehen, kann es für den anderen eine regelrechte Katastrophe sein. Für manche ist es der bevorstehende Wechsel des Arbeitsortes, obwohl man erst ins finanzierte Eigenheim eingezogen ist. Manche finden sich plötzlich mit fremden Leuten im Team, und die guten alten Kollegen sind jetzt in einer anderen Organisationseinheit tätig.

Arbeitsunsicherheit wird als ein arbeitsbedingter chronischer Stressor gesehen, der zu empfundenem Kontrollverlust führen und dadurch negative Folgen für die Gesundheit haben kann. Erlebte Arbeitsunsicherheit beeinträchtigt nach Ergebnissen verschiedener Reviews und Metaanalysen (Greenhalgh und Rosenblatt 2010; Sverke et al. 2002; Cheng und Chan 2008) sowohl die psychische als auch die körperliche Gesundheit der Betroffenen. Zusammenhänge zwischen Arbeitsunsicherheit und psychischen Gesundheitsbeeinträchtigungen können für Depressionen und Angststörungen wie auch für zahlreiche andere Indikatoren von psychischem Stress und reduziertem psychischem Wohlbefinden auch im Längsschnitt als gut belegt gelten (z. B. Ferrie et al. 1998; Sverke et al. 2002). Auch Zusammenhänge zwischen erlebter Arbeitsunsicherheit und Bluthochdruck, Muskel-Skelett-Beschwerden und reduziertem körperlichem Wohlbefinden wurden belegt (Greenhalgh und Rosenblatt 2010; Ferrie et al. 2003). Die psychologische Forschung zur Arbeitsunsicherheit liefert außerdem auch Befunde, dass Arbeitsunsicherheit mit reduziertem Vertrauen in die Organisation und geringerem *Commitment* gegenüber dem Betrieb einhergeht. Negative Effekte auf den außerberuflichen Lebensbereich wurden bezüglich Konflikten in der Partnerschaft und Familie, hinsichtlich Problemen in der Kindererziehung und selbst anhand der schulischen Leistung der Kinder belegt.

Bei solchen Zusammenhängen zwischen Arbeitsunsicherheit und Gesundheit bestimmen, wie schon erwähnt, individuelle Faktoren (z. B. Alter, Geschlecht, Selbstwirksamkeit) und andere Arbeitsmerkmale (z. B. Autonomie und Partizipation, soziale Unterstützung) mit darüber, in welchem Ausmaß die erlebte Arbeitsunsicherheit beim Einzelnen mit gesundheitlichen oder leistungsbezogenen Wirkungen einhergeht (Cheng und Chang 2008). Erwartungsgemäß sind ältere Mitarbeiter stärker von negativen gesundheitlichen Auswirkungen von Arbeitsunsicherheit betroffen als ihre jüngeren Kollegen. Dasselbe gilt für Beschäftigte mit einer längeren Betriebszugehörigkeit. Kaum überraschend spielt auch die jeweilige Abhängigkeit von der Arbeitsstelle eine Rolle: Je mehr ein Mitarbeiter ökonomisch oder durch sonstige Faktoren von seinem Arbeitsplatz abhängig ist und je geringer die Alternativen auf dem aktuellen Arbeitsmarkt sind, eine vergleichbare Stelle zu finden, desto mehr treten negative Folgen der Arbeitsunsicherheit für die Gesundheit auf. Selbstverständlich spielt auch die sogenannte *Employability* (Beschäftigungsfähigkeit) eine wichtige Rolle. Ältere Arbeitnehmer haben naturgemäß große Schwierigkeiten, bei einem drohenden Arbeitsplatzverlust wieder „in Lohn und Brot" zu gelangen, wenn eine kontinuierliche Personalentwicklung und Weiterqualifizierung vernachlässigt wurde.

Eine gute soziale Unterstützung im außerberuflichen Bereich (z. B. durch Familie, Freunde) und am Arbeitsplatz (durch Vorgesetzte, Kollegen) haben sich als Schutzfaktoren vor allzu negativen gesundheitlichen Auswirkungen von Arbeitsunsicherheit erwiesen. Die soziale Unterstützung durch Vorgesetzte scheint eine wichtigere Rolle zu spielen als die Unterstützung durch die Arbeitskollegen (Mohr 2000). Es sind also vor allem die Führungskräfte gefragt, ihre Mitarbeiter frühzeitig über geplante Veränderungen zu informieren, auf die persönlichen Bedürfnisse und Lebenslagen der Beschäftigten einzugehen und sie aktiv in die Veränderungsprozesse einzubinden. Nur so bleiben

Ängste und deren gesundheitsbeeinträchtigende Effekte, aber auch Widerstände gegen den organisationalen Wandel gering.

## 5.3   Mit welchen Widerständen ist bei organisationalem Wandel zu rechnen?

Organisationaler Wandel wird durch system- und verhaltensbezogene Widerstände und Trägheit gebremst. Auf Systemebene kann es das Vertrauen darauf sein, dass sich alte Strategien bislang immer bewährt haben, auf der Verhaltensebene sind es eingespielte Routinen, die den organisationalen Wandel erschweren. Aus psychologischer Sicht wurde eine Reihe von Veränderungswiderständen beschrieben (z. B. Oreg 2006). Zuallererst handelt es sich um die ökonomische Bedrohung im Falle eines Arbeitsplatzverlusts. Aber auch die Furcht vor Unsicherheit und vor veränderten Bezügen löst Unsicherheiten und Widerstände aus. Andere Faktoren sind die Trägheit von Organisationen (man denke nur an manche öffentliche Verwaltung) oder auch die Trägheit der Arbeitsgruppe, bedrohte Machtverhältnisse, frühere Misserfolge bei Veränderungen, mangelndes Vertrauen oder ein schlechtes Betriebsklima.

Von Organisationsentwicklern werden Veränderungswiderstände gerne in Phasen beschrieben, wobei auch auf ein in der Sterbeforschung entwickeltes Modell der renommierten Autorin Elisabeth Kübler-Ross zurückgegriffen wird (s. Abb. 5.1).

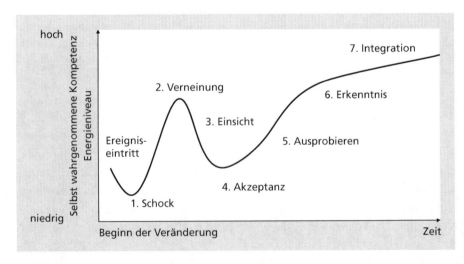

**Abb. 5.1**   Die 7 Phasen der Veränderung

Mit diesem Modell wird besonders darauf aufmerksam gemacht, dass Veränderungen Widerstände auslösen können, weil dann die selbst wahrgenommene Kompetenz geringer erlebt wird. Dies ändert sich über verschiedene Phasen in dem Maß, in dem Unsicherheiten reduziert, neue Verhaltensweisen und Kompetenzen aufgebaut werden und schließlich der Nutzen der Veränderung erkannt und in veränderte Verhaltensgewohnheiten eingeübt zu Routinen werden können. Nach dem renommierten Psychologen Kurt Lewin, der die Forschung und Beratung im Bereich der Organisationsentwicklung maßgeblich mitprägte, werden die drei Phasen „*Unfreeze – Change – Freeze*" unterschieden. Nach jedem Auftauen (z. B. Wecken der Erkenntnis, dass die Veränderung notwendig ist, sowie der Einsicht in die Konsequenzen, wenn keine Veränderung eintreten würde) und Ändern (z. B. Ausprobieren, Fördern) eines Prozesses oder einer Struktur in der Organisation sollte nach Lewin eine Phase des Einfrierens eingeplant werden. Damit soll die Routinisierung und Gewöhnung an veränderte Bedingungen und Verhaltensweisen erzielt und ein Rückfall in frühere Praktiken vermieden werden.

## 5.4 Wie lässt sich der organisationale Wandel in Unternehmen menschengerecht gestalten?

Das A und O in einem Veränderungsprozess ist die Information. Betroffene sollten rechtzeitig informiert werden. Über den Begriff der Rechtzeitigkeit lässt sich aus unterschiedlichen Perspektiven trefflich streiten, aus Sicht der Betroffenen kann es nicht früh genug sein, sobald die Veränderung sich abzeichnet. Die Art der Information macht einen wesentlichen Unterschied. Die Notwendigkeit für die Veränderung sollte nachvollziehbar und glaubwürdig erläutert werden. Es muss Motivation und Vertrauen für die Veränderung aufgebaut werden. Dafür ist es wichtig, sich Zeit zu nehmen, zuzuhören und zu diskutieren. Das geht im Allgemeinen nicht allein mit einer Pressemitteilung oder einer schriftlichen Erklärung im Intranet. Da in Zeiten der Veränderung Meinungsverschiedenheiten, auch wegen der bereits angesprochenen Veränderungswiderstände drohen, ist es notwendig, die Konfliktfähigkeit zu fördern und Auseinandersetzungen auszutragen und nicht zu vermeiden. Da nicht auf alle Beschäftigtengruppen gebaut werden kann, ist es notwendig, Meinungsführer für die Veränderung zu gewinnen, die ihrerseits als Multiplikatoren für Beschäftigtengruppen wirken. Von Rosenstiel und Comelli (2003) weisen des Weiteren darauf hin, dass auch Stabilität im Wandel betont werden muss. Es ist also auch wichtig, Dinge konstant zu halten und darauf hinzuweisen, welche bewährten Strukturen und Prozesse beibehalten werden.

─────── **?** ───────────────────────────────────────────────
Wie wurden Sie über betriebliche Veränderungen informiert?
─────────────────────────────────────────────────────────────

Die entscheidende Frage für die Betroffenen ist – was hat das mit mir zu tun. Hier sind vor allem die direkten Führungskräfte gefragt, die Implikationen der Veränderung jedem einzelnen Mitarbeiter zu erklären. Dabei sollten die Betroffenen auch in Entscheidungen einbezogen werden, und die Führungskräfte sollten Unterstützung (z. B. Qualifizierung) anbieten und vor allem auch selbst eine Veränderungsbereitschaft vorleben. Von Rosenstiel und Comelli (2003) betonen auch, wie wichtig es ist, mit Verlierern menschlich und mit ehrlicher persönlicher Wertschätzung umzugehen. Zu diesem Zweck leisten sich manche Unternehmen sogenannte *Outplacement*-Programme, die zumindest diejenigen, die ihren Arbeitsplatz verlieren, bei der Suche nach einer neuen Anstellung auf dem Arbeitsmarkt unterstützen. Ebenso wichtig ist es, auf mögliche Nebenwirkungen von Veränderungsprozessen zu achten. Diese können auch erst mit Verzögerung auftreten. Und schließlich darf auf dem Weg der Veränderung gerne auch einmal gefeiert werden, um deutlich zu machen, dass eine wichtige Zwischenetappe erfolgreich gemeistert wurde.

Ein gutes Beispiel für eine gelungene kulturelle Integration zweier Unternehmen ist die Fusion der Bayerischen Hypotheken- und Wechselbank mit der Bayerischen Vereinsbank zur Hypovereinsbank. In der *Post-Merger*-Phase wurden bei diesem Zusammenschluss vielfältige Maßnahmen zur Stabilisierung der beruflichen Perspektiven und der Bindung zum Unternehmen durchgeführt. Neben Tausenden von Assessment-Centern innerhalb von Monaten, mehr als 2500 Workshops zur Organisationsentwicklung, Aufbauzirkeln und Teamentwicklungen zur Stabilisierung der Prozesse, wurden Wertebooklets erstellt, Wertekampagnen unter Nutzung von Plakaten, E-Mail und Intranet durchgeführt, schriftliche Mitarbeiterbefragungen und Interviews der Woche geführt, um die Entwicklung zu begleiten. Nicht zuletzt wurde auch eine eigene Akademie mit umfassendem Qualifizierungsprogramm gegründet. Von dem damaligen Personaldirektor und Psychologen Peter Friederichs und seinen ehemaligen Mitarbeitern werden diese Maßnahmen ausführlicher beschrieben (z. B. in Dürndorfer und Friederichs 2004; Winkler und Dörr 2001). Nach seinem ruhestandsbedingten Ausscheiden aus dem Unternehmen hat Peter Friederichs den Human Capital Club (HCC) e. V. gegründet. Das zentrale Ziel des HCC besteht darin, den Wert der Mitarbeiter, das Humankapital, gegenüber anderen Kenngrößen deutlicher hervorzuheben und Investitionen in die Mitarbeiter als den wichtigsten Renditefaktor zu begreifen.

## 5.5 Zur Schlüsselrolle von Führungskräften bei Veränderungsprozessen

Für die Vorbereitung auf veränderte betriebliche Situationen und zur Überwindung von Veränderungswiderständen ist die soziale (instrumentelle und emotionale) Unterstützung durch Vorgesetzte besonders wichtig. Führungskräften kommt in Zeiten betrieblicher Restrukturierung eine tragende Rolle zu. Existenzielle Fragen der Beschäftigten („Wie betrifft mich die Veränderung konkret?", „Werde ich mit der neuen Situation gut klarkommen?") sind zu beantworten. Neben einem guten Informationsfluss und hinreichendem Vertrauen sind individuelle Gespräche mit den Mitarbeitern notwendig, in denen jeweilige Aufgaben, Entwicklungsperspektiven, soziale Belange und Rahmenbedingungen der Arbeit persönlich zu klären sind. Führungskräfte müssen hierbei nicht nur mögliche motivationale oder gesundheitliche Konsequenzen bedenken, sondern auch Bedürfnisse und Befürchtungen der Beschäftigten erkennen. Dies erfordert Wissensvermittlung und praktisches Einüben.

In einer eigenen Studie in einem multinationalen Konzern wurde mit wissenschaftlicher Unterstützung eine Schulung für Führungskräfte konzipiert, welche die negativen motivationalen und gesundheitlichen Folgen von Arbeitsunsicherheit mindern soll. Zunächst wurde ein Pilottraining bei 20 Führungskräften durchgeführt und qualitativ evaluiert. Dies war Ausgangspunkt für eine kontrollierte Evaluationsstudie. Die Effekte zwischen Interventions- und Wartekontrollgruppen wurden anhand psychologischer, biologischer und ökonomischer Erfolgskriterien evaluiert. Erste vorläufige Befunde der Auswertungen der Längsschnittdaten zeigen keine Zusammenhänge der Arbeitsunsicherheit mit Cortisol (im Haar). Hingegen zeigen sich Hinweise darauf, dass Arbeitsunsicherheit mit Depressivität und Angst sowie mit anderen Frühwarnindikatoren von Gesundheitseinschränkungen einhergeht. Außerdem finden wir Belege, dass soziale Unterstützung diesen negativen Zusammenhang lindert und dass die Unterstützung durch die Führungskraft von den Mitarbeitern der geschulten Führungskräfte besser eingestuft wird als von Mitarbeitern in den Gruppen der ungeschulten Führungskräfte. Eine frühere skandinavische Studie von Theorell (vgl. Kap. 4 zur Führung) liefert ebenfalls Belege für die positive Wirkung von Führungskräfteschulungen auf die Mitarbeitergesundheit.

Aufgaben und Positionen werden immer wieder in der Erwartung neu verteilt, Stillstand im Unternehmen zu vermeiden. Bis zu einem gewissen Grad ist das sicherlich auch gut und richtig. Wenn aber in einem Unternehmen schon die Auffassung kursiert, man solle die neuen „Schlipsträger auf den Teppichetagen" gar nicht mehr ernst nehmen, die sich mit neuen Projekten profilieren müssen, weil sie spätestens in zwei bis drei Jahren wieder weg sind, so wird deutlich, dass die Balance aus Veränderung und Beständigkeit nicht mehr funktioniert. Bei derartigen „*Change*-Philosophien" wird oft auch vergessen, dass gerade die Expertise und das langjährige Erfahrungswissen ein wertvoller Rohstoff unserer Wissensgesellschaft sind. Ohne Expertise in einem speziellen Bereich entstehen dort auch keine kreativen Ideen.

In der Motivationspsychologie gelten Bedürfnisse nach Sicherheit, nach sozialem Anschluss, aber auch nach Kompetenzerleben als grundlegende, universelle Motive von Menschen. Nicht nur bei drohendem Arbeitsplatzverlust, auch bei Änderungen in der Teamzusammensetzung oder in den Arbeitsaufgaben kann die Bedürfniserfüllung als bedroht erlebt werden.

Hierzu eine Kasuistik: Herr M.[1], 49 Jahre, arbeitete seit Jahren in einer großen Firma und war auch für die fachliche Beratung von Kunden zuständig. Zu manchen, festgelegten Zeiten unter der Woche bestand ein intensiver Kundenverkehr, immer lag sein Schreibtisch voll von Anträgen, die er möglichst schnell bearbeiten sollte. Wenn das Telefon klingelte, musste er dies ebenfalls bedienen, was oft vorkam. Die Abteilung war seit Jahren unterbesetzt. Abends sei er oft müde gewesen, habe sich aber häufig sogar auf die Arbeit gefreut. Nach einer Trennung von seiner Partnerin habe er seit Langem keine neue Partnerin mehr, sehe seinen Sohn nur jedes zweite Wochenende. Rückblickend sagt er, es wäre immer schon zu viel Arbeit gewesen, aber das Team sei „toll" gewesen, habe sich gut gekannt und gegenseitig unterstützt, abends auch mal was zusammen unternommen. Er habe sich menschlich wohl gefühlt, „das Team hat was getragen".

Im Rahmen einer Umstrukturierung erhielt er eine neue, inhaltlich der vorangehenden ähnliche Aufgabe. Der wesentliche Unterschied waren die neuen Kollegen, alle etwas jünger: „Die haben anders getickt, da war ich nicht mehr so drin". Nach ca. drei Monaten fühlte er sich immer erschöpfter, er litt zunehmend unter Rückenschmerzen und dem Gefühl, „dass alles einfach viel zu viel war, gar nicht zu schaffen". Im Rückblick sei die Arbeitslast nicht mehr als zuvor gewesen, aber der Rückhalt durch die Kollegen habe gefehlt – seelisch und ganz praktisch. Er habe dann monatelang unter Rückenschmerzen gelitten, die Stimmung habe sich verschlechtert, der innere Schwung sei immer mehr verloren gegangen, die AU-Zeiten wurden immer mehr. Auf Betreiben des Betriebsarztes stelle er sich jetzt beim Psychosomatiker in der betrieblichen Sprechstunde vor.

Solche Geschichten hören wir in der Sprechstunde im Betrieb, in der Klinikambulanz und innerhalb der Psychosomatischen Klinik immer wieder. Dies sind Beispiele für das Prinzip der „*relationships as regulators*", also dafür, dass

---

[1] Angaben wesentlich verändert.

haltgebende zwischenmenschliche Beziehungen die körperliche und seelische Gesundheit stabilisieren und bei Trennungserlebnissen, vor allem bei diesbezüglich verletzlichen Personen, das Erkrankungsrisiko steigt. Durch eine ambulante Kurzzeit-Psychotherapie konnte sich Herr M. wieder gesundheitlich stabilisieren. Besonders half ihm, dass er als eher zurückhaltender und schüchterner Mensch seine Wünsche und Grenzen an der neuen Arbeitsstelle besser äußern konnte, sich traute, dies offener als zuvor zu tun, dadurch auch mehr mit den neuen Kollegen in Kontakt kam. Dadurch konnte er auch Belastungsspitzen vermindern. Außerdem schaffte er es im Privatleben, zuvor vernachlässigte freundschaftliche Kontakte schrittweise wieder etwas mehr zu leben und sein persönliches Bedürfnis nach vertrauensvollen Beziehungen stärker als zuvor zu verwirklichen. Ohne eine solche Möglichkeit zu einer frühen psychosomatischen Beratung wäre er vermutlich in eine chronifizierte Depression abgerutscht. Nur sein aufmerksamer Vorgesetzter erkannte die Frühsymptome und stellte den Kontakt zum (speziell in der psychosomatischen Grundversorgung geschulten) Betriebsarzt her. Workshops oder andere präventive Seminare hatte es nach dem Zusammenlegen der zuvor jeweils getrennt arbeitenden Kollegen nicht gegeben.

Ein weiteres nach Umstrukturierungen auftretendes Thema: Wenn langjährig erworbenes Erfahrungswissen in neuartigen Aufgabegebieten nicht mehr eingesetzt werden kann, geht es um das Bedürfnis nach Kompetenz. Beim Verlust langjähriger Arbeitsbeziehungen in einem funktionierenden Team sind Bedürfnisse nach sozialem Anschluss und die soziale Unterstützung gefährdet, wie uns das vorige Fallbeispiel gezeigt hat. Das Bedürfnis nach Sicherheit ist ohnehin bei all denen nur eingeschränkt erfüllt, die in prekären Arbeitsverhältnissen tätig sind, in Zeit- und Leiharbeit ihre Arbeitskraft zu Markte tragen oder die in befristeten Beschäftigungsverhältnissen einer Vertragsverlängerung entgegenbangen.

Führungskräfte sollten im Veränderungsprozess auch ein afrikanisches Sprichwort berücksichtigen, das besagt: Das Gras wächst nicht schneller, wenn man daran zieht.

**Fazit**

Das Leben ist Veränderung, und zu Zeiten der Globalisierung sowieso. Veränderung hält gesund, ist für das betreffende Unternehmen oft notwendig und ermöglicht Chancen für die Zukunft. Einerseits. Verschiedene wissenschaftliche Untersuchungen zeigen aber auch, dass der Verlust eines gewohnten Arbeitsplatzes, von Privilegien oder eines geschätzten Vorgesetzten mit einem Trauerfall in der Familie zu vergleichen ist, mit nicht selten ganz ähnlichen körperlichen und seelischen Reaktionen. Umstrukturierungen bergen das Risiko von erhöhter Arbeitsunfähigkeit und demotivierten Mitarbeitern. Führungskräfte sind in solchen Zeiten oft besonders unter Druck und können selbst erkranken. Manchmal erst nach geschafftem *„Change"* im Unternehmen (gemäß der alten psychosomatischen Weisheit, dass eine Untergruppe von Menschen erst nach erfolgreicher Bewältigung einer Belastung erkrankt: „Der Körper legt die Rüstung ab"). Daher sollten Veränderungsprozesse sehr gut vorbereitet und begleitet sein. Rechtzeitige Informationen, begleitende Informationsveranstaltungen, Workshops und Seminare für Führungskräfte und Mitarbeiter sowie eine weitestmögliche Beteiligung der Mitarbeiter sind wichtig. Ein Fehlen der „weichen Schutzfaktoren", wie eine vertrauensvolle Kommunikation, Wertschätzung und Beteiligung der Mitarbeiter, begünstigt nachweislich *„hard facts"* in Form von AU-Zeiten, Bandscheibenvorfällen, vorschneller Arteriosklerose und seelischen Erkrankungen.

# Literatur

Cheng, G. H., & Chan, D. K. (2008). Who suffers more from job insecurity? A meta-analytic review. *Applied Psychology, 57*, 272–303.

De Witte, H. (2005). Job insecurity: review of the international literature on definitions, prevalence, antecedents and consequences. South African Journal of Industrial. *Psychology, 3*, 1–6.

Dürndorfer, M., & Friederichs, P. (Hrsg.). (2004). *Human Capital Leadership: Wettbewerbsvorteile für den Erfolg von morgen.* Hamburg: Murmann.

Eurofound (2010). *Changes over time – first findings from the fifth European Working Conditions Survey.* Luxembourg: Publications Office of the European Union.

Eurofound (2012). *Fifth European Working Conditions Survey.* Luxembourg: Publications Office of the European Union.

Ferrie, J. E., Shipley, M. J., Marmot, M., Stansfeld, S. A., & Smith, G. D. (1998). The health effects of major organisational change and job insecurity. *Social Science and Medicine, 46*, 243–254.

Ferrie, J. E., Shipley, M. J., Stansfeld, S. A., Smith, G. D., & Marmot, M. (2003). Future uncertainty and socioeconomic inequalities in health: the Whitehall II study. *Social Science and Medicine, 57*, 637–646.

Greenhalgh, L., & Rosenblatt, Z. (2010). Evolution of research on job insecurity. *International Studies of Management and Organization, 40*, 6–19.

Kästle, L. (2004). *Post Merger Supply Management – Neue Perspektiven für die Theorie und Praxis des Supply Management im Fusionsintegrationsprozess.* Berlin: Wissenschaft und Praxis.

Mayerhofer, H. (2002). Personal als Deal Breaker? *Führung und Organisation, 71*, 68–74.

Mohr, G. (2000). The changing significance of different stressors after the announcement of bankruptcy: a longitudinal investigation with special emphasis on job insecurity. *Journal of Organizational Behavior, 21*, 337–359.

Oreg, S. (2006). Personality, context and resistance to organizational change. *European Journal of Work and Organizational Psychology, 15*, 73–101.

Organisation for Economic Co-operation und Development (1997). Is Job Insecurity on the increase in OECD countries?. In *Employment Outlook* (S. 129–160). Paris: OECD.

Rau, J. (1997). Is the business relationship between the Statler Group and Kellog-Champion Securities a lost cause? How should the consultants – and the client – handle the status meeting?. In I. F. Kesner, & S. Fowler (Hrsg.), *When consultants and clients clash. Harvard Business Review Case Study* (S. 7–8). Boston: Harvard Business School Publishing.

Strähle, J. (2004). *Cultural Due Diligence*. Marburg: Tectum.

Sverke, M., Hellgren, J., & Näswall, K. (2002). No security: A meta-analysis and review of job insecurity and its consequences. *Journal of Occupational Health, 7*, 242–264.

Vogel, D. H. (2002). *M&A – Ideal und Wirklichkeit*. Wiesbaden: Gabler.

Von Rosenstiel, L., & Comelli, G. (2003). *Führung zwischen Stabilität und Wandel*. München: Vahlen.

Winkler, B., & Dörr, S. (2001). *Fusionen überleben. Strategien für Manager*. München: Hanser.

# 6

# Immer schneller, höher, weiter – Zeit- und Leistungsdruck in der Arbeit

## Inhalt

H. Gündel et al., *Arbeiten und gesund bleiben*, DOI 10.1007/978-3-642-55303-5_6,
© Springer-Verlag Berlin Heidelberg 2014

In der früheren industriellen Arbeitswelt war es eine große Herausforderung, körperlich anstrengende, aber geistig anforderungsarme Tätigkeiten menschengerechter umzugestalten. Dies wurde meist durch Jobrotation bewerkstelligt. Dabei tauschen Arbeitende nach einem vereinbarten Zeitraum ihre Arbeitsplätze und haben dadurch immer wieder andere Arbeitstätigkeiten zu erledigen. Allerdings bleibt der Gehalt der geistigen Anforderungen dabei meist gleich, denn die andere Arbeitstätigkeit erfordert in der Regel auch nur manuell-motorische Fertigkeiten und Fachwissen, das auf einzelne Arbeitsschritte begrenzt bleibt. In der heutigen Arbeitswelt, in der es ganz überwiegend um Dienstleistungen geht, sind die Anforderungen vielfältiger geworden. Nichtsdestotrotz finden wir auch hier Arbeitsplätze, die recht gleichförmige Anforderungen mit sich bringen und damit auch dazu führen, dass Kompetenzen der Arbeitenden verkümmern. Denken wir beispielsweise an die Tätigkeit einer Callcenter-Mitarbeiterin, die tagaus tagein eingehende Anrufe bisweilen verärgerter Kunden (nicht selten bei Telekommunikationsunternehmen) entgegennimmt und dabei weder nennenswerte Befugnisse, noch substanziellen Spielraum in ihrer Arbeit hat. Häufig besteht die Order, Telefonate besonders kurz zu halten, wenn auf der Anzeigetafel viele eingehende Anrufe in der Warteschleife angezeigt werden.

In der Arbeitspsychologie wird zwischen Lernanforderungen in der Arbeit (z. B. abwechslungsreiche und neuartige Aufgaben mit Denkanforderungen), arbeitsbezogenen Ressourcen (z. B. Spielräume und soziale Unterstützung) und Arbeitsstressoren unterschieden (vgl. Glaser und Herbig 2012). Zeit- und Leistungsdruck kann aus der Kombination von zu hohen Lernanforderungen und zu geringen zeitlichen Ressourcen oder Gelegenheiten zur Qualifizierung, aber auch aus einer zu hohen Arbeitsmenge bei zu geringen Handlungsspielräumen oder kaum praktischer sozialer Unterstützung, aber auch aus Zusatzaufwand infolge schlecht gestalteter Arbeitsabläufe oder Störungen im Arbeitshandeln entstehen. In der heutigen Arbeitswelt wird viel über Zeit- und Leistungsdruck gesprochen. Deshalb wollen wir uns mit diesem spezifischen Arbeitsstressor hier etwas näher beschäftigen.

Während Zeitdruck in der Literatur über Stress als Begriff gut etabliert ist, gilt das für Leistungsdruck bislang nicht. Es fehlt eine klare Abgrenzung der beiden Phänomene. Im Englischen hat sich die Unterscheidung in *„time pressure"* für Zeitdruck und *„workload"* für die breiter gefasste Beschreibung von Anforderungen bei der Arbeit etabliert. In der Physik wird Leistung als „Quotient aus Energie und Zeit" definiert. Wird die zur Verfügung stehende Zeit für eine Leistung verkürzt (Zeitdruck), dann muss mehr Energie zur Erreichung derselben Leistung aufgebracht werden. Folgt man dieser Definition, so kann Leistungsdruck beschrieben werden als ein zunehmendes Ungleichgewicht zwischen der aufzuwendenden Energie und der zur Verfügung stehenden Zeit. Bezüglich des Arbeitshandelns bedeutet dies z. B. mehr Anstrengung, eine stärkere Konzentration, schnelleres Arbeiten, kompetentere Arbeitsausführung, bessere Fähigkeiten und Fertigkeiten, flüssigere Routinen etc.

In einigen Berufen besteht kaum die Möglichkeit, bestimmte Aufgaben entlastend aufzuschieben. So müssen beispielsweise im Krankenhaus Patienten versorgt werden, die akuter Hilfe bedürfen. Kommen hierbei zusätzliche Anforderungen hinzu (z. B. ein kurzfristiger Notfall) oder wird das Arbeitshandeln gestört (z. B. wenn wichtige Informationen über die Patienten fehlen), dann entsteht zusätzlicher Handlungsaufwand oder es wird riskant gehandelt. Dadurch entstehen immer Qualitätseinbußen oder Zeitverlust, der an anderer Stelle wieder fehlt. Im Krankenhaus kann das dramatische Folgen haben, die es nicht selten in die Schlagzeilen der Medien schaffen (z. B. Keime auf Neugeborenenstationen, ärztliche „Kunst-"Fehler).

?

**Welche Fehler sind Ihnen aus Zeitnot schon unterlaufen?**

Zeitdruck kann, solange er durch höhere Anstrengung zu kompensieren ist, zu einer Effizienzsteigerung beitragen (z. B. Zijlstra et al. 1999). Darauf werden wir am Beispiel der Aktivationstheorie noch einmal zurückkommen. Im Burnout-Konzept von Maslach (Maslach und Leiter 1997) bezeichnet die Dimension *„reduced accomplishment"* oder *„inefficacy"* den Zustand, sich Leistungsanforderungen nicht mehr gewachsen zu fühlen und sich nicht mehr leistungsfähig zu sehen. Chronische Überforderungen bei unzureichenden Ressourcen (z. B. Zeit, Spielräume, Unterstützung) werden als Ursachen genannt, die zu verringerter Leistungsfähigkeit führen. Auch auf solche arbeitsorganisatorische Ursachen für Zeit- und Leistungsdruck wollen wir in diesem Kapitel näher eingehen. Doch zunächst stellt sich die folgende Frage.

## 6.1 Wie verbreitet sind Zeit- und Leistungsdruck in der Arbeitswelt?

?

**Erleben Sie selbst Zeit- und Leistungsdruck in Ihrer Arbeit? Und wie ist es bei den Personen in Ihrem Umfeld, berichten diese über Zeit- und Leistungsdruck?**

Falls Sie diese Fragen verneinen, zählen Sie und Ihr Umfeld zu der glücklichen Minderheit der Erwerbstätigen in Deutschland. Denn erlebter Zeit- und Leistungsdruck steht nach aktuellen repräsentativen Umfragen ganz oben auf der Rangliste möglicher Stressfaktoren in der Arbeit.

Im Jahr 2012 hat die Bundesanstalt für Arbeitsschutz und Arbeitsmedizin den aktuellen „Stressreport Deutschland 2012" veröffentlicht (BAUA 2012). In der bereits zum sechsten Mal durchgeführten repräsentativen Studie wurden mehr als 20.000 Erwerbstätige in Deutschland in Telefoninterviews nach unterschiedlichsten Stressfaktoren in ihrer Arbeit befragt. Neben Aspekten des Arbeitsinhalts und der Arbeitsorganisation, der Arbeitszeit und der Beschäftigungssituation wurden auch Ressourcen in der Arbeit (z. B. Handlungsspielraum, soziale Unterstützung) und verschiedene Beschwerden und Indikatoren der Gesundheit erfasst.

Der stärkste Stressfaktor in der Arbeit ist laut den Ergebnissen dieser Repräsentativstudie das sogenannte *„Multitasking"* (d. h. verschiedene Arbeiten gleichzeitig betreuen zu müssen) bei 58 % der Erwerbstätigen. 52 % leiden unter Termin- und Leistungsdruck und 44 % unter Arbeitsunterbrechungen. Häufig hängen diese drei Stressfaktoren eng zusammen bzw. sind gegenseitig bedingt: Je mehr unterschiedliche Arbeitsaufgaben zu bewältigen sind und je häufiger man dabei unterbrochen wird, umso stärker ist z. B. auch der erlebte Zeit- und Leistungsdruck. Vereinfacht werden diese Befunde zur aktuellen Arbeitssituation in Deutschland mit den Schlagworten „viel gleichzeitig, schnell und auf Termin, immer wieder neu, aber oft auch das Gleiche" zusammengefasst (BAUA 2012, S. 34). Mehr als ein Drittel aller Befragten geben an, dass sie sich durch starken Zeit- und Leistungsdruck in ihrer Arbeit belastet fühlen, und es zeigen sich auch deutliche Zusammenhänge zu den gesundheitlichen Beeinträchtigungen (z. B. körperliche oder emotionale Erschöpfung, psychosomatische Beschwerden).

## 6.2   Nimmt Zeit- und Leistungsdruck immer mehr zu?

Wer ertappt sich nicht gelegentlich bei dem Gedanken an die „guten alten Zeiten". Wir erinnern uns dann gerne an frühere Phasen in unserem Arbeitsleben, in denen wir ausreichend Zeit hatten oder glauben gehabt zu haben, um Arbeitsaufgaben im eigenen Tempo gründlich zu erledigen, mit Kollegen auch über andere Dinge als die unmittelbar anstehenden Arbeitsaufgaben ausführlicher zu reden und dennoch den Pflichten und Vergnügungen in Familie, Freundeskreis und Freizeit angemessen nachgehen zu können. Inzwischen hat sich einiges geändert. Wo früher das Essen ausschließlich der Pause und Nahrungsaufnahme und dem sozialen Austausch in der Gesellschaft diente, stehen heute nicht selten Business-Lunch oder Fastfood am Arbeitsplatz auf der Tagesordnung, als untrügliche Anzeichen dafür, dass die Arbeit sich in unserem Leben ausweitet. Außer natürlich bei all denjenigen, die keine Arbeit haben.

?

Wie sieht es bei Ihnen heute im Vergleich zu früher aus? Hat der Zeit- und Leistungsdruck in Ihrer Arbeit zugenommen?

Vielleicht haben Sie das Ziel „work smarter, not harder" schon erreicht und
es sich so eingerichtet, dass Sie Arbeit, Familie, Freunde und Freizeit bereits in
eine gute Balance gebracht haben. Wenn Zeit- und Leistungsdruck bei Ihnen
zugenommen hat: Liegt das vielleicht daran, dass Sie nicht mehr so leistungsfähig sind wie früher? Oder haben Sie heute weitere zusätzliche Aufgaben, die
früher noch keine Rolle gespielt haben, z. B. die Versorgung und Betreuung
von Kindern oder pflegebedürftigen Angehörigen?

Aus dem Stressreport 2012 geht hervor, dass die Arbeitsbelastungen, die
zwischen Ende der 1990er- Jahre (4. Erhebungswelle) und Mitte der 2000er-
Jahre (5. Erhebungswelle) stark angestiegen sind, sich zwischen 2006 und
2012 nicht wesentlich verändert haben. Positiv gesprochen ist es also mit dem
Arbeitsstress in Deutschland in den letzten sechs Jahren nicht noch schlimmer
geworden; negativ betrachtet hat sich aber an dem bereits im Jahr 2006 erlebten hohen Arbeitsstress auch nicht wirklich etwas verbessert. Der erlebte Zeit-
und Leistungsdruck in der Arbeit ist auf unverändert hohem Niveau geblieben. Aus dem Vergleich zwischen den Erhebungszeitpunkten der Studie wird
ersichtlich, dass infolge anhaltend hoher Arbeitsbelastungen auch die gesundheitlichen Beschwerden und der subjektive Gesundheitszustand der deutschen
Erwerbstätigen sich etwas verschlechtert haben. Ein Tribut, den uns vermutlich auch die wirtschaftliche Situation in Deutschland (als dem „europäischen
Konjunkturmotor") abverlangt.

Die über 55-Jährigen berichten dem Stressreport zufolge über etwas weniger Zeit- und Leistungsdruck als ihre Kollegen in den mittleren Altersgruppen.
Haben sie es sich im Laufe ihres Erwerbsarbeitslebens besser eingerichtet, vielleicht nachdem die Kinder aus dem Haus sind? Oder sind ihre beruflichen
Verhältnisse stabil, sind sie unkündbar und haben keine weiteren Karriere-
pläne mehr, lassen sich also deshalb auch nicht mehr so leicht unter Druck
setzen? Denkbar wäre aber umgekehrt auch, dass vor allem unter den älteren
Arbeitnehmern diejenigen mit Gesundheitsbeschwerden bereits „auf der Stre-
cke geblieben" und aus dem Erwerbsleben ausgeschieden sind (sogenannter
*healthy worker effect*), die bereits stark und langandauernd von Arbeitsstress
betroffen waren – ein Gedanke, der uns weniger zuversichtlich in die Zukunft
blicken lässt.

## 6.3   Beschleunigung in der Gesellschaft, im Leben, in der Arbeit

Zeitweise kommt es uns vor, also würde sich alles immer mehr beschleunigen, als liefe uns die Zeit davon, als würden die Anforderungen an uns von allen Seiten zunehmen. Der Soziologe Hartmut Rosa hat mit seiner Habilitationsschrift über „Beschleunigung" viel Aufmerksamkeit erhalten (Rosa 2005). Er beschreibt darin die technologische Beschleunigung, die im Zuge der Industrialisierung im 19. Jahrhundert begonnen hat und sich heute etwa im Verkehr (z. B. Flugreisen) oder in der digitalen Kommunikation (vor allem mittels sozialer Medien) manifestiert. Nimmt man jedoch an (was früher häufig erhofft wurde), dass mit diesen technologischen Fortschritten und der stark erhöhten Reise- oder Kommunikationsgeschwindigkeit mehr Zeit übrig bliebe, so ist man leider grundlegend enttäuscht. Vielmehr haben zwei weitere Trends – die Beschleunigung des sozialen Wandels (in Form einer rasanten Veränderung von Werten, Lebensstilen und Beziehungen) und die Beschleunigung des Lebenstempos (z. B. die Dichte der Termine in Arbeit und Freizeit) – dazu geführt, dass uns letztlich weniger Zeit als je zuvor bleibt. Alle drei Phänomene können nach Rosa (2005) als krisenhafter Ausdruck einer sich mehr und mehr verschärfenden Desynchronisation von Alltagszeit, Lebenszeit und historischer Zeit verstanden werden. Statt Zeit infolge technologischer Errungenschaften einzusparen, verbrauchen wir heute immer mehr davon, z. B. indem wir statt eines ausführlichen Telefonats oder Briefes heute in derselben Zeit unzählige Kurznachrichten oder E-Mails erhalten und versenden – und dadurch bisweilen regelrecht überfordert sind.

Nebenbei soll nicht unerwähnt bleiben, dass auch Universitäten von diesen Trends der Beschleunigung und Arbeitsverdichtung betroffen sind. Der Wettbewerb um Forschungsmittel und internationale Publikationen hat sich erheblich verschärft, die Lehrbelastung und die administrativen Anforderungen sind deutlich gestiegen. Wenn Sie also Zeit- und Leistungsdruck erleben, dann sind Sie in „bester" Gesellschaft, auch mit den Autoren dieses Bandes, welche die zuvor gestellten Fragen leider auch bejahen müssen.

---

?

Ist die erlebte Zunahme von Zeit- und Leistungsdruck womöglich ein typisch deutsches Problem, ähnlich wie die „German Angst"? Und sind wir Deutschen ein Volk, das sich nicht nur übermäßig viele Sorgen macht, sondern auch besonders klagsam ist, was die Arbeitsbedingungen anbelangt?

---

Ähnlich wie mit dem deutschen Stressreport gibt es in der Europäischen Union seit geraumer Zeit repräsentative Untersuchungen zu den Arbeitsbedingungen in den teilnehmenden Ländern. Durchgeführt wird die Erhebung von der „European Foundation for the Improvement of Living and Working Conditions" (kurz: Eurofound). In der neuesten, 5. europäischen Erhebungswelle zu den Arbeitsbedingungen wurden im Jahr 2010 rund 44.000 Erwerbstätige in 34 europäischen Ländern zu ihren Arbeitsbedingungen in einem persönlichen Gespräch befragt (Eurofound 2012). 62 % der Erwerbstätigen arbeiten unter engen „Deadlines", 59 % mit hohem Arbeitstempo. Die Ergebnisse im Nationenvergleich zeigen, dass Deutschland keineswegs auf dem vordersten Platz, sondern im Hinblick auf den erlebten Zeit- und Leistungsdruck in der Arbeit auf Platz 4 hinter der Türkei, Österreich und Zypern liegt. Hinsichtlich des Risikos psychischer Gesundheitsbeeinträchtigungen liegt Deutschland nach den Befunden dieser europäischen Repräsentativstudie nur auf Platz 25 – deutsche Erwerbstätige sind also im Vergleich zu europäischen Kollegen gesundheitlich noch recht gut dran.

## 6.4   Zeitdruck, Leistung und Gesundheit

Wer kennt nicht den Spruch: Wer rastet, der rostet? Und hört man nicht auch immer wieder den Satz: Ein gewisser Druck hat noch keinem geschadet? In der psychologischen Forschung wurde schon früh untersucht, wie Stress und kognitive Leistung zusammenhängen. Das Yerkes-Dodson-Gesetz besagt, dass die (kognitive) Leistung einer Person bei einer schwierigen Aufgabe dann am besten ist, wenn ein optimales, mittleres Stresslevel vorliegt. Liegt das Stresslevel über oder unter diesem Optimum, dann ist die Leistung schlechter (Yerkes und Dodson 1908; Broadbent 1965). Stress kann also bis zu einem gewissen Punkt eine Aktivierung und Leistungssteigerung bewirken. Die Leistungssteigerung kann allerdings nur kurzfristig sein, da es irgendwann zur Ermüdung kommt.

Auch die Aktivierungstheorie von Gardner (1986) geht von einer solchen umgekehrten Kurve aus. Bei einer hinreichenden Aktivierung wird also die beste Leistung erzielt, wenn darüber hinausgegangen wird, z. B. durch überzogene Aufgabenmenge, zu hohe Leistungsanforderungen oder zu wenig Zeit, um die Aufgaben zu erledigen, dann fällt die Leistung ab bzw. verschlechtert sich. In der Aktivierungstheorie wird auch davon ausgegangen, dass jeder Mensch ein individuelles, typisches Aktivierungslevel hat. Werden Abweichungen von diesem charakteristischen Level erlebt, dann verschlechtern sich die Leistung, aber auch die Stimmung und die Verhaltenseffizienz. Dass verschiedene Arbeitsaufgaben auch recht unterschiedliche Aktivierungslevel abverlangen, das liegt auf der Hand. Wenn diese nicht mit dem optimalen Aktivierungslevel einer Person übereinstimmen, dann ergeben sich nach dieser Theorie Diskrepanzen und ein Leistungsabfall. Zeitdruck kann nach der Aktivierungstheorie also bis zu einem gewissen Punkt zur Leistungssteigerung führen, dann kehrt sich die Kurve um und Leistung und Befinden gehen „in den Keller". Das leuchtet ein und lässt sich durch eigene Beobachtungen bestätigen.

Die Aktivierungstheorie erklärt die Leistungsverschlechterung durch Beeinträchtigungen in der Informationsverarbeitung. Es wird betont, dass Aktivierung und physiologische Erregung unterschiedlich sein können. Menschen unterscheiden sich darin – je nach ihrer Offenheit für Neues und je nach ihrer Sensitivität gegenüber Umweltstimuli –, in welchem Maße eine Stimulierung des Aktivierungslevels (z. B. durch anspruchsvolle, neuartige Aufgaben) zur Leistungssteigerung oder aber zum Leistungsabfall führt. Als Führungskraft sollte man sich demnach mit den einzelnen Mitarbeitern und ihren Aufgaben genau auseinandersetzen, um eine möglichst gute Passung zwischen den Aufgabenanforderungen, den individuellen Eigenarten und der Leistung zu erzielen.

So überzeugend das klingt, letztlich bleibt doch die Frage offen, wo genau dieser „gewisse" Punkt bei jedem von uns ist, ab dem die Kurve sich dreht und Zeitdruck sich nicht mehr leistungsförderlich, sondern leistungshemmend und beeinträchtigend auf unser Befinden wirkt. Dieser Punkt ist nicht allgemeingültig zu bestimmen.

---

? 

Denken Sie an eine Tätigkeit, bei der sich Zeitdruck förderlich auf Ihre Leistung ausgewirkt hat. Sicher fallen Ihnen einige Beispiele ein. Umgekehrt kennen Sie bestimmt aber auch Situationen, in denen hoher Zeitdruck zu Gereiztheit und Ärger mit anderen Menschen führt.

---

Manchmal kann Zeitdruck auch geradezu lähmend wirken. Die Qualität der unter Zeitdruck verrichteten Aufgaben fällt dann alles andere als berauschend aus. Studien haben gezeigt, dass der Zusammenhang von erlebtem Zeitdruck und effektiver Leistung durch Personenmerkmale wie Affektivität, Offenheit oder auch durch die individuelle „Zeitdruck-Präferenz" moderiert, d. h. je nach deren Ausprägung verstärkt oder abgeschwächt wird (z. B. Baer und Oldham 2006).

Negative Effekte von Zeitdruck auf die Leistung und für die Gesundheit wurden in vielen Studien belegt. Zeitdruck galt in solchen Studien lange als Stressor und damit als ein Risikofaktor, der auch die Wahrscheinlichkeit von negativen Beanspruchungsfolgen erhöht. Positive Zusammenhänge zu Irritation (Mohr et al. 2007), zu Depressivität (Roxburgh 2004; Waldenström et al. 2008), zu Erschöpfung (Demerouti et al. 2001) und zu psychosomatischen Beschwerden (Rydstedt et al. 1998) sind zumindest im Querschnitt bereits gut belegt. Aber auch Zusammenhänge zu Muskel-Skelett-Erkrankungen (Bongers et al. 1993, Engels et al. 1996) lassen sich nachweisen.

In neueren Studien wird vermehrt auf potenziell positive Effekte von Zeitdruck aufmerksam gemacht, die sich z. B. als motivations-, leistungs- oder selbstwertförderlich darstellen (z. B. Widmer et al. 2012). In solchen Studien wird Zeitdruck oft als ein sogenannter *„Challenge"*-Stressor konzipiert, d. h. nach dem transaktionalen Stressmodell (Lazarus und Folkman 1984) als eine Herausforderung, die potenziell zu bewältigen und mit positivem Befinden (z. B. Selbstwert, Stolz, Kompetenz) assoziiert ist. Widmer et al. (2012) zeigten, dass die positive Assoziation zwischen Zeitdruck und positiven Effekten nur dann besteht, wenn gleichzeitig für die negativen Konsequenzen (Beanspruchungserleben) kontrolliert wird. Das bedeutet, dass positive und negative Folgen von Zeitdruck nicht unabhängig voneinander betrachtet werden sollten und gleichzeitig existieren können. LePine et al. (2004) zeigten in ihrer Studie zu *Challenge*-Stressoren positive Korrelationen zu Erschöpfung, jedoch auch zu Lernmotivation und Lernleistung.

Angesichts zum Teil widersprüchlicher Befunde in der Forschung zu Zeit- und Leistungsdruck auf Indikatoren der Gesundheit und Leistung stellt sich auch die Frage, ob in den verschiedenen Studien stets derselbe Zeit- und Leistungsdruck erfasst wird, der in manchen Studien zur besseren Leistung, in anderen Studien zur Erkrankung führt, oder ob vielleicht auch die unterschiedliche Art der Messung zu den scheinbar widersprüchlichen Befunden beiträgt. Zudem ist weitgehend unerforscht, ob die positiven Effekte auf arbeitsbezogene Einstellungen, Selbstwert und Lernförderlichkeit nur kurzzeitig gelten und langfristig hingegen negative Folgen für die Gesundheit resultieren.

Kühnel et al. (2012) fanden in einer aktuellen Tagebuchstudie, dass Zeitdruck an Tagen mit viel Handlungsspielraum positiv mit Arbeitsengagement korreliert ist, an Tagen mit geringem Handlungsspielraum jedoch negativ. Dieser Befund deutet darauf hin, dass weitere Arbeitsmerkmale eine wichtige Rolle dabei spielen, ob die Folgen von Zeitdruck positiv oder negativ ausfallen. Es ist also wahrscheinlich, dass das Zusammenspiel von Belastungskonfigurationen aus verschiedenen Tätigkeitsmerkmalen (z. B. lernförderliche Aufgaben mit vielen Einflussmöglichkeiten bei guter sozialer Unterstützung versus lernarme Tätigkeiten mit vielen Restriktionen) dazu führt, dass Zeit- und Leistungsdruck je nach Konfiguration als Ursache für Stress und Krankheit oder aber als kurzfristiger Treiber für Motivation und Leistung verantwortlich ist.

Während zu negativen und positiven Effekten von Zeit- und Leistungsdruck in der Arbeit eine fast unüberschaubare Fülle an Forschungsarbeiten existiert, sind Untersuchungen zu arbeitsbezogenen Ursachen von Zeit- und Leistungsdruck eher selten. Dabei ist das Wissen über die Entstehungsbedingungen ein Schlüssel zur Reduktion von Zeit- und Leistungsdruck und seiner negativen Konsequenzen.

## 6.5    Arbeitsorganisatorische Ursachen für Zeit- und Leistungsdruck

**Haben Sie auch schon öfter mal bis spät in die Nacht hinein gearbeitet? Was waren die Gründe?**

Veranlasst werden solche „Nachtschichten" gerne durch Abgabefristen, Vortragstermine oder Ähnliches. Nicht mehr nur die Amerikaner bezeichnen derartige Terminsetzungen als „Deadlines". Durch diese Bezeichnung wird fast schon eine schreckliche Bedrohung suggeriert, die so manchen gar nicht mehr darüber nachdenken lässt, ob der Termin überhaupt realistisch, machbar, sinnvoll oder begründet ist. Bisweilen sind es aber auch völlig unrealistische Zielvereinbarungen, die einen unnötigen Zeit- und Leistungsdruck erzeugen und zur Überforderung führen. Viele Studien zur *„Goalsetting"*-Theorie von Locke und Latham (1990) haben immer wieder belegt, dass anspruchsvolle, spezifische Ziele zu besserer Leistung führen, als zu anspruchslose oder auch zu hohe und vor allem unkonkrete Ziele. Wenn Ziele zu schwierig sind, können Leistungseinbußen als Konsequenz entstehen. Das psychische System gerät dann aus dem Gleichgewicht. Führung durch Zielvorgaben (sogenanntes *„Management by Objectives"*) ist in vielen Branchen weit verbreitet, und üblicherweise wird erwartet, dass die Vorjahresergebnisse in jedem Folgejahr übertroffen werden. Die in unserem kapitalistischen Wirtschaftssystem immanente Forderung nach immerwährendem Wachstum und Rendite ist ein maßgeblicher Treiber für die stetige Zunahme von Zeit- und Leistungsdruck in der Arbeitswelt. Auf Unternehmensebene lässt sich angesichts des globalen Wettbewerbs daran oft nur wenig ändern. Umso wichtiger ist es, alle arbeitsorganisatorischen Möglichkeiten auszuschöpfen, um ein störungsfreies Arbeiten zu ermöglichen und wichtige Zeitfresser zu eliminieren.

Nach arbeitspsychologischen Konzepten entsteht Zeit- und Leistungsdruck durch Widersprüche zwischen Arbeitszielen und ihren Ausführungsbedingungen bzw. – allgemeiner gesprochen – durch Diskrepanzen zwischen Arbeitsanforderungen und Ressourcen. Widersprüche können nach dem „Konzept der widersprüchlichen Arbeitsanforderungen" aus Diskrepanzen zwischen Zielen, Regeln und Ressourcen im Unternehmen entstehen (Moldaschl 2010). Ziele sind formale und informelle Erwartungen der Organisation und der Führungskräfte an die Beschäftigten. Sie bestehen nicht selten in Mengenangaben, z. B. Stückzahlen, Vertragsabschlüsse, Publikationen, akquirierte Mittel, oder Ähnliches. Regeln in Form von Gesetzen, Vorschriften und Bestimmungen, z. B. im Umgang mit Kollegen oder Kooperationspartnern, determinieren zudem die Arbeitsausführung. Eine Regel kann auch darin bestehen, eine genau vorgeschriebene Arbeitsabfolge bei der Herstellung von Produkten einzuhalten. Ressourcen umfassen zeitliche Aspekte, aber auch Wissen, Fähigkeiten und Werkzeuge, die für die Arbeitenden verfügbar sind. Ein häufig auftretendes Phänomen, das aus widersprüchlichen Arbeitsanforderungen resultiert, ist das *Mengen-Qualitäts-Dilemma* – zu viele Aufgaben müssen in zu knapper Zeit bei gefordert hoher Qualität erfüllt werden.

Leistungsdruck ergibt sich somit etwa in Form zu hoher Qualitätsanforderungen, die im engen Zusammenhang mit Zeitdruck auch als zu hohe Quantitätsanforderung gesehen werden müssen. Widersprüchliche Arbeitsanforderungen können weiteren Zeit- und Leistungsdruck nach sich ziehen. Im Konzept der Regulationsbehinderungen (RHIA) gilt erhöhter Handlungsaufwand neben dem riskanten Handeln als eine unmittelbare Folge häufiger Arbeitsunterbrechungen (durch schlechte Arbeitsorganisation) sowie motorischer oder informatorischer Erschwerungen (vgl. Leitner et al. 1993). Erhöhter Handlungsaufwand bedeutet letztlich, weniger Zeit für die ursprünglich geplante Zielerfüllung verfügbar zu haben. Störungen an Schnittstellen zwischen einzelnen Personen (z. B. unter Kollegen), zwischen Organisationseinheiten (z. B. Verwaltung und Produktion), aber auch zu Kunden können Zeitverluste bei den Akteuren im Arbeitssystem nach sich ziehen. Insofern muss davon ausgegangen werden, dass widersprüchliche Anforderungen sowie Zeit- und Leistungsdruck sich gegenseitig verstärken und sich in einer Negativspirale im ganzen Unternehmen aufschaukeln können. Ein nachhaltiger Lösungsansatz muss darin bestehen, solche widersprüchliche Arbeitsanforderungen zu erkennen und zu beseitigen.

Angesichts der zunehmenden Verdichtung und Beschleunigung von Arbeit in den meisten Branchen liegen vielversprechende Lösungsansätze darin, die Beschäftigten selbst in die Gestaltung der Aufbau- und Ablauforganisation ihrer Unternehmen und in die Gestaltung ihrer Arbeitsbedingungen mit einzubeziehen. Gesundheitszirkel, die auf betriebsspezifischen Analysen der Arbeitssituation basieren und in denen gemeinsam mit den Beschäftigten Lösungen für Störungen, Schnittstellenprobleme und Zeitdruck in der Arbeit entwickelt werden, haben sich in eigenen Studien in der Gesundheitsdienstleistung schon mehrfach bewährt (z. B. Büssing und Glaser 1999; Glaser et al. 2007; Weigl et al. 2012). Hierbei konnte gezeigt werden, dass Arbeitsbelastungen von Pflegekräften und Ärzten reduziert werden konnten, indem themenspezifische Arbeitsgruppen unter Beteiligung der maßgeblichen Akteure initiiert und Lösungen u. a. für eine verbesserte Schnittstellengestaltung entwickelt wurden. Ein praxisnahes Beispiel hierfür wäre etwa eine Rufumleitung, die einem Krankenhausarzt während der Visite zumindest telefonische Arbeitsunterbrechungen erspart. Eine gründliche Analyse der Ursachen von Zeit- und Leistungsdruck im Betrieb und darauf aufbauende Ansätze einer arbeitspsychologisch ausgerichteten Organisationsentwicklung (vgl. Glaser und Weigl 2011) erscheinen uns als erfolgversprechende Maßnahmen zur Bewältigung der zunehmenden Anforderungen in der heutigen Arbeitswelt.

---
?
---

Welche Maßnahmen haben in Ihrem Arbeitsumfeld zu einer Reduktion von Zeitdruck geführt?

---

### Fazit

Zeit- und Leistungsdruck zählt zu den meistgenannten Stressfaktoren in der Arbeit und wird nicht nur in Deutschland, sondern auch in der EU von rund der Hälfte der Beschäftigten erlebt. Bis zu einem gewissen Punkt, der auch von individuellen Faktoren abhängt, kann Zeit- und Leistungsdruck aktivieren und dadurch leistungssteigernd wirken. Wird er aber chronisch und überfordernd, dann resultieren Krankheiten. Das gilt vor allem auch dann, wenn die Arbeit wenig lernförderlich und wenig beeinflussbar ist. Zeit- und Leistungsdruck entsteht durch unrealistische Zielvereinbarungen und vielfältige Probleme in der Arbeitsorganisation (z. B. unklare Ziele, schlechter Informationsfluss, ständige Unterbrechungen). Diese arbeitsorganisatorischen Ursachen sind zunächst zu ermitteln und zu beseitigen. Darauf aufbauend sollten realistische Zielvereinbarungen mit größtmöglichen Freiräumen und Hilfe durch Vorgesetzte und Kollegen die Zielerreichung unterstützen. Welche Störungen im Arbeitsablauf auftreten und wie man diese abstellen könnte, wissen die Beschäftigten im Allgemeinen selbst am besten. Sie müssen also in den Verbesserungsprozess eingebunden werden. Flankierend können auch Qualifizierungsmaßnahmen wie beispielsweise Kurse mit Übungen zum Zeitmanagement, zur Selbstorganisation o. Ä. hilfreich sein.

## Literatur

Baer, M., & Oldham, G. R. (2006). The curvilinear relation between experienced creative time pressure and creativity: moderating effects of openness to experience and support for creativity. *Journal of Applied Psychology, 91*, 963–970.

Bongers, P. M., DeWinter, C. R., Kompier, M. A. J., & Hildebrandt, V. H. (1993). Psychosocial factors at work and musculoskeletal disease. *Scandinavian Journal of Work Environment & Health, 19*, 297–312.

Bundesanstalt für Arbeitsschutz und Arbeitsmedizin (BAUA) (2012). *Stressreport Deutschland 2012*. Dortmund: BAUA.

Broadbent, D. E. (1965). A reformulation of the Yerkes-Dodson law. British Journal of Math Stat. *Psychology, 18*, 145–157.

Büssing, A., & Glaser, J. (1999). Work stressors in nursing in the course of redesign: Implications for burnout and interactional stress. *European Journal of Work and Organizational Psychology, 8*, 401–426.

Demerouti, E., Bakker, A. B., Nachreiner, F., & Schaufeli, W. B. (2001). The job demands-resources model of burnout. *Journal of Applied Psychology, 86*, 499–512.

Engels, J. A., van der Gulden, J. W. J., Senden, T. F., & vant Hof, B. (1996). Work related risk factors for musculoskeletal complaints in the nursing profession: Results of a questionnaire survey. *Occupational and Environmental Medicine, 53*, 636–641.

Eurofound (2012). *Fifth European Working Conditions Survey*. Luxembourg: Publications Office of the European Union.

Gardner, D. G. (1986). Activation theory and task design: An empirical test of several new predictions. *Journal of Applied Psychology, 71*, 411–418.

Glaser, J., & Herbig, B. (2012). Modelle der psychischen Belastung und Beanspruchung. In Deutsches Institut für Normung [DIN] e.V. (Hrsg.), *Psychische Belastung und Beanspruchung am Arbeitsplatz. Inklusive DIN EN ISO 10075-1 bis -3, 68*, 17–27. Berlin: Beuth.

Glaser, J., Lampert, B., & Weigl, M. (2007). Interaction, work load, health, and work design in nursing for the elderly. In P. Richter (Hrsg.), *Psychosocial resources in human service work* (S. 13–26). München: Hampp.

Glaser, J., & Weigl, M. (2011). Verschreibungsfähig, trotz Risiken und Nebenwirkungen. Arbeitspsychologische Organisationsentwicklung im Krankenhaus und Altenpflegeheim. *Zeitschrift für Organisationsentwicklung, 30*, 11–19.

Kühnel, J., Sonnentag, S., & Bledow, R. (2012). Resources and time pressure as day-level antecedents of work engagement. *Journal of Occupational and Organizational Psychology, 85*, 181–198.

Lazarus, R. S., & Folkman, S. (1984). *Stress, appraisal and coping*. New York: Springer.

Leitner, K., Lüders, E., Greiner, B., Ducki, A., Niedermeier, R., & Volpert, W. (1993). *Analyse psychischer Anforderungen und Belastungen in der Büroarbeit. Das RHIA/VERA-Büro-Verfahren*. Göttingen: Hogrefe.

Le Pine, J. A., Le Pine, M. A., & Jackson, C. L. (2004). Challenge and hindrance stress: Relationships with exhaustion, motivation to learn, and learning performance. *Journal of Applied Psychology, 89*, 883–891.

Locke, E. A., & Latham, G. P. (1990). *A theory of goal-setting and task performance*. Englewood Cliffs, NJ: Prentice Hall.

Maslach, C., & Leiter, M. P. (1997). *The truth about burnout: How organizations cause personal stress and what to do about it*. San Francisco, CA: Jossey-Bass.

Mohr, G., Rigotti, T., & Müller, A. (2007). *Irritations-Skala zur Erfassung arbeitsbezogener Beanspruchungsfolgen.* Göttingen: Hogrefe.

Moldaschl, M. (2010). Widersprüchliche Arbeitsanforderungen. Ein nichtlinearer Ansatz zur Analyse von Belastung und Bewältigung in der Arbeit. In G. Faller (Hrsg.), *Lehrbuch der Betrieblichen Gesundheitsförderung* (S. 82–94). Bern: Huber.

Rydstedt, L. W., Johansson, G., & Evans, G. W. (1998). A longitudinal study of workload, health and well-being among male and female urban bus drivers. *Journal of Occupational and Organizational Psychology, 71*, 35–45.

Rosa, H. (2005). *Beschleunigung: die Veränderung der Zeitstrukturen in der Moderne.* Frankfurt/M.: Suhrkamp.

Roxburgh, S. (2004). 'There just aren't enough hours in the day': The mental health consequences of time pressure. *Journal of Health and Social Behavior, 45*, 115–131.

Waldenström, K., Ahlberg, G., Bergman, P., Forsell, Y., Stoetzer, U., Waldenström, M., & Lundberg, I. (2008). Externally assessed psychosocial work characteristics and diagnoses of anxiety and depression. *Occupational and Environmental Medicine, 65*, 90–97.

Weigl, M., Hornung, S., Glaser, J., & Angerer, P. (2012). Reduction of hospital physicians' workflow interruptions: a controlled unit-based intervention study. *Journal of Healthcare Engineering (Special Issue on Patient Safety), 3*(4), 605–620.

Widmer, P. S., Semmer, N. K., Kälin, W., Jacobshagen, N., & Meier, L. L. (2012). The ambivalence of challenge stressors: Time pressure associated with both negative and positive well-being. *Journal of Vocational Behavior, 80*, 422–433.

Yerkes, R. M., & Dodson, J. D. (1908). The relation of strength of stimulus to rapidity of habit formation. *Journal of Comp Neurol Psychol, 18*, 459–482.

Zijlstra, F. R., Roe, R. A., Leonora, A. B., & Krediet, I. (1999). Temporal factors in mental work: Effects of interrupted activities. *Journal of Occupational and Organizational Psychology, 72*, 163–185.

# 7

# Stress in der Arbeit macht krank, oder?

## Inhalt

H. Gündel et al., *Arbeiten und gesund bleiben*, DOI 10.1007/978-3-642-55303-5_7,
© Springer-Verlag Berlin Heidelberg 2014

Stress in der Arbeit ist ein allgegenwärtiges Thema. Wir erzählen von unserem „stressigen Tag" und meinen damit vielleicht, dass es zu viel zu tun gab und zu wenig Zeit für Pausen. Hinter dieser Vorstellung von Stress steckt u. a. das Thema Zeitdruck (das in Kap. 6 „Immer schneller, höher, weiter – Zeit- und Leistungsdruck in der Arbeit" angesprochene Phänomen hoher Arbeitsgeschwindigkeit). „Voll der Stress" war möglicherweise die Vorbereitung einer Besprechung, in der wichtige Entscheidungen gefällt wurden; die Kombination einer schwierigen Aufgabe mit Zeitdruck machte dieses Ereignis möglicherweise zu „Stress". Oder uns fällt ein, gefragt nach einem besonderen Stresserlebnis, wie wir vor einer Gruppe kritischer Kollegen eine Präsentation halten mussten (eine Situation, die übrigens in abgewandelter Form für Laborversuche zur standardisierten Erzeugung von Stress im sogenannten Trierer Stresstest verwendet wird). Hier geht es schon mehr ins Soziale und Emotionale, indem die Position in der Gruppe (und damit das Selbstwertgefühl „Stehe ich hinterher vor allen blöd da – oder werde ich als der Könner anerkannt?") auf dem Spiel steht. Wenn das Ereignis überstanden ist, vielleicht auch noch mit Erfolg, sind wir müde und erschöpft, aber auch zufrieden, stolz, vielleicht sogar glücklich, dass wir es geschafft haben. Oder aber es gibt ein Gefühl, „dass dieser Stress nie aufhört", d. h., immer wieder neue Anforderungen und Aufgaben kommen. Macht solcher Stress krank?

---

Wie würden Sie gesundheitsgefährdenden Arbeitsstress beschreiben? Wie ihn von alltäglichem Arbeitsstress unterscheiden? Wann handelt es sich um eine Herausforderung, die wir brauchen, damit wir uns weiterentwickeln, dazulernen, uns nicht langweilen? Und wann ist die Grenze überschritten und es wird zu viel?

---

## 7.1 Erst einmal ganz unabhängig vom beruflichen Kontext – was ist Stress überhaupt?

Erlauben wir uns einen kleinen Exkurs: Der amerikanische Physiologe Walter Cannon untersuchte zu Beginn des 20. Jahrhunderts die Reaktion von Tieren in Bedrohungssituationen und prägte zur Beschreibung der Stressreaktion den noch heute verwendeten Begriff des *Fight-or-flight* (Kampf oder Flucht). Damit ist gemeint, dass sich Lebewesen in Gefahrensituationen durch rasche körperliche und psychische Anpassung auf eine adäquate Bewältigung der Bedrohung durch Kampf oder Flucht einstellen. Die unmittelbare Freisetzung von Hormonen, insbesondere Adrenalin und Noradrenalin, und die Aktivierung des sympathischen Teils des vegetativen Nervensystems bewirkt, dass sich, vermittelt durch eine Vielzahl von physiologischen Mechanismen,

Herzleistung, muskuläre Körperkraft und Reaktionsbereitschaft erhöhen und ein überlebenssicherndes Verhalten ermöglichen.

Der deutsche Arzt Hans Selye, auch ein Pionier der Stressforschung, dem die Benennung des Phänomens als „Stress" in den 1930er-Jahren zugeschrieben wird, fasste Stress beim Menschen auf als körperlichen Zustand unter Belastung, welcher durch Anspannung und Widerstand gegen äußere Stimuli (Stressoren) gekennzeichnet ist, eine unspezifische Reaktion des Körpers auf jegliche Anforderung. Dieses Konzept wird als generelles Adaptationssyndrom bezeichnet. Selye war der Auffassung, dass auf jede Anspannung eine Entspannungsphase folgen muss, um Ruhe und Erregung in Balance zu halten.

Nach diesen grundlegenden Arbeiten folgten Neuerungen des Konzeptes von Stress vor allem im letzten Viertel des 20. Jahrhunderts. Der Psychologe Richard Lazarus begründete das transaktionale Stressmodell. Nach dieser Modellvorstellung wird Stress aufgefasst als komplexer Wechselwirkungsprozess zwischen den Anforderungen der Situation und der handelnden Person. Als wichtige Neuerung wird betont, dass nicht die objektive Qualität der Reize oder Situationen für die Stressreaktion entscheidend ist, sondern deren subjektive Bewertung durch die betroffene Person. Zwischen Stressor und Stressreaktion vermittelt – transaktional – ein Bewertungsprozess. Im Rahmen dieser Bewertung kommt auch die mögliche Bewältigungsstrategie ins Spiel, das sogenannte *Coping*, das „problemorientiert" mehr auf die Lösung der Probleme ausgerichtet sein kann, „emotionsorientiert" auf den intrapsychischen emotionalen Ausgleich oder „bewertungsorientiert" auf die Bewertung des Problems als eine Herausforderung.

Der Psychologe Stevan Hobfoll entwickelte die Theorie der Ressourcenerhaltung. Dieses Konzept geht davon aus, dass Menschen zum Erhalt des psychischen und physischen Wohlbefindens die notwendigen Ressourcen benötigen, daher ihre eigenen Ressourcen schützen wollen und danach streben, neue aufzubauen. Ressourcenverluste wiegen schwerer als Ressourcengewinne, auch wenn Gewinne zukünftige Verluste ausgleichen können. Stress entsteht, wenn der Verlust von Ressourcen droht oder tatsächlich eintritt oder der angestrebte Zugewinn von Ressourcen nach einer Anstrengung, Ressourcen zu vermehren, ausbleibt. Ressourcen können Objekte (z. B. Besitztümer), persönliche Ressourcen (z. B. Selbstwirksamkeit), Bedingungsressourcen (z. B. Arbeitsplatzsicherheit) oder Energieressourcen (z. B. Wissen, Zeit) sein, die beim Erwerb weiterer Ressourcen helfen.

Diese kleine – natürlich lückenhafte Auswahl von Stresskonzepten – soll verdeutlichen: Stress ist ein sehr allgemeiner Begriff, der genauer definiert werden muss, um nützlich zu sein. Als kleinster gemeinsamer Nenner zwischen den verschiedenen Konzepten bleibt, dass ein Einfluss aus der Umwelt vom Individuum wahrgenommen, bewertet und durch eine Reaktion beantwortet werden muss. Weiter ist allen o. g. Stresskonzepten gemeinsam, dass Stress nicht etwas primär Nützliches oder Schädliches ist, sondern zunächst die Beschreibung einer Wechselwirkung zwischen dem äußeren Einfluss und der Reaktion. Gemeinsam ist auch die Vorstellung, dass Stress vor allem dann schädlich wird, wenn die Kräfte, die in einer Stresssituation aufgebracht werden müssen, nicht wieder regeneriert werden können, wenn also keine Erholung und keine Rückkehr zum Ruhezustand möglich ist.

## 7.2 Wie kommen wir zu einem Konzept, um gesundheitlich riskanten Arbeitsstress erkennen zu können?

Um Aussagen über die Wirkungen von Stress machen zu können, ist es zunächst erforderlich, sich auf eine Definition des Phänomens zu einigen, das weiter untersucht werden soll. Um der Leitfrage dieses Kapitels, ob Arbeitsstress krank macht, näherzukommen, müssen wir genau definieren, was wir unter Arbeitsstress verstehen, und tun das – in diesem Abschnitt, weiter unten – durch die Beschreibung der wichtigsten Arbeitsstressmodelle.

Wir werden uns andererseits auch überlegen müssen, auf welche Krankheiten als potenzielle Folgen von Arbeitsstress wir achten wollen; denn wir können Arbeitsstress auch sinnvoll als das definieren, was langfristig zu bestimmten Erkrankungen führt. Frei nach Harald Schmid (der sich als Schirmherr der Stiftung Deutsche Depressionshilfe darüber geäußert hat, was eine Depression ist): Es geht hier um den Unterschied zwischen total gestresst zu sein, wenn der neue SUV mit den falschen Fußmatten ausgeliefert wird, und einer ernst zu nehmenden Bedrohung der Gesundheit durch problematische Arbeitsbedingungen. Bei der Frage, was chronischer Stress gesundheitlich anrichten könnte, hilft uns ein Blick auf die psychologischen und biologischen Vorgänge in Stresssituationen.

## 7.3 Was sind die unmittelbaren biologischen und psychologischen Folgen von Stress?

Eine akute Stresssituation löst vor allem Reaktionen in zwei Steuerungssystemen des Organismus aus. Am schnellsten erfolgt eine Aktivierung der sympathischen Anteile des vegetativen Nervensystems (des „Sympathikus"), und über diese Aktivierung vermittelt die Abgabe der Hormone Adrenalin und Noradrenalin aus dem Nebennierenmark in den Blutkreislauf. Etwas langsa-

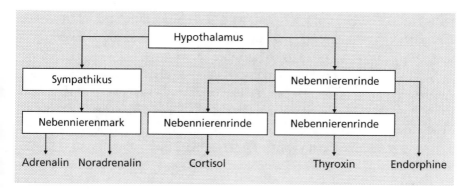

**Abb. 7.1**  Stressreaktionen

mer wird – vermittelt über den Botenstoff ACTH aus der Hirnanhangsdrüse, der Hypophyse – Cortisol aus der Nebennierenrinde abgegeben. Vor allem die sympathische und adrenerge Reaktion führt zu den typischen psychischen und physischen Stressreaktionen. Gesteuert werden die Reaktionen über das Gehirn, und zwar vor allem über das limbische System, ein menschheitsgeschichtlich alter Anteil des Gehirns. Signale an das Steuerzentrum des vegetativen Nervensystems im Gehirn, den Hypothalamus, der direkt verbunden ist mit der Hypophyse und den Sympathikus aktiviert, lösen dann schließlich die Reaktionen aus (s. Abb. 7.1).

Vermittelt durch Aktivität des Sympathikus erweitern sich die Pupillen, die Speicheldrüsen produzieren weniger Speichel, der dafür eine höhere Konzentration des Enzyms Alpha-Amylase aufweist, welches sinnvoll für die Bereitstellung von Zucker und somit für die Energieproduktion ist. Die Herzfrequenz steigt, während die Herzfrequenzvariabilität sinkt. Das bedeutet, das Herz gehorcht überwiegend dem Taktgeber Sympathikus, während der Vagus als Taktgeber zurückgedrängt wird, wodurch die Herzfrequenz weniger schwankt, also weniger variabel ist. Die Pumpkraft des Herzens nimmt zu. Die Atmung wird intensiviert, die Atemwege werden erweitert. Ein höheres Herz-Zeit-Volumen und ein höherer Blutdruck sorgen für eine verbesserte Durchblutung der Muskeln. In den Muskeln und in der Leber wird durch Abbau der Zuckerspeicher Zucker für die Energieversorgung freigesetzt. Durch Fettabbau wird weitere Energie zur Verfügung gestellt. Organsysteme, die für die Bewältigung der Aufgaben nicht gebraucht werden, wie Verdauungsorgane und Sexualorgane, werden in ihrer Funktion gehemmt.

Cortisol hat mehrere Funktionen: Es hemmt das Immunsystem und unterdrückt so Entzündungen, aktiviert den Glykogenabbau in den Muskeln und die Neubildung von Glukose in der Leber. Über einen Regelkreis hemmt es die Ausschüttung weiteren Cortisols durch Hemmung der Aktivität von Hypothalamus und Hypophyse. Weiter wird unter Stress durch Schilddrüsenhormone der Energie-Grundumsatz des Körpers erhöht und durch Endorphine das Schmerzempfinden kurzfristig gemindert.

Mit den psychologischen Wirkungen von Stress lassen sich Bücher füllen. Auf welche Weise Stress und beruflicher Stress im Besonderen zu Erkrankungen führen können, haben wir deshalb nur so weit beschrieben, wie es für das Verständnis möglicher Gegenmaßnahmen von Interesse ist. Mehr dazu findet sich in Kap. 10 „Was kann ich als Einzelner tun".

> **?**
>
> Können Sie sich an eine berufliche Situation erinnern, in der es Ihnen „nicht gut ging"? In der Ihr Wohlbefinden gestört war, Sie Beschwerden bekommen haben oder gar krank geworden sind. Was würden Sie im Rückblick als „das war wirklich Stress!" beschreiben? Welche Veränderungen haben Sie an sich wahrgenommen?

## 7.4 Wie lassen sich Frühzeichen gesundheitlicher Stressfolgen erkennen?

Wenn wir uns einer Definition von Stress über die potenziellen gesundheitlichen Folgen nähern, d. h. Arbeitsstress als etwas definieren, was uns krank machen kann, sollten wir zunächst auf folgende Beschwerden achten, die alle ziemlich unspezifisch sind, d. h. durch alle möglichen Einflüsse ausgelöst werden, aber eben auch Warnsignale sein können, wie eine Ölwarnlampe am Armaturenbrett. Wenn diese blinkt, sollten wir uns Gedanken über den Öldruck machen; wir können Öl nachgießen oder auch zum Schluss kommen, dass nur der Öldrucksensor nicht in Ordnung ist, und weiterfahren. Wenn wir die unten dargestellten Symptome an uns wahrnehmen, ist es sinnvoll darüber nachzudenken, ob unsere Lebenssituation, einschließlich der Arbeit, belastend wirkt – und ob gegebenenfalls gegengesteuert werden muss. Wir würden sagen: Eine erkennbare Stresssituation, wie weiter unten beschrieben, in Kombination mit solchen Beschwerden zeigt an, dass die Grenze einer gesundheitsschädlichen Wirkung überschritten wurde. Eine schlaflose Nacht macht uns nicht krank, aber mehrere Wochen, in denen wir nachts aufwachen und über Arbeitsprobleme nachdenken, weisen auf ein Ausmaß an Stress hin, das uns langfristig krank machen kann. Wir können die folgenden Reaktionen bzw. Beschwerden grob einteilen als eher körperliche, gedankliche, emotionale oder verhaltensmäßige.

Körperliche Beschwerden sind z. B. neu oder intensiver auftretende innere Unruhe und Angespanntsein, Muskelverspannungen, Kopf- und/oder Rückenschmerzen, Herzklopfen, Engegefühl in der Brust, Atembeschwerden,

Änderung von Appetit und Hungergefühl, Sodbrennen, Bauchschmerzen, Verdauungsstörungen, Störungen der Sexualität (Libido und Potenz) und als besonders häufiges Symptom Schlafstörungen, hier mehr Durch- als Einschlafstörungen.

Auffälligkeiten im Verhalten können sein: allmählicher sozialer Rückzug, weniger Energie für Freunde und Partner, ein allgemeines Erschöpfungsgefühl, zurückgefahrene Freizeitaktivitäten, schnell gereizte und ungeduldige Reaktionen, Änderung der Essgewohnheiten (entweder mehr oder weniger essen), des Nikotin-, Alkohol-, Tablettenkonsums, Verlust der Fähigkeit, sich zu entspannen, verminderte Zuverlässigkeit.

Gedankliche Frühzeichen von Stressreaktionen sind Gedanken wie „es ist alles zu viel", „es läuft nicht mehr so rund", Grübeln und Gedankenkreisen, gerade auch abends und nachts, Konzentrationsstörungen und vieles mehr.

Typische Gefühle in belastenden Situationen sind Stimmungsschwankungen bis hin zur Depression, ein zunehmendes Gefühl der Hilf- und Ratlosigkeit, Machtlosigkeit, Hoffnungslosigkeit („-losigkeit" ist eigentlich ein klassisches Depressionssyndrom), Traurigkeit und innere Leere, aber (oft mehr im Hintergrund, nicht immer bewusst) Ärger und Wut, nicht selten auch Schamgefühle.

## 7.5  Wie wird ein Arbeitsstressmodell entwickelt?

Kehren wir von der Beschreibung der schädlichen Wirkungen zurück zu den äußeren Einflüssen, die diese Wirkungen hervorrufen. Wir hatten festgestellt: Um Arbeitsstress untersuchen zu können, brauchen wir eine möglichst genaue Definition. Und diese basiert wiederum idealerweise auf einer theoretisch begründeten Vorstellung davon, was bei Menschen Stress bewirkt. Auf der Basis der Definition lassen sich dann auch Verfahren nennen, mit denen der Arbeitsstress gemessen werden kann. Das sogenannte Operationalisieren bezeichnet das Überführen eines Begriffs wie „Stress bei der Arbeit", unter dem jeder verstehen kann, was er möchte, in einen klar beschreibbaren Begriff, der einer „Messoperation" zugänglich ist. Die Messung von Arbeitsstress geschieht in erster Linie durch kurze Fragebögen, die die betroffenen Personen selbst ausfüllen. Sie beschreiben darin zum einen möglichst objektiv ihre Arbeitsbedingungen, zum anderen aber auch ihre persönliche Wahrnehmung dieser Arbeitsbedingungen.

Wir sind nun inmitten der Modellvorstellungen von Arbeitsstress. Von Modellen wird gesprochen, weil es sich nicht um einen belastenden Einfluss handelt, sondern, wie auch schon bei den allgemeinen Stresskonzepten, um bestimmte kritische Konstellationen von Belastungen. Auch in Kap. 6 „Immer schneller, höher, weiter – Zeit- und Leistungsdruck in der Arbeit" wird klar, dass weitere Merkmale der Person und der Situation mitbestimmen, ob ein Arbeitsmerkmal ein Stressfaktor oder eher eine Herausforderung ist.

---

? 

Kennen Sie Arbeitsaufgaben, die zunächst als eine spannende Herausforderung erschienen und sich hinterher als Stress herausgestellt haben?

---

Hinter jedem im Folgenden genannten Modell stecken theoretische Annahmen darüber, was Menschen bei der Arbeit gesund erhält und was sie krank macht. Eine dieser Annahmen, von der alle Modelle ausgehen, lautet, dass die Belastungen über längere Zeit, typischerweise Monate bis Jahre einwirken müssen, um zu Veränderungen zu führen, insbesondere zu Krankheiten. Insofern lassen sich die Wirkungen auch nur über einen längeren Zeitraum feststellen. Den Wert bekommt ein Arbeitsstressmodell dadurch, dass es Wirkungen voraussagen kann, indem es also zeigen kann, dass Stress einen definierbaren Effekt auf die betroffene Person hat. Die Bewährungsprobe müssen Arbeitsstressmodelle dann in prospektiven epidemiologischen Studien bestehen. Das sind beobachtende Untersuchungen an Menschen in ihren realen Lebenssituationen, bei denen zu Beginn z. B. der Arbeitsstress und der Gesundheitszustand gemessen werden. Anschließend wird über Monate und Jahre beobachtet, wie sich Arbeitsstress und Gesundheitszustand verändern und ob sich zwischen der Änderung von Stress und Gesundheit Zusammenhänge finden lassen.

Wir nennen hier die Arbeitsstressmodelle, deren Einfluss auf Erkrankungen am besten wissenschaftlich belegt ist. Depressive und kardiovaskuläre Erkrankungen sind aufgrund von oben diskutierten physiologischen und psychologischen Wirkungen von Stress am ehesten zu erwarten. Da Stress die Muskelanspannung erhöht, sind auch Beschwerden in Muskeln, Sehnen und Gelenken wahrscheinlich. Dabei fällt auf, dass bei Depression und koronarer Herzkrankheit (der Erkrankung der Herzkranzgefäße, die dann zum Herzinfarkt führen kann) ähnliche biologische Krankheitsmechanismen am Werke sind. Eine parallele Krankheitsentwicklung ist überzufällig häufig, Depressionen treten oft bei Menschen mit kardiovaskulären Erkrankungen auf und koronare Herzkrankheiten oft bei Menschen mit Depressionen. Betrachten wir nun, was unter gesundheitsgefährdendem Arbeitsstress zu verstehen ist und was wir über die Auswirkungen auf die Gesundheit wissen.

## 7.6 Welcher (Arbeits-)Stress macht krank?

Bedeutsame Modelle von Arbeitsstress in diesem Sinn sind das Anforderungs-Kontroll-Modell, das Modell beruflicher Gratifikationskrisen und das Modell der Organisationsgerechtigkeit (s. Abb. 7.2). Jedes dieser Modelle ist operationalisiert durch einen Fragenkatalog. Die Fragen sind in relativ abstrakter Weise gestellt, was den Vorteil hat, dass die Belastungswirklichkeit in unterschiedlichen Unternehmen und Berufen und sogar in verschiedenen Ländern und Kulturen erfasst werden kann. Die Befragten antworten aus ihrer individuellen, ganz konkreten Erfahrung heraus; um diese Erfahrungen explizit zu machen, ist es dann erforderlich, näher nachzufragen. Als Beispiel aus dem Gratifikationskrisen-Modell wird zur Anstrengung bei der Arbeit die Aussage angeboten: „Aufgrund des hohen Arbeitsaufkommens besteht häufig großer Zeitdruck", und als mögliche Antwort nimmt die befragte Person auf eine der folgenden Weisen Stellung: „Stimme gar nicht zu" oder „Stimme nicht zu" oder „Stimme zu" oder „Stimme voll zu".

Zunächst zu dem ältesten der drei hier genannten Modelle: Das Anforderungs-Kontroll-Modell oder im internationalen Sprachgebrauch *„Job Strain"* wurde von Robert Karasek zusammen mit Töres Theorell entwickelt. Es hat das berufliche Tätigkeitsprofil zum Gegenstand. Dabei ist als Stressor eine hohe Anforderungsdichte mit permanentem Zeitdruck definiert und als Ressourcen Kontrollmöglichkeiten wie Zeit- und Handlungsspielräume oder Lerngelegenheiten. Sind die Anforderungen hoch und die Kontrollmöglichkeiten gering entsteht Arbeitsstress. Diese Konstellation findet sich häufig bei Beschäftigten mit gering qualifizierter Industriearbeit, etwa Fließbandarbeit in hohem Tempo, oder auch bei einfachen, stark repetitiven Bürotätigkeiten. Soziale Unterstützung bei der Arbeit, so die später ergänzte Modellannahme, puffert Effekte von Arbeitsstress ab. Zur Messung des Modells liegt ein standardisiertes, psychometrisch getestetes Befragungsinstrument mit 14 Aussagen („*Items*") vor.

Das Modell beruflicher Gratifikationskrisen, oder im internationalen Sprachgebrauch *Effort-Reward-Imbalance*, wurde von dem Medizinsoziologen Johannes Siegrist entwickelt. Im Zentrum steht das im Arbeitsvertrag festgelegte Verhältnis von Leistung und Belohnung im Sinne einer Tauschgerechtigkeit. Wird kontinuierlich hohe Verausgabung nicht durch angemessene Belohnung ausbalanciert, kommt es zur Gratifikationskrise. Diese kann als dramatisches Lebensereignis auftreten, z. B. wenn eine lang erwartete Beförderung ausbleibt oder, häufiger, als wiederkehrende Enttäuschungen erwarteter Belohnungen z. B. in Form eines Mangels an Wahrnehmung und Anerkennung von Leistungen. Gratifikationen sind somit nicht nur als fi-

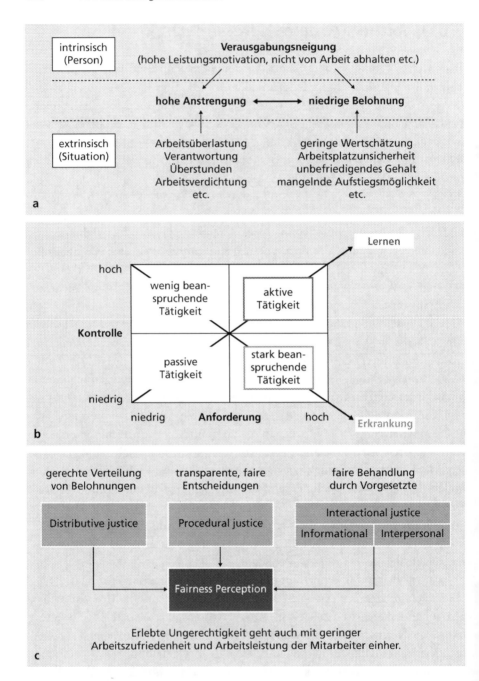

**Abb. 7.2**   Arbeitsstressmodelle

nanzielle Belohnung definiert, sondern schließen Fort- und Weiterbildung, Arbeitsplatzsicherheit und anerkennendes Feedback ein. Anhaltende Gratifikationskrisen entstehen häufig bei fehlender Arbeitsplatzalternative oder in hoch kompetitiven Berufen, in denen Vorleistungen in Erwartung späterer Karrierevorteile erbracht werden. Menschen, die zu Überengagement neigen, ein Verhaltensstil, der Teil des Modells ist, geraten verstärkt in eine Gratifikationskrise. Stresstheoretisch stehen enttäuschte Erwartungen sozialer Belohnungen im Zentrum. Es geht um die Verletzung der fundamentalen Norm sozialer Reziprozität. Das Modell wird anhand eines standardisierten, psychometrisch validierten Fragebogens in seiner Kurzform mit zehn Aussagen gemessen.

Im Konzept der Organisationsgerechtigkeit, das in der Arbeitsstressforschung jüngste Modell und verbunden mit den Namen Jerald Greenberg und Marko Elovaino, sind speziell die Aspekte prozedurale und Beziehungsgerechtigkeit neu. Auf den dritten Aspekt, die Verteilungsgerechtigkeit, geht auch das Modell beruflicher Gratifikationskrisen ein. Es geht im Kern um die Vermeidung von Willkür sowie um korrekte Umgangsformen zwischen Vorgesetzten und Mitarbeitern. Prozedurale Gerechtigkeit bedeutet die Einhaltung vereinbarter Regeln, die wichtige innerbetriebliche Entscheidungen betreffen (z. B. Beförderung), und die Partizipation bei ihrer Festlegung. Beziehungsgerechtigkeit meint Fairness und Respekt im Umgang miteinander. Fehlende Organisationsgerechtigkeit ist ein Stressor. Die so definierte Gerechtigkeit wird durch ein standardisiertes und validiertes Befragungsinstrument mit elf Aussagen erfasst.

Als Stressoren auch zu berücksichtigen sind extrem lange Arbeitszeiten und drohende Arbeitslosigkeit. Extrem lange Arbeitszeiten über einen langen Zeitraum sind psychisch und körperlich überfordernd, da sie basale Bedürfnisse nach Regeneration missachten. Darauf gehen wir näher in Kap. 9 „Wie viel Freizeit braucht der Mensch? – Arbeitspausen, Erholung und Urlaub" ein. Arbeitslosigkeit gefährdet die soziale Identität und geht mit einer ökonomischen Bedrohung einher, wie in Kap. 2 „Macht Arbeitslosigkeit krank?" dargelegt wird.

## 7.7 Welche Krankheiten verursacht Arbeitsstress?

Psychische Erkrankungen sind generell in der Bevölkerung häufig, insbesondere depressive und Angststörungen, die oft gemeinsam auftreten. Nach Schätzungen von Epidemiologen kommt es mindestens einmal im Leben bei etwa 29 % der Bevölkerung zu einer Angststörung und bei ca. 21 % zu einer affektiven Störung, meist Depression. Aufgrund der Ergebnisse großer

Wiederholungsstudien in der Allgemeinbevölkerung, z. B. dem Bundes-gesundheits-Survey, hat die Häufigkeit psychischer Störungen zwar nicht zugenommen. Gut belegt ist jedoch, dass sich der Anteil psychischer Diagnosen an Fehlzeiten und Frühberentungen im letzten Jahrzehnt stark erhöht hat. Das mag mit der gewachsenen Anerkennung von Beeinträchtigungen der psychischen Gesundheit, z. B. durch Depressionen, als behandlungsbedürftige Krankheiten einhergehen, möglicherweise mit den stärkeren Auswirkungen leistungsbeeinträchtigender psychischer Störungen in einer anspruchsvolleren Arbeitswelt, aber auch mit dem Angebot und der Akzeptanz effektiver Behandlungsmaßnahmen.

Der Einfluss psychosozialer Arbeitsbelastungen, entsprechend den o. g. Arbeitsstressmodellen, auf depressive Störungen wird durch eine robuste wissenschaftliche Befundlage belegt. Mittlerweile ist international eine große Zahl aufwendiger, aber sehr aussagekräftiger prospektiver Kohortenstudien durchgeführt worden, was wiederum die Möglichkeit schafft, die Ergebnisse in Metastudien zusammenzuführen. Als Beispiel seien die folgenden genannt:

> Ein metaanalytischer Review aus England prüft die Evidenz für das Anforderungs-Kontroll- und das Gratifikationskrisen-Modell einschließlich Arbeitsplatzunsicherheit als Prädiktoren von „common mental disorders", also depressiver, Angst- und somatoformer Störungen leichter bis mittlerer Ausprägung (Stansfeld 2006). Die Übersicht stützt sich dabei auf elf prospektive epidemiologische Studien. Alle untersuchten Arbeitsstressmodelle und teilweise ihre einzelnen Komponenten (Anforderung, Kontrolle in Form von Tätigkeitsspielraum und Entscheidungsbefugnis, soziale Unterstützung) erwiesen sich als prädiktiv mit den stärksten und dabei konsistenten Effekten für die kompletten Modelle Job Strain und Gratifikationskrise. Die Effekte waren bei Männern stärker und konsistenter als bei Frauen.
>
> Der Einfluss mangelnder Organisationsgerechtigkeit auf psychische Störungen ist zusammenfassend von Ndjaboué et al. (2012) untersucht worden. Die Arbeitsgruppe kommt anhand von elf prospektiven Studien zu dem Ergebnis, dass mangelnde prozedurale oder relationale Gerechtigkeit depressive Störungen vorhersagt. Studien, die gleichzeitig *Job Strain* oder Gratifikationskrise als Einflussgrößen einführten, konnten die unabhängige, zusätzliche Vorhersagekraft von Organisationsgerechtigkeit nachweisen. Die Ergebnisse des Reviews sprechen für die Komplementarität der drei Modelle; die Modelle decken offenbar unterschiedliche Aspekte von Arbeitsstress ab.

Zahlreiche Längsschnittstudien bestätigen somit, dass psychosozialer Arbeitsstress heute mit einem Depressionsrisiko in der Zukunft einhergeht. Der Zusammenhang zwischen Arbeitsstress und depressiven Symptomen ist weltweit zu finden, wenn man Daten aus Europa, den USA und Japan vergleicht

(Siegrist et al. 2012; Siegrist 2013), auch wenn die Zusammenhänge verschieden stark ausgeprägt sind. Bei konservativer Schätzung ist mit einer Risikoerhöhung von etwa 80 % bei exponierten gegenüber nichtexponierten Beschäftigten zu rechnen (Siegrist et al. 2012).

Arbeitsstress wurde lange als „Managerkrankheit" tituliert und somit vor allem Personen in Führungspositionen zugeschrieben. Das ist nicht haltbar: Ein niedriger sozioökonomischer Status verstärkt den Zusammenhang zwischen Arbeitsstress und psychischen Erkrankungen. Vielleicht hilft zur Erklärung auch ein Blick auf das o. g. allgemeine Stressmodell von Hobfoll, der die Ressourcen eines Menschen in den Mittelpunkt des Stressgeschehens stellt: Beschäftigte in Führungspositionen haben in der Regel erheblich mehr Ressourcen, was ihnen den Ressourcenzugewinn erleichtert und den Verlust besser kompensieren hilft. Aus soziologischer Sicht ist der sozioökonomische Status ohnehin eine entscheidende Determinante für Gesundheit und niedriger sozioökonomischer Status erhöht das Krankheitsrisiko.

Was wir hier betrachtet haben, sind zunächst statistische Zusammenhänge. Dafür, dass Arbeitsstress wirklich Ursache ist für das vermehrte Auftreten von psychischen Erkrankungen, insbesondere Depressionen, spricht auch die fundierte psychologisch-soziologische Begründung der Theorien, die später empirisch bestätigt wurden, vor allem aber die Konsistenz der Ergebnisse quer durch die Studien, in verschiedenen Berufen, Ländern und Kulturen, die nachgewiesene „Dosis-Wirkungsbeziehung" (stärkere Effekte bei längerer Exposition) sowie die experimentelle Evidenz zur Wirkung neurobiologischer Bindeglieder (Grippo et al. 2009 ). Der wahrscheinlichste biologische Mechanismus besteht in einer Überaktivierung der Stressachsen, der sympathoadrenergen und der Hypophysen-Nebennierenrinden-Achse. Auf diese biologische Wirkungskette zwischen Stress und Erkrankung gehen wir weiter unten nochmals ein.

---

? 

**Arbeitsstress, Belastungen im Privatleben, Persönlichkeit und Lebenserfahrungen – wie geht das alles zusammen?**

---

Was wissen wir noch über Arbeitsstress und psychische Erkrankungen? Wie oben schon angesprochen, wirken Stressmodelle synergistisch, sodass sich aus mehrfachen Einwirkungen, z. B. eine Gratifikationskrise in einem Betrieb mit organisationaler und prozeduraler Ungerechtigkeit, erheblich höhere Risiken ergeben können. Arbeits*un*abhängige Einflüsse spielen – wenn man das große Ganze betrachtet – in der Regel natürlich die größere Rolle bei der Entstehung psychischer Erkrankungen als arbeitsbedingte Einflüsse: Das können bio-psycho-soziologische Persönlichkeitsmerkmale sein, die eine Person empfindlicher machen gegen Arbeitsstress, biografische Faktoren, die zu psychischen Erkrankungen prädisponieren (z. B. Vernachlässigung oder Missbrauch in der Kindheit) oder außerberufliche Stresssituationen wie Tod einer nahestehenden Person, eine Trennung oder schwerwiegende Verpflichtungen, wie das Pflegen von Angehörigen. Aber: Auch wenn all diese Faktoren ein erheblich erhöhtes Erkrankungsrisiko mit sich bringen können, kommt Arbeitsstress immer noch dazu: Das heißt, nur das Ausgangsrisiko ist unterschiedlich, die Risikoerhöhung durch den Arbeitsstress bleibt vergleichbar. Im Beispiel: Wenn das jährliche Erkrankungsrisiko für eine Depression, leichte und schwere Formen zusammengenommen, in der berufstätigen Allgemeinbevölkerung bei 10 % liegt (laut Angaben aus dem Bundesgesundheits-Survey von 1998 sind es 10,9 %) und wir die Risikoerhöhung unter Arbeitsstress auf 80 % schätzen, dann erhöht sich arbeitsbedingt das Risiko auf 18 %. Das sind pro Jahr 8 von 100 Personen zusätzlich. Hätte eine vulnerable Gruppe – arbeitsunabhängig – bereits ein 20 %iges Erkrankungsrisiko, dann erhöhte sich diese Zahl auf 16 von 100 arbeitsbedingt betroffene Personen.

Wir haben die Intensität und die Synergie von Arbeitsstress verschiedener Konzepte erwähnt. Natürlich spielt auch die Dauer von Arbeitsstress eine Rolle:

> Hinweise dazu ergeben sich aus aktuellen Ergebnissen der renommierten Whitehall II-Studie. Diese prospektive Kohortenstudie begann 1985 in London und bezieht mehr als 10.000 Angestellte von britischen Behörden ein. Sie werden in regelmäßigen Abständen zu ihren Arbeitsbedingungen und ihrer Gesundheit befragt. Die Antworten der Teilnehmer lieferten und liefern zahlreiche Erkenntnisse über die hier interessierenden Zusammenhänge, konkret zur Frage der Dauer von *Job Strain* und schweren depressiven Erkrankungen (Stansfeld et al. 2012). *Job Strain* wurde im untersuchten Zehnjahreszeitraum dreimal erhoben. Wenn mindestens zu zwei von drei Messzeitpunkten erhöhte Arbeitsbelastungen vorlagen, hatten die betroffenen Beschäftigten, verglichen mit den Beschäftigten, die über den gesamten Untersuchungszeitraum keine erhöhten Belastungswerte aufwiesen, ein stark, d. h. um 119 % erhöhtes Risiko für eine schwere Depression während der beobachteten zehn Jahre. Die Beschäftigten, die *Job Strain* nur zu einem Messzeitpunkt angaben, hatten ein nur schwach, d. h. 56 % erhöhtes Risiko für diese Erkrankungen.

Änderungen im Arbeitsstress – ebenso wieder über einen längeren Zeitraum betrachtet – ziehen Veränderungen des Risikos für psychische Erkrankungen nach sich. Dazu gibt es zwar nur wenige Untersuchungen, aber diese zeigen den Zusammenhang in beide Richtungen auf: Nicht nur geht eine Verschlechterung der Bedingungen mit einem erhöhten, sondern auch die Verbesserung mit einem verringerten Risiko einher. Dies sind wiederum Ergebnisse aus beobachtenden, epidemiologischen Studien, in denen Ursache und Wirkung oft nicht sicher auseinander gehalten werden können. Am aussagekräftigsten sind experimentelle Untersuchungen, sogenannte randomisierte kontrollierte Studien, „RCTs", in denen idealerweise nur ein Faktor in einer Gruppe verändert wird und die andere Gruppe als Kontrollgruppe dient; beobachtete Effekte sind dann diesem Eingriff, also dieser Intervention zuzuschreiben:

> Eine kürzlich publizierte Studie von Bourbonnais et al. (2011) berichtet über positive Langzeiteffekte im Bereich der psychischen Gesundheit nach drei Jahren einer Intervention zur Veränderung von psychosozialem Arbeitsstress in Krankenhäusern. Im Fokus standen psychische Anforderungen und Tätigkeitsspielraum im Sinne des *Job Strain*-Modells, soziale Unterstützung und das Verhältnis von Anstrengung zu Belohnung. Ziel der Intervention war, Arbeitsstress abzubauen und damit Störungen der psychischen Gesundheit der Beschäftigten zu verringern. Untersucht wurde der Effekt der Intervention mithilfe einer kontrollierten Studie, in der eine Gruppe von Beschäftigten, die Interventionsgruppe, in einem Krankenhaus die Intervention angeboten bekam, eine andere, die Kontrollgruppe in einem anderen Krankenhaus, nicht – und beide über mehrere Jahre hinweg. Die Intervention setzte auf das Prinzip der „deutschen Gesundheitszirkel": In einem Interventionsteam wurden Analysen der Arbeitsbedingungen und Vorschläge zu ihrer Verbesserung erarbeitet. Das Team traf sich achtmal für je drei Stunden während vier Monaten. Die Mitglieder des Teams, Personen in Vertrauens- und Entscheidungsfunktionen, wirkten dann auch auf die Umsetzung der Vorschläge hin. Drei Jahre nach der Intervention hatten sich alle bis auf einen Arbeitsstress-Faktor reduzieren lassen. Gleiches galt für die Indikatoren der psychischen Gesundheit bei den Beschäftigten des Interventionskrankhauses. Insbesondere das Risiko für Burnout nahm ab. Dagegen verbesserten sich im Kontrollkrankenhaus nur drei Arbeitsstress-Faktoren, während sich zwei verschlechterten, ebenso alle Gesundheitsindikatoren der Beschäftigten. Die Ergebnisse, Verbesserung von Arbeitsbedingungen und psychischer Gesundheit, ließen sich statistisch sichern als Resultat der Intervention. Dies spricht für die Wirksamkeit der Intervention so wie intendiert – und für die Richtigkeit der Annahmen über die Arbeitsstressmodelle.

---

? 

Wie ist ihre Einschätzung: Könnte eine Intervention zum Arbeitsstress auch in Ihrem Betrieb in Betracht gezogen werden? Wie aufgeschlossen wäre die Betriebsleitung hierfür?

---

Im Hinblick auf die Effekte von Arbeitslosigkeit auf die Gesundheit, stellt sich hier die Frage, ob denn Arbeit, wie belastend auch immer, psychisch in jedem Fall gesünder als Arbeitslosigkeit ist. Wir kennen dazu nur wenige Untersuchungen; diese aber deuten darauf hin, dass sich die Effekte von Arbeitslosigkeit und Arbeit unter ausgeprägtem Arbeitsstress durchaus gleichkommen.

Kardiovaskuläre Erkrankungen, zu Deutsch Herz-Kreislauf-Erkrankungen, also Erkrankungen des Herzens und der Blutgefäße, stehen weltweit und insbesondere in den westlichen Ländern an der Spitze der Todesursachen. Dabei sind Erkrankungen der Herzkranzgefäße, in der Medizin als „koronare Herzkrankheit" bezeichnet, die wohl wichtigsten Vertreter. Sie machen sich durch Brustenge bei Belastung oder belastungsunabhängig, spontan und relativ plötzlich, ausgelöst durch eine akute Störung im Blutfluss der Herzkranzgefäße als sogenanntes „akutes koronares Syndrom", typischerweise mit Brustschmerzen, Übelkeit, Atemnot u. a. bemerkbar. Herzinfarkt und plötzlicher Herztod sind die gravierendsten Ausprägungen eines akuten koronaren Syndroms. Die Erkrankungswahrscheinlichkeit steigt mit dem Lebensalter stark an und liegt im berufsfähigen Alter bei Männern wesentlich höher als bei Frauen.

Als mögliche (Teil-)Ursache haben die psychosozialen Arbeitsbelastungen wesentlich später Eingang in die Forschung gefunden als die Risikofaktoren Blutfette, Rauchen, Bluthochdruck, Diabetes und Bewegungsmangel oder das metabolische Syndrom, eine typische Kombination von Risikofaktoren. Auch wenn im berufstätigen Alter Herzinfarkte sicher seltener als Depressionen vorkommen, spielen sie für die berufliche Leistungsfähigkeit doch eine wichtige Rolle: Man schätzt, dass nach einem Herzinfarkt nur 65 % der Rehabilitanden der Wiedereinstieg in eine Berufstätigkeit in Vollzeit gelingt.

Zur Bedeutung von Arbeitsstress für das Entstehen von akuten Koronarsyndromen liegen mittlerweile so viele methodisch hochwertige, große Einzelstudien vor, dass die Basis für systematische Reviews (strukturierte Zusammenfassung nach festen Kriterien) und für Meta-Analysen (Neuberechnung der gesammelten Ergebnisse) möglich sind. So kann der Einfluss chronischer psychosozialer Arbeitsbelastungen auf das Entstehen dieser kardiovaskulären Erkrankungen als solide gesichert gelten. Stress spielt in allen Phasen der jahrelangen Krankheitsentwicklung, die dann z. B. im Herzinfarkt gipfelt, eine Rolle. Chronischer Arbeitsstress sagt in prospektiven Kohortenstudien, ähnlich wie für Depressionen gezeigt, bei gesunden Personen das spätere erstmalige Auftreten einer koronaren Herzerkrankung voraus. Dabei wird das Risiko durch alle drei hier genannten Stressmodelle in vergleichbarer Weise um ca. 40–50 % erhöht. Für Personen, die bereits eine erste Manifestation einer koronaren Herzkrankheit hatten, bedeutet Arbeitsstress ein erhöhtes Risiko für einen weiteren Herzinfarkt. Hier ein genauerer Blick auf die Daten:

Sehr aktuell ist ein systematischer Review von Backé et al. (2012), der 26 Publikationen zu prospektiven Kohortenstudien auswertet, in denen der Zusammenhang von Arbeitsstress zu Beginn der Studie und dem Neuauftreten von akuten koronaren Syndromen (Herzinfarkt etc.), Schlaganfall oder Bluthochdruck im weiteren Verlauf untersucht wurde. In 13 von 20 Kohorten ließ sich belegen, dass Arbeitsstress das Risiko für die untersuchten Erkrankungen erhöht. Differenziert nach Arbeitsstressmodellen erwies sich in sieben von 13 Kohorten mindestens eine Komponente von *Job Strain* als prädiktiv, in drei von drei Kohorten die Gratifikationskrise und in drei von sechs Kohorten eine andere Operationalisierung von Arbeitsstress. Eine dieser anderen Operationalisierungen setzt Anforderungen/Verausgabung zu finanziellen Belohnungen in Relation und ist damit dem Gratifikationskrisen-Modell sehr nahe. Die meisten signifikanten Zusammenhänge zwischen Arbeitsstress und kardiovaskulärer Morbidität bzw. Mortalität finden sich bei Männern, am stärksten bei jenen unter 55 Jahren. Für Frauen zeigt sich kein klares Ergebnis. Das mag vor allem damit zusammenhängen, dass diese Erkrankungen sich bei Frauen meist später entwickeln als bei Männern. In Übereinstimmung mit ähnlichen früheren Arbeiten schätzen die Autoren Arbeitsstress als wichtigen Risikofaktor für die Entstehung kardiovaskulärer Erkrankungen ein.

Diese Einschätzung ist sicher berechtigt. Die gängigen wissenschaftlichen Kriterien, die gefordert werden, um einen beobachteten Zusammenhang als Ursache (Arbeitsstress) und Wirkung (Erkrankung) aufzufassen, sind erfüllt: Die Ergebnisse sind in zahlreichen prospektiven internationalen Kohortenstudien repliziert worden und passen zueinander. Es gibt Hinweise auf eine stärkere Wirkung bei längerer Dauer, eine sogenannte Dosis-Wirkung-Beziehung. Und es gibt zahlreiche Befunde, auf welchen biologischen, psychologischen und verhaltensmäßigen Mechanismen dieser Zusammenhang beruht. Darüber gleich mehr.

Vorab aber noch eine methodisch besondere Arbeit, die den konservativsten, vorsichtigsten Ansatz wählt:

Einer kollaborativen Metaanalyse zu Arbeitsstress als Risikofaktor der koronaren Herzkrankheit ist es gelungen, die originalen Messdaten, nicht nur die Ergebnisse, von großen Kohortenstudien zu dem Thema zu vereinen und gemeinsam neu auszuwerten (Kivimäki et al. 2012). Arbeitsstress kann in dieser Studie allerdings nur als *Job Strain* untersucht werden, der Belastungskomponente des Anforderungs-Kontroll-Modells. Was die Studie, abgesehen von ihrer Größe mit 1,5 Millionen beobachteten Personen-Jahren bei rund 200.000 Personen über im Schnitt knapp 7,5-jähriger Untersuchungszeit, besonders macht, ist, dass sie auch nichtpublizierte Daten berücksichtigt. Studien mit negativen Ergebnissen, die also nicht das erwartete Ergebnis zeigen, werden nämlich häufig infrage gestellt, lösen wenig Echo aus und werden letztendlich seltener publiziert als Studien mit positiven Ergebnissen.

So wundert es nicht, dass Kivimäki und Kollegen in ihrer Metaanalyse einen schwächeren Zusammenhang zwischen Arbeitsstress und kardiovaskulären Erkrankungen finden: Betrachteten sie nur Daten aus publizierten Studien, stieg das Risiko der Personen unter Arbeitsstress um 43 % gegenüber ihren nicht-gestressten Kollegen, so wie oben aus anderen Reviews geschlossen worden war. Wurden nur die Daten der zuvor nichtpublizierten Studien betrachtet, stieg das Risiko um 16 %, alle Daten zusammengenommen um 23 %. Diese Risikoerhöhungen sind alle statistisch abgesichert, d. h. mit großer Wahrscheinlichkeit keine Zufallsbefunde. Unter dem Strich bedeutet dies, selbst bei maximal vorsichtiger Herangehensweise lässt sich allenfalls über die Stärke von Arbeitsstress als Ursache von Herzinfarkt diskutieren, an der Tatsache, dass chronischer Arbeitsstress ein Risikofaktor für Herzinfarkt ist, führt aber kein Weg mehr vorbei.

## 7.8 Auf welche Weise führt Arbeitsstress zu Herzinfarkt?

Wie kommt der Einfluss von Arbeitsstress auf die koronare Herzkrankheit zustande? Eine naheliegende und empirisch bestätigte Annahme besagt, dass Arbeitsstress ungesundes Verhalten fördert, dass gestresste Personen mehr rauchen, körperlich-sportlich weniger aktiv sind und stärker zu exzessivem Alkoholkonsum neigen. Arbeitsstress scheint aber auch direkt über hormonelle Prozesse die Entwicklung von Hypertonie und metabolischem Syndrom zu fördern. Letzteres beinhaltet nach allgemeinem Verständnis einen gestörten Stoffwechsel von Blutfetten und Blutzucker sowie einen erhöhten Blutdruck und vergrößerten Bauchumfang.

Weniger offensichtlich als schädliches Verhalten, aber sehr wirksam, lösen chronische psychosoziale Arbeitsbelastungen zentralnervös vermittelte Stressreaktionen aus. Dauerhafter Stress bewirkt dann nicht nur die eingangs beschriebenen Stressreaktionen, die sich in einer Erhöhung von Cortisol, Adrenalin und einer vermehrten Aktivierung des sympathischen Nervensystems äußern, sondern auch eine Veränderung der Regelkreise, die auf ein höheres Niveau eingestellt werden. Die über Hypothalamus und Hypophyse ausgelöste erhöhte Cortisol-Freisetzung wird dann nicht mehr vollständig abgesenkt und es kann zu einer dauerhaft erhöhten Aktivierung des sympathischen Teils des autonomen, vegetativen Nervensystems kommen, bei gleichzeitiger Schwächung der parasympathischen Gegensteuerung. Diese Veränderungen wiederum wirken sich auf andere zentralnervöse („psychische") und biologische „körperliche" Regelkreise aus. Außer den Klassikern „Cortisol" und „Adrenalin" und den komplexen Regelkreisen, denen sie unterworfen sind, gibt es mindestens zwei weitere Mechanismen, wie durch

Arbeitsstress das Risiko für Herzinfarkte beeinflusst werden kann: Der eine ist die systemische Entzündung, der andere die Blutgerinnung. Psychosozialer Stress (nicht nur Arbeitsstress) führt zu erhöhten Werten bestimmter Entzündungsmediatoren. Genannt sei hier z. B. „CRP" (das oft bei Routineuntersuchungen vom Arzt im Labor angefordert wird) oder die „Interleukine". Diese Werte sind dann relativ, innerhalb eines breiten Normbereichs erhöht, und diese „hochnormalen" Entzündungswerte zeigen mindestens ein erhöhtes Herzinfarktrisiko an, wenn sie es nicht sogar kausal vermitteln. Stress bewirkt auch eine Verstärkung der Gerinnungsaktivität, insbesondere der Blutplättchen, was evolutionär sinnvoll gewesen sein kann. Weder bei Kampf noch Flucht sind stark blutende Wunden hilfreich. In den atherosklerotischen Herzkrankgefäßen können durch die veränderten Gefäßwände Gerinnungsfaktoren aktiviert werden, die dann lokal einen Thrombus (ein Blutgerinnsel) bewirken und das Herzkranzgefäß verschließen. Auf diesem Wege entsteht ein akutes Koronarsyndrom. Bleibt der Verschluss länger bestehen, resultiert in der Regel ein Herzinfarkt. Durch Stress verstärkte Gerinnungsneigung macht einen solchen Vorgang wahrscheinlicher.

## 7.9 Erkrankungen des Bewegungsapparats

Erkrankungen von Muskeln, Sehnen und Bändern, Knochen, Gelenken und Knorpeln, Bandscheiben und Nerven werden unter dem Begriff Erkrankungen des Bewegungsapparats oder als muskuloskelettale Erkrankungen (MSE) subsumiert. Diese Erkrankungen sind auch bei Berufstätigen häufig. Große Bevölkerungsstudien haben allein für krankheitswertige Rückenschmerzen ermittelt, dass 60–80 % der Bevölkerung mindestens einmal im Leben davon betroffen sind. Muskuloskelettale Erkrankungen sind insgesamt die häufigste Ursache von Arbeitsunfähigkeit und häufigster Anlass einer medizinischen Rehabilitation. Die Komorbidität mit affektiven und Angststörungen ist hoch (gut 30 %).

---

? 

Wie häufig klagen Ihre Kollegen über Rückenschmerzen? Glauben Sie, dass sie stärker unter Stress stehen als andere?

---

Der Einfluss von psychosozialem Arbeitsstress muss im Zusammenhang mit einer anderen offensichtlichen Ursache, der direkten körperlich-biomechanischen Einwirkung der Arbeit, betrachtet werden. Faktoren wie schweres Heben und Tragen, Arbeiten in ungünstigen Körperpositionen oder auch langes Sitzen können muskuloskelettale Beschwerden auslösen.

Die beobachteten Zusammenhänge zwischen biomechanischen und psychosozialen Belastungen bei der Arbeit und dem späteren Auftreten von muskuloskelettalen Beschwerden und Erkrankungen sind weniger stark als für Depressionen und Herzinfarkte, aber insbesondere für Rückenschmerzen überzeugend untersucht worden und insgesamt plausibel. Konsistent sind die Ergebnisse insofern, als in den meisten Längsschnittstudien signifikante, wenn auch schwache Effekte von Arbeitsstress auf muskuloskelettale Beschwerden insgesamt oder für bestimmte Körperregionen wie den unteren Rücken gefunden wurden. Das spricht dafür, dass psychosoziale Arbeitsbelastungen eine der relevanten Faktoren für das Entstehen von muskuloskelettalen Beschwerden und Erkrankungen sind. Auch biologische Plausibilität ist gegeben: Erklärungen für die Zusammenhänge sind z. B. die muskuläre Anspannung unter Arbeitsstress, Änderungen im Verhalten unter Stress wie verminderte sportliche Aktivität oder auch verstärkte Schmerzwahrnehmung vor dem Hintergrund einer psychischen Belastung.

## 7.10 Verursacht Arbeitsstress auch andere Erkrankungen?

Es liegt in der Natur dieser komplexen Zusammenhänge, dass ihre Erforschung äußerst aufwendig – und somit auch langwierig ist. Wir haben in diesem Kapitel versucht, nicht nur einfach den aktuellen Kenntnisstand zusammenzufassen, sondern Verständnis zu wecken für den Vorgang der Erforschung und die erforderlichen wissenschaftlichen „Werkzeuge". Viele Erkrankungen werden mit Stress im Allgemeinen und Arbeitsstress im Besonderen in Zusammenhang gebracht. Zu vielen dieser Zusammenhänge existieren auch einzelne Studien, die aber für sich allein genommen nicht aussagekräftig genug sind oder widersprüchliche Ergebnisse produziert haben. Daher halten wir uns hier mit Aussagen vornehm zurück und schließen, dass wir nicht genügend darüber wissen, um ein Urteil abzugeben. Das gilt für die wissenschaftlich aktuell diskutierten Fragen, ob Arbeitsstress auch Tinnitus, Demenz, Störungen des Immunsystems, Alkoholmissbrauch oder Krebserkrankungen hervorrufen kann.

Immerhin gibt es eine – wenn auch noch relativ schwache – Evidenz für Zusammenhänge zwischen psychosozialen Arbeitsbelastungen, Fruchtbarkeit der Frau und ungünstigen Verläufen von Schwangerschaften (Angerer et al. 2014). Und ein heißes Thema ist die lange psychosomatisch angenommene – dann lange in Vergessenheit geratene – These, dass (Arbeits-)Stress Asthma provozieren kann (Loerbroks et al. 2010). Aktive Forschung lässt hier in den nächsten Jahren neue Erkenntnisse erwarten.

───── **?** ──────────────────────────────────────────

An dieser Stelle sind wir im Grunde alle gefordert darüber nachzudenken, was aus diesen Erkenntnissen für das praktische Handeln des Einzelnen, der betrieblichen Organisation, Wirtschaft, Sozialpolitik etc. folgen soll. Wir geben die Frage zurück an Sie: Wenn Sie König von Deutschland wären – wie würden Sie in die Arbeitswelt eingreifen wollen?

────────────────────────────────────────────────────

## 7.11 Wissen wir genug über beruflichen Stress, um zu handeln?

Die Wissenschaftler antworten hier mit einem entschiedenen Jein. In Kap. 10 „Was kann ich als Einzelner tun?" und Kap. 11 „Arbeiten und gesund bleiben – was kann der Betrieb tun?" versuchen wir, uns etwas differenzierter zu äußern. Hier nur ein paar Thesen: Mit Hinblick auf uns selbst, auf unsere weiblichen und männlichen Kollegen, Mitarbeiter, Freunde, Angehörige, gegebenenfalls Patienten sollten wir im Kopf behalten, dass Arbeitsstress im o. g. Sinne häufig ist; je nach Stressmodell sind 20–30 % der Beschäftigten betroffen (Karasek et al. 1998; Elovaino et al. 2002, Siegrist et al. 2004). Das heißt, es lohnt sich hinzuschauen, prophylaktisch oder anlassbezogen, ob die Arbeitsbedingungen in Ordnung sind und wenn nicht, genauer hinzusehen, wo es Handlungsmöglichkeiten gibt. Da wir Organisationen selten kurzfristig ändern können, bleibt zunächst der individuelle Ansatz; aus diesem können sich durchaus Stimuli für Veränderungen im Betrieb ergeben, z. B. wenn in Konkurrenz um gute Mitarbeiter auch mit günstigen Arbeitsbedingungen geworben wird.

Für Betriebe bedeutet eine Risikoerhöhung durch Arbeitsstress von grob geschätzt 80 % bei Depression und 40 % bei Herzinfarkt, dass sich präventives Handeln nicht nur aus der Verantwortung heraus gebietet, sondern auch wirtschaftlich rechnet. Krankheitstage, Leistungsminderung, besonders bei chronischen Erkrankungen, Personalbeschaffungskosten durch Fluktuation oder Frühberentungen kosten viel Geld. Die psychosozialen Arbeitsbelastungen zuzurechnende Krankheitslast ist – im Prinzip, wenn auch nicht vollständig – vermeidbar. Schon aus den genannten Arbeitsstressmodellen und den differenzierteren Analysen, die die Arbeitspsychologie leisten kann, lassen sich sehr konkrete Hinweise auf eine gesundheitsförderliche Gestaltung von Arbeits- und Beschäftigungsbedingungen herleiten. Ein erster Schritt ist die Diagnostik: In der gesetzlich vorgeschriebenen psychischen Gefährdungsbeurteilung sollten die abstrakteren Stressmodelle und die konkreteren Einzelfaktoren, die schließlich zu dem Fazit „*Job Strain*", „Gratifikationskrise" oder „Ungerechtigkeit" beitragen, berücksichtigt werden und gegebenenfalls zu Konsequenzen führen.

Heiß diskutiert wird derzeit die Grenzwertproblematik. Man könnte beispielsweise Anstrengung und Belohnung über den Gratifikationskrisenfragebogen bestimmen und, wenn der Quotient Anstrengung/Belohnung über 1 liegt, d. h. die Anstrengung nicht durch Belohnung ausgeglichen wird, hier „Stress" diagnostizieren. Schon aus der Beschreibung wird wohl ersichtlich, dass ein solches Vorgehen der Komplexität des Arbeitslebens nicht gerecht wird. Starre Grenzwerte für einzelne Messverfahren, insbesondere wenn sie gesetzlich verankert sind, finden wir daher aus mehreren Gründen problematisch. Stress stellt ein Kontinuum dar und es ist schwer zu definieren, ab wann das Risiko – und für wen – intolerabel ist. Eher handelt es sich bei den Stressmodellen und den Fragebögen mit denen sie gemessen werden können um Werkzeuge der Prophylaxe und Früherkennung, die zeigen können, wo Verbesserung angebracht ist. Vielleicht verständlich in Analogie zur Diagnostik des Arztes, der bei erhöhter Körpertemperatur auch gut daran tut, sehr genau nach der Ursache zu forschen, dann mögliche Therapien auszuwählen und diese mit den Patienten eingehend zu besprechen, bevor er seinen Rezeptblock zückt, erfordert die Interpretation der Feststellung „hier gibt es Arbeitsstress" ein schrittweises, gut überlegtes und abgestimmtes Vorgehen. An vorderster Front sehen wir hier in der Unterstützung der Betriebsverantwortlichen die Betriebsärzte und Fachkräfte für Arbeitssicherheit. Vielleicht könnte man sie mit Hausärzten vergleichen, die sich nicht nur mit Psyche, sondern auch mit Lärm, Gefahrstoffen, Ergonomie und vielem mehr auskennen müssen. Sie können vor Ort Prozesse steuern, müssen sich aber auf die Expertise von Arbeitspsychologen stützen, die der Rolle von Fachärzten entsprechen und spätestens dann auf den Plan gerufen werden sollten, wenn eine eingehende Diagnostik und eine Therapie erforderlich ist.

Und die Rolle der Politik? Solche Prozesse zu unterstützen, aber auch einzufordern, ist Sache der Wirtschafts- und Sozialpolitik.

**Fazit**

Belastende Arbeitsbedingungen, die in definierten Mustern auf eine Person einwirken, können wie andere belastende Lebensumstände auch als Stress psychologische und biologische Reaktionen auslösen. Hält solcher Arbeitsstress über längere Zeit an, steigt das Risiko für schwere Krankheiten. Solche psychologisch gut begründeten Muster von Arbeitsbedingungen werden als Arbeitsstressmodelle bezeichnet. Die am besten untersuchten Modelle sind das Anforderungs-Kontroll-Modell, das Gratifikationskrisen-Modell und das Modell der Organisationsgerechtigkeit. In einer Vielzahl methodisch hochwertiger Untersuchungen der letzten Jahrzehnte konnte unstrittig belegt werden, dass alle drei Modelle das Auftreten von Depressionen, Herzinfarkten und, mit geringerer Sicherheit, Schmerzerkrankungen im

Bewegungsapparat voraussagen. Viele Befunde sprechen dafür, dass Arbeitsstress diese Erkrankungen tatsächlich verursacht. Auch wenn der Bedarf für Individuen und Organisationen klar erkennbar ist, Arbeit besser zu gestalten, ist das „Wie" richtigen Handelns weit weniger erforscht. Darauf gehen Kap. 10 „Was kann ich als Einzelner tun" und Kap. 11 „Arbeiten und gesund bleiben – was kann der Betrieb tun?" näher ein.

# Literatur

Angerer, P., Siegrist, K., & Gündel (2014). Psychosoziale Arbeitsbelastungen und Erkrankungsrisiken. In K. Seiler, & P.-J. Jansing (Hrsg.), *Erkrankungsrisiken durch psychische Belastung bei der Arbeit*. Düsseldorf: Landesinstitut für Arbeitsgestaltung des Landes NRW.

Backé, E., Seidler, A., Latza, U., Rossnagel, K., & Schumann, B. (2012). The role of psychosocial stress at work for the development of cardiovascular diseases: a systematic review. *Int Arch Occup Environ Health*, *85*(1), 67–79.

Bourbonnais, R., Brisson, C., & Vézina, M. (2011). Long-term effects of an intervention on psychosocial work factors among healthcare professionals in a hospital setting. *Occupational and Environmental Medicine*, *68*(7), 479–486.

Elovainio, M., Kivimäki, M., & Vahtera, J. (2002). Organizational justice: Evidence of a new psychosocial predictor of health. *Am J Public Health*, *92*, 105–108.

Grippo, A. J., & Johnson, A. K. (2009). depression, and cardiovascular dysregulation: A review of neurobiological mechanisms and the integration of research from preclinical disease models. *Stress*, *12*, 1–21.

Karasek, R. A., Brisson, C., Kawakami, N., et al. (1998). The Job Content Questionnaire (JCQ): An instrument for internationally comparative assessments of psychosocial job characteristics. *J Occup Health Psychol*, *3*, 322–355.

Kivimäki, M., Nyberg, S. T., Batty, G. D., et al. (2012). Job strain as a risk factor for coronary heart disease: a collaborative meta-analysis of individual participant data. *Lancet*, *27*(380), 9852–9857.

Loerbroks, A., Gadinger, M. C., Bosch, J. A., Stürmer, T., & Amelang, M. (2010). Work-related stress, inability to relax after work and risk of adult asthma: a population-based cohort study. *Allergy*, *65*, 1298–1305.

Ndjaboué, R., Brisson, C., & Vézina, M. (2012). Organisational justice and mental health: a systematic review of prospective studies. *Occup Environ Med*, *69*(10), 694–700.

Siegrist, J., Starke, D., Chandola, T., et al. (2004). The measurement of effort-reward imbalance at work: European comparisons. *Soc Sci Med*, *58*, 1483–1499.

Siegrist, J., Lunau, T., Wahrendorf, M., & Dragano, N. (2012). Depressive symptoms and psychosocial stress at work among older employees in three continents. Globalization and. *Health, 8*, 27.

Siegrist, J. (2013). Berufliche Gratifikationskrisen und depressive Störungen. *Nervenarzt, 84*, 33–37.

Stansfeld, S., & Candy, B. (2006). Psychosocial work environment and mental health – a meta-analytic review. *Scand J Work Environ Health, 32*, 443–462.

Stansfeld, S., Shipley, M., Head, J., & Fuhrer, R. (2012). Repeated job strain and the risk of depression: longitudinal analyses from the Whitehall II study. *Am J Public Health, 102*(12), 2360–2366.

# 8

# Burnout – etwas mehr Klarheit im Begriffsdschungel

## Inhalt

H. Gündel et al., *Arbeiten und gesund bleiben*, DOI 10.1007/978-3-642-55303-5_8,
© Springer-Verlag Berlin Heidelberg 2014

## 8.1    Noch jemand ohne Burnout?

Seelische Erkrankungen werden auch in Deutschland wichtiger. Zwar sind die Arbeitsunfähigkeitszahlen hierzulande insgesamt eher rückläufig, die Fehlzeiten aufgrund seelischer Erkrankungen sind in den letzten Jahren aber stark angestiegen (Grobe und Dörning 2011). Psychische Erkrankungen sind z. B. für ca. 40 % der Frühberentungen verantwortlich. Im Stressreport 2012, einer repräsentativen Befragung von deutschen Erwerbstätigen (ausführlicher in Kap. 6 zu Zeit- und Leistungsdruck), berichtet ein erheblicher Teil der Befragten über eine zunehmende Verdichtung der Arbeit und über Restrukturierungen (ca. 40 % der Befragten), die u. a. mit Veränderungen der Arbeitsbedingungen, Verlust von gewohnten Kollegen und Wechsel von Vorgesetzten einher gehen (Lohmann-Haislah 2012).

Menschen mit unterschiedlicher genetischer Ausstattung, mit verschiedenen Persönlichkeitsmerkmalen, Kompetenzen und Erfahrungen und in unterschiedlichen Lebenssituationen reagieren auch unterschiedlich auf Belastungen. Bedingungen im privaten Umfeld, aber auch individuelle Fähigkeiten und Möglichkeiten zur Bewältigung beruflicher Belastungen bestimmen mit, wie sich Arbeitsbedingungen letztlich auf den Menschen auswirken. In diesem Spannungsfeld zwischen individuellen Merkmalen der Person und Faktoren des beruflichen und privaten Umfelds ist der in den Medien und von Betroffenen umgangssprachlich häufig genannte Begriff „Burnout" ein Versuch, die sehr unterschiedlichen Einflüsse für die Entstehung einer (zumindest subjektiv) arbeitsbezogenen seelischen und/oder psychosomatischen Erkrankung in ein gemeinsames Konzept zu bringen. Die umgangssprachlich sehr weite Definition des Begriffes Burnout wird auch daran deutlich, dass neuerdings sogar von einem „*Personal Burnout*" gesprochen wird als einem Erschöpfungszustand, der „unabhängig vom Arbeits- bzw. beruflichem Kontext" definiert wird: Nach aktuellen Angaben fühlen sich rund 6 % der deutschen Bevölkerung von einem solchen persönlichen Burnout betroffen (Stöbel-Richter et al. 2013). Beim Burn-out-Begriff spielen zudem auch aktuelle gesellschaftliche Strömungen und durch die Medien verbreitete Meinungen eine wichtige Rolle.

Allerdings ist Burnout ein Begriff, der in unterschiedlichsten Bedeutungen verwendet wird. Im Folgenden möchten wir zunächst zwei Sichtweisen – das arbeitspsychologische Verständnis von Burnout und die in den letzten Jahren verstärkt diskutierte klinische Perspektive auf Burn-out – erläutern und versuchen, das Burnout-Konzept vor diesem Hintergrund einzuordnen. Dies ist angesichts der vielen verschiedenen Bedeutungen, mit denen der Begriff Burnout in der Laienpresse, der klinischen und der wissenschaftlichen Literatur verwendet wird, auch für uns mit dem Wissen aus drei unterschiedlichen

Fachgebieten (Arbeitsmedizin, Arbeits- und Organisationspsychologie, Psychosomatische Medizin) alles andere als einfach. Wir versuchen im Folgenden, einige „Eckpfeiler" einzuschlagen, die die Orientierung zum Thema Burnout zumindest erleichtern.

## 8.2 Burnout aus arbeitspsychologischer Sicht

Der Begriff Burnout wurde (nachdem er auch schon von Schriftstellern wie William Shakespeare oder Graham Greene verwendet wurde) zuerst von dem Psychoanalytiker Herbert Freudenberger (1974) aufgegriffen. Dieser beschrieb Reaktionen auf chronische zwischenmenschliche Stressoren in helfenden Berufen, die er in seiner psychiatrischen Praxis häufig beobachtet hatte, als Anzeichen von Burnout. Mit der Beschreibung von besonderen Anforderungen in helfenden Berufen, z. B. bei Ärzten, Pflegenden, Sozialarbeitern, und den damit nicht selten einhergehenden Gefühlen der Überforderung nahm er bereits eine auf die Bedingungen der Arbeit fokussierte, d. h. eine arbeitspsychologische Sicht ein. Gerade der tägliche intensive Kontakt mit hilfebedürftigen, körperlich kranken, seelisch und/oder sozial belasteten Menschen und ihren Gefühlen (z. B. Trauer, Verzweiflung, Wut), aber auch der Umgang mit den eigenen Gefühlen im Bemühen um diese Menschen sowie die durch den Beruf geforderte Notwendigkeit, negative Gefühle mit den betreuten/anvertrauten Menschen bewusst oder unbewusst zu teilen, führt in solchen Berufen gehäuft zu Symptomen des Burnouts. In der späteren arbeitspsychologischen Forschung zur Emotionsarbeit in Humandienstleistungsberufen (vgl. Hochschild 1990) wurde vor allem die erlebte emotionale Dissonanz von Humandienstleistern, beispielsweise im Beruf immer freundlich sein zu müssen, obwohl man sich vielleicht gestresst fühlt oder gar ärgert, als ein starker Risikofaktor für Burnout beschrieben. Dies gilt besonders dann, wenn die Helfer aufgrund beruflicher oder betrieblicher Vorgaben in der Arbeit kaum Spielräume haben, die Interaktion mit Klienten nach eigenem Ermessen zu gestalten, also z. B. mehr Zeit für problematische Klienten aufwenden zu können (Zapf 2002).

Mit wissenschaftlichen Methoden wurde das Burnout-Konzept erstmalig von der Sozialpsychologin Christina Maslach (1976) systematischer untersucht, präziser definiert und später auch messbar gemacht (Maslach und Jackson 1981). Maslach hat mit ihren frühen Arbeiten die arbeitspsychologische Burnout-Forschung initiiert und vorangetrieben, die sich seit den 1980er-Jahren zunehmend intensiv mit der systematischen Erfassung von Burnout und ihren unterschiedlichen arbeitsbezogenen Ursachen beschäftigte. Von Maslach wurde Burnout als ein Syndrom aus emotionaler Erschöpfung, Depersonalisation und reduzierter persönlicher Erfüllung und Leistungsfähigkeit gefasst, das im alltäglichen Umgang mit Patienten und Klienten in der Arbeit entstehen kann. Emotionale Erschöpfung meint das Gefühl, sich im intensiven beruflichen Kontakt mit Klienten ausgelaugt und verbraucht zu erleben. Depersonalisation bezeichnet in diesem Zusammenhang zynische Einstellungen und gefühllos-abgestumpfte Reaktionen gegenüber den Klienten. Mit der reduzierten persönlichen Erfüllung und Leistungsfähigkeit ist ein negatives berufliches Selbstkonzept mit ausgeprägten Zweifeln an der eigenen beruflichen Handlungskompetenz gemeint. Diese drei empirisch (faktorenanalytisch) aus unzähligen Symptombeschreibungen ermittelten Komponenten von Burnout werden seitdem mit dem Maslach Burnout Inventory (MBI) erfasst (Maslach et al. 1996). Das MBI ist heute der „Goldstandard" zur Messung von Burnout.

Von diesem Risikoprofil sind – wie schon erwähnt – Berufsgruppen wie Pflegende, Lehrende, Ärzte, Therapeuten oder Seelsorger stärker betroffen und damit eine Risikogruppe für Burnout. Im Unterschied zu anderen, eher kürzer andauernden alltäglichen Belastungen im Leben, die in bestimmten Fällen auch eine zwischenzeitliche persönliche Erschöpfung und das Gefühl des „Nicht-mehr-Könnens" auslösen, kommt es beim Burnout im Beruf nicht zu einer relativ schnellen Erholung. Dies liegt daran, dass solche beruflichen Belastungen in der Interaktion mit Klienten oft chronisch sind, d. h. über lange Zeit andauern, und arbeitsbedingte Erschöpfungszustände bzw. das Gefühl des Ausgebranntseins durch die Arbeit ohne veränderte Arbeitsbedingungen, Qualifizierung oder therapeutische Intervention kaum reversibel sind.

Zunächst konzentrierte sich die Burnout-Forschung vornehmlich auf helfende Berufe (vor allem in der Pflege), ab Mitte der 1990er-Jahre wurde Burnout dann in allen Berufen und in unzähligen kulturellen Kontexten weltweit untersucht. Zu diesem Zweck kommt in wissenschaftlichen Studien eine allgemeine Fassung des Maslach Burnout Inventory zum Einsatz, das sogenannte General Survey MBI-GS (Maslach et al. 1996). Diese Ausweitung der Messung von Burnout außerhalb der personenbezogenen Dienstleistung ging zwangsläufig mit einer inhaltlichen Ausweitung und damit „Aufweichung" des Burnout-Konzepts einher. Während das eng gefasste Burnout-Konzept noch die emotionale Erschöpfung in der Arbeit mit Menschen und die zynische und distanziert-gefühllose Haltung gegenüber den Klienten im Blick hatte, wurde im weiter gefassten Burnout-Konzept die Erschöpfung durch die Arbeit (im Allgemeinen) und die zynische Einstellung und reduzierte Leistungsfähigkeit gegenüber bzw. in der Arbeit thematisiert. Aus arbeitspsychologischer Sicht ist es ganz offenkundig, dass die Arbeit mit Menschen ganz andere Anforderungen mit sich bringt als etwa die Arbeit an Maschinen, mit Zahlen oder Informationen. Bei beiden – sowohl dem eng (Klienten) wie auch dem weit (Arbeit) gefassten Burnout-Konzept – liegt der gemeinsame Fokus jedoch auf den *Bedingungen und Umständen der Arbeit*, sodass es sich in beiden Fällen um ein arbeitspsychologisches Burnout-Konzept handelt. Kritisch anzumerken ist jedoch, dass mit der Verallgemeinerung des Burnout-Konzepts von helfenden Berufen auf alle Berufe auch eine starke Vermischung mit chronischem Stress am Arbeitsplatz einhergeht. Dadurch wurde auch der öffentlichen und medialen Verwendung eines recht unscharfen Burnout-Begriffs Vorschub geleistet.

Die bisherige, überwiegend arbeitspsychologisch ausgerichtete Forschung zu Burnout hat eine Vielzahl von individuellen und organisationalen Faktoren ermittelt, die das Risiko von Burnout (meist gemessen mit dem MBI) erhöhen. Zu den individuellen Faktoren zählen beispielsweise das (eher jüngere) Alter, das (eher weibliche) Geschlecht (bei emotionaler Erschöpfung), eine hohe Leistungsmotivation und Verausgabungsbereitschaft oder Persönlichkeitsmerkmale wie Neurotizismus, also salopp gesagt erhöhte seelische Verletzlichkeit. Organisationale Faktoren, die zu erhöhtem Burnout beitragen, sind etwa hoher Zeitdruck und geringe Spielräume in der Arbeit, schlechte Führung und Stressoren in der Interaktion mit Klienten oder Kollegen, Ungerechtigkeit und zahlreiche weitere Faktoren, die auch in Studien zu psychischem Stress und arbeitsbedingten Erkrankungen immer wieder genannt werden (vgl. auch Kap. 7 zu Stress). Eine praxisorientierte Übersicht dieser und weiterer individueller und organisationaler Risikofaktoren von Burnout und Implikationen für die Burnout-Prävention aus arbeitspsychologischer Sicht finden sich z. B. bei Glaser (2012).

Inzwischen existieren viele weitere Verwendungen des Burnout-Begriffs durch Betroffene, Patienten, Medien, die interessierte Öffentlichkeit und auch durch Angehörige der Heilberufe. Der ursprünglich recht präzise umgrenzte Begriff des Burnouts ist also in seiner Verwendung in den letzten Jahren immer mehr ausgeweitet und „verwaschen" worden. Im Alltag wird er inzwischen umgangssprachlich im Zusammenhang mit einer Vielzahl von seelischen und psychosomatischen Beschwerden verwendet, bei denen in einer nicht näher definierten Form arbeitsplatzbezogene Belastungen eine Rolle spielen.

---
?
---

Was verbirgt sich für Sie hinter dem Begriff „Burnout"?

---

## 8.3 Burnout aus klinischer Sicht

Es gibt aktuell keine unumstrittene, klare medizinische bzw. klinische Definition von Burnout. In den Klassifikations- bzw. Diagnosekategorien, in

denen alle offiziellen, d. h. von den Entwicklern dieser Klassifikationen anerkannten, körperlichen und psychischen Krankheitsbilder aufgelistet werden,
hat der Begriff Burnout allenfalls eine Randstellung: Im US-amerikanischen
Klassifikationssystem DSM-V wird der Begriff Burnout gar nicht erwähnt,
im weltweit anerkannten Klassifikationssystem ICD-10 ist er nur in einer
sogenannten Restkategorie „Z 73, Probleme verbunden mit Schwierigkeiten
bei der Lebensbewältigung" als „Erschöpfungssyndrom (Burnout-Syndrom)"
aufgeführt. Eine Aufnahme in die nächste Auflage ist nach aktuellem Wissens-
stand auch nicht geplant.

Mit der Unterordnung von Burnout unter die Rubrik „Schwierigkeiten bei
der Lebensführung" im ICD-10 wird auch deutlich, dass Burnout hier maßgeblich, wenn nicht gar ausschließlich, so verstanden wird, dass der einzelne
Betroffene diese Schwierigkeiten hat und ihm geholfen werden muss, diese individuellen Schwierigkeiten zu meistern. Die Medizin wie auch die Klinische
Psychologie und die Psychotherapie haben naturgemäß den Einzelnen und
damit die Ursachen in seinem individuellen Denken, Fühlen und Handeln
im Blick, weniger aber die Ursachen in den gesellschaftlichen Lebensverhält-
nissen oder in der Arbeitswelt, wie dies etwa in der Soziologie oder in der
Arbeitspsychologie verstärkt der Fall ist. Beide Perspektiven – der Blick auf
individuelles Verhalten, aber auch der Blick auf strukturelle Verhältnisse – haben ihre Berechtigung, und es kommt maßgeblich auf die „Zuständigkeit"
an, worauf verstärkt geachtet wird. In der Arbeitspsychologie ist es die psychologisch fundierte Verbesserung der Arbeitswelt und des Arbeitshandelns,
in der klinischen Medizin die Heilung, Therapie und Stärkung des individuellen Gesundheitsverhaltens. Diese unterschiedlichen Perspektiven sollten
deshalb auch nicht gegeneinander ausgespielt, sondern idealerweise gleichzeitig berücksichtigt werden, so wie wir es in diesem Band bei vielen Themen aus
interdisziplinärer Sicht – hoffentlich ausgewogen – auch tun.

Aus klinischer Sicht schlagen wir vor, in Abgrenzung zum arbeitspsychologisch klar definierten Burnout-Konzept den Begriff „Klinisches Burnout"
einzuführen.

Burnout ist *im klinischen Sinn* keine klar definierte Erkrankung, vielmehr
ein primär arbeitsbezogenes vielschichtiges und schwer einzugrenzendes Syndrom, das besteht, bevor ein Beschwerdebild schon die Kriterien einer medizinischen Diagnose nach einem der gängigen Diagnose- bzw. Klassifikations-
instrumente (DSM-IV, ICD-10) erfüllt. Viele Fachleute sind der Auffassung,
dass es sich beim klinischen Burnout mehr um einen allmählichen Prozess, als
um ein umschriebenes Krankheitsbild handelt. Burnout kann als schrittweise
Veränderung des Lebensgefühls, als (gefühlt) immer schwerer zu bewältigende
Verdichtung und Dynamisierung der persönlichen Arbeits- und Lebenswelt
beginnen, häufig bei Entgrenzung der Arbeitszeiten mit vielfältigen Über-

lastungssymptomen. Oft sind diese begleitenden, eher unspezifischen Symptome auch körperlicher Natur: z. B. häufigere Schmerzen in verschiedenen Körperpartien, oft in den Gelenken, kleinere Entzündungen, Sodbrennen, Magenbeschwerden, Ein- oder häufige Durchschlafstörungen, innere Unruhe, die in kurzen Ruhepausen spürbar wird, oder auch ganz andere körperliche und/oder seelische Symptome, z. B. eine reduzierte Leistungsfähigkeit und ein vermindertes Konzentrationsvermögen, vermehrte Reizbarkeit, Zynismus in wichtigen zwischenmenschlichen Beziehungen. Bei dieser Vielfalt der im klinischen Kontext berichteten Symptome von „Burnout-Patienten" wird klar, dass alles mögliche an Symptomen auftreten kann, was auch begleitend zu anderen Krankheiten oder Stresszuständen, je nach individueller Verfassung und Verarbeitung, von Patienten berichtet wird. Die Symptome sind ja auch nicht die Ursache und bei einer solchen diffusen Vielfalt auch kaum geeignet, um auf die wirklichen Ursachen schließen zu können.

Erst schrittweise entsteht gegebenenfalls eine echte klinische Krankheitswertigkeit von einzelnen Funktionsstörungen. Häufig verbergen sich dann – in einem fortgeschrittenen Stadium – hinter der von den Betroffenen selbst verwendeten Bezeichnung Burnout ganz unterschiedliche seelische Krankheitsbilder. Das Problem bei der Verwendung der klinischen „Burnout"-Bezeichnung/-Diagnose ist dann, dass man ohne eine genaue Kenntnis des einzelnen, jeweils betroffenen Menschen, seiner Persönlichkeit und seiner Lebensumstände nie weiß, was tatsächlich im medizinischen Sinne „hinter" dem oft vom betroffenen Menschen selbst gewählten „Etikett" Burnout steckt, und ob schon eine Notwendigkeit für eine entsprechende qualifizierte psychotherapeutische Beratung und Behandlung des betroffenen Menschen besteht.

Die meist von einem betroffenen Menschen selbst gewählte Bezeichnung „Burnout" besagt vor allem, dass ein seelisch unter Druck stehender Mensch glaubt, seine Beschwerden seien vor allem durch mit dem Arbeitsplatz verbundene Belastungen entstanden. Der klinische Burnout-Begriff definiert sich also *im umgangssprachlichen Sinne* durch den Bezug zum Arbeitsplatz (das nennt man in der Medizin „ätiologisch", also im Hinblick auf die vermutete Ursache). Völlig aus dem Blick gerät dabei, dass Burnout eigentlich ein arbeitspsychologisch klar definierter Begriff ist.

?

Wurde Ihnen schon einmal von einem Kollegen berichtet, dass er ein Burnout hat?

## 8.4  Abgrenzung Burnout und Depression

Die Klassifikationssysteme DSM-V und ICD 10 haben die jeweiligen psychischen Störungen, z. B. Depression, durch eine Reihe von deskriptiven Kriterien international einheitlich festgelegt. Diese deskriptiven Kriterien werden von Experten nach Durchsicht und Diskussion der vorliegenden wissenschaftlichen und klinischen Befunde festgelegt. Die vorliegenden Befunde sind aber unvollständig, und die Meinungen der Experten gehen nicht selten auseinander, sodass die letztendlichen Kriterien einen Kompromiss darstellen und die ganze Komplexität der Realität nicht abbilden. Sie sind bewusst vereinfacht (reduktionistisch) und reduzieren schwierige, teilweise noch unbekannte Zusammenhänge oder lassen klinisch wichtige Aspekte vollständig aus. Ebenso wenig ist gesichert, dass in späteren Zeiten und auf dem Boden neuerer Erkenntnisse nicht neue Krankheitsdefinitionen besser passen werden (Tölle und Windgassen 2012).

Das bedeutet auch, dass z. B. das Krankheitsbild der Depression in ICD-10 oder DSM-V nicht durch eine solche ursachenbezogene (ätiologische) Vermutung festgelegt ist, wie z. B. der Arbeitsplatzbezug beim Burnout, sondern dadurch definiert wird, dass bestimmte, von Fachexperten in langen internen Beratungen exakt aufgelistete und erkennbare oder zu erfragende Symptome vorliegen und diese eine bestimmte Symptomschwere überschreiten (= Klassifikation, ein bisschen wie „Erbsenzählen"). Das heißt, Burnout und Depression werden nach ganz unterschiedlichen Kriterien definiert und sind deswegen auch nicht von vornherein scharf voneinander abzugrenzen.

Es sei hier nur erwähnt, dass mittlerweile eine nicht unerhebliche Kritik an der herkömmlichen Einteilung der psychischen Störungen wie z. B. der Depression durch die genannten internationalen Klassifikationssysteme besteht und es eigentlich klar ist, dass hier jeweils unterschiedliche Untergruppen von Störungsbildern zusammengefasst werden. Eine Einteilung, die die hochkomplizierte Wirklichkeit besser abbildet, ist aktuell aber nicht in Sicht.

Beim klinischen Burnout-Syndrom kommt es vor allem auf den Arbeitsplatzbezug an, um unter den sehr breiten Oberbegriff Burnout fallen zu können, der arbeitspsychologische Burnout-Begriff ist klar definiert. Eine Depression muss hingegen relativ exakt vordefinierte Kriterien erfüllen. Wie diese Kriterien entstanden und letztendlich zusammengefügt worden sind und auch wodurch die Symptome entstanden sind, ist für die Diagnose Depression unerheblich.

Im Kern einer Depression stehen klinisch die gedrückte Stimmungslage wie Traurigkeit oder Deprimiertsein und der verminderte Antrieb („Schwung"), die Leistungsfähigkeit ist vermindert, verschiedene körperliche Beschwerden und Funktionsstörungen können dazukommen (Tölle und Windgassen 2012).

„Innerhalb des umgangssprachlich und auch von Ärzten häufig benutzten Begriffes „Depression" oder „MDE = *Major Depressive Episode*" verbergen sich vermutlich von Ursache und Verlauf unterschiedliche Erkrankungen wie z. B. die sogenannte reaktive Depression oder Anpassungsstörung, die neurotische Depression oder Dysthymie und die sogenannte melancholische Depression. Bei der reaktiven Depression oder Anpassungsstörung gibt es einen klaren aktuellen Auslöser, oft einen Verlust, eine Kränkung o. Ä., dessen Folgen länger nicht überwunden werden. Bei der neurotischen Depression geht die Erkrankung vermutlich nicht nur auf eine aktuelle Belastung oder einen aktuellen Konflikt zurück, sondern hat ihre Ursache auch in lange zurückliegenden Konflikt- und/oder Mangelkonstellationen oft schon während der Kindheit und Jugend. Die melancholische Depression oder *Major Depressive Episode* (MDE) *im engeren Sinne* ist die schwerste Form der Depression und beinhaltet eine massive Antriebsstörung, ein inneres Blockiertsein, sowie nicht selten ein „Gefühl der Gefühllosigkeit". Die betroffenen Menschen sagen nach Überwindung der Erkrankungsphase, sie seien in dieser Phase „ein anderer Mensch" gewesen (Tölle und Windgassen 2012).

Zusammenfassend und vereinfachend sollen die Kernmerkmale einer klinischen Depression und eines arbeitspsychologischen Burnout-Syndroms in Tab. 8.1 gegenübergestellt werden.

Der Begriff Burnout wurde in der arbeitspsychologischen Forschung also präzise definiert. Umgangssprachlich und im klinischen Kontext wird Burnout bislang jedoch wie eine begriffliche Wundertüte, also ein buntes Bündel von möglichen Symptomen (= Syndrom) für jegliche Art von Stresserleben verwendet.

Wir schlagen vor, Burnout als den ursprünglichen, von Christina Maslach wissenschaftlich geprägten und empirisch untersuchten Begriff zu verwenden. Dieser Begriff ist nützlich, um die systematischen Auswirkungen problematischer Arbeitsbedingungen auf ganze Gruppen von Beschäftigten zu erkennen und umgekehrt Rückschlüsse auf problematische Arbeitsbedingungen ziehen zu können und diese zu verbessern. Für das Erkennen und Behandeln von (arbeitsbezogenen) psychischen und psychosomatischen Erkrankungen ist der Begriff aus unserer Sicht bislang aber nicht geeignet.

Im Folgenden sprechen wir nur noch von arbeitsbezogenen psychischen und psychosomatischen Erkrankungen und verwenden „Burnout" in diesem Sinne nur noch mit dem Zusatz „klinisch" (im Gegensatz zu „arbeitspsycho-

**Tab. 8.1** Gegenüberstellung der Kernmerkmale einer klinischen Depression und eines arbeitspsychologischen Burnout-Syndroms

| | Depression (nach ICD, DSM) | Burnout (nach Maslach) |
| --- | --- | --- |
| Begriffliche Einordnung | Klinisches Konstrukt (auf Basis klinischer Diagnostik) | Psychologisches Konstrukt (auf Basis arbeitspsychologischer Diagnostik) |
| Definition/ Kernsymptome | Psychische Störung mit Zuständen psychischer Niedergeschlagenheit als Leitsymptom: niedergedrückte Stimmung, Verlust von Antrieb und Freude; verschiedene körperliche Symptome | Syndrom emotionaler Erschöpfung, Depersonalisation, reduzierte persönliche Erfüllung und Leistungsfähigkeit bei helfenden Berufen und vorausgehendem hohem Engagement für die Arbeit |
| Krankheitswertigkeit | Anerkannte Krankheit | Keine anerkannte Krankheit |
| Spezifität von Symptomen | Sind in der Krankheitsdefinition nach ICD 10/DSM IV festgelegt | Sind durch das Maslach Burnout Inventory (MBI) festgelegt |
| Einordnung von Symptomen, die nicht zur Definition gehören | Werden gegebenenfalls als zusätzliche Erkrankungen aufgefasst | Werden gegebenenfalls als Erkrankungen aufgefasst |
| Diagnostische Instrumente | Anamnese und klinisches Interview | Fragebogen als Forschungsinstrument |
| Arbeitsbezug | Nicht notwendig | Notwendiger Bestandteil |
| Anwendung | Diagnostik und Therapie bei Patienten | Diagnostik und Verbesserung problematischer Arbeitsbedingungen |
| Fokus | Individuum | Arbeitsplatz |

logisch"). Die komplexen Wechselwirkungen in Entstehung und Verlauf von arbeitsbezogenen psychischen Störungen werden nachfolgend durch mehrere Fallbeschreibungen illustriert.

## 8.5   Was tun bei arbeitsbezogenen psychischen Störungen?

Jeder Betroffene, jeder Vorgesetzte und jeder Kollege sollte das persönliche Gefühl, „dass etwas nicht stimmt", ernst nehmen. Dahinter könnten sich auch schwere Depressionen, manchmal sogar mit ganz plötzlich auftauchenden lebensverneinenden Gedanken, verbergen. Viele von Depression Betroffene wissen lange Zeit selbst nicht, dass sie unter einer Depression leiden. So eine lange unerkannte Depression kann sich dann manchmal scheinbar ganz plötzlich „entladen": Immer wieder ereignen sich in Firmen und Behörden sogar Selbstmordversuche oder leider sogar vollendete Suizide, meistens sind Kollegen und Vorgesetzte, oft auch die Familie, völlig überrascht.

---

?

Haben Sie in Ihrem Arbeitsumfeld schon einmal gedacht, dass mit Ihrem Kollegen etwas nicht stimmt?

---

Gerade an dieser Stelle werden ganz zentrale Unterschiede zwischen arbeitsbezogenen psychischen Störungen im Frühstadium (durch Betroffene oft mit Burnout bezeichnet, s. o.) und einer „echten" Depression deutlich: Burnout als Selbstdiagnose bedeutet ja oft, dass nach der ersten Einsicht, selbst in einen negativen erschöpfenden Prozess hineingeraten zu sein, erst einmal ein Rückzug im Hinblick auf Arbeit und eventuell auch im Hinblick auf Freunde und andere Aktivitäten notwendig ist, eine Neuorientierung oder „Besinnung" auf die ursprünglichen eigenen Lebenswünsche und -ziele. Es entsteht dann unweigerlich die Frage, wie wieder mehr von diesen ursprünglichen Wünschen und Ressourcen, also persönliche „Kraftquellen", in das eigene Leben eingebaut werden können. Solch ein zwischenzeitlicher Rückzug mit Neuorientierung und dem Ziel, „Batterien wieder aufzuladen", ist bei vorheriger Überlastung sicher für eine umschriebene Zeit eine sinnvolle Strategie. Im Unterschied zu depressiv-erkrankten Menschen können sich solche Menschen tatsächlich nicht selten recht schnell, z. B. im Laufe weniger Wochen in den Ferien regenerieren, selbst wenn sie zuvor unter depressionsähnlichen Symptomen wie Erschöpfung, Schlafstörungen und fehlendem Schwung und Motivation gelitten haben. Hier geht es dann mehr darum, eigene verinnerlichte Verhaltensmuster, oft hohe eigene Ansprüche, bewusst anzuschauen und etwas zu verändern, um nach dem Ende der guten Regenerationszeit nicht wieder rasch in alte Muster und dann auch in eine wiederkehrende Burnout-Symptomatik zu fallen.

Im Unterschied zu einem solchen anlaufenden Erschöpfungsprozess sind bei einer Depression schon viele gewohnte Kraftquellen, Fähigkeiten und Aktivitäten verloren gegangen, z. B. Konzentrations- und Leistungsfähigkeit, Lebenslust und Aktivität, soziale Kontakte und die Fähigkeit zur Zuwendung in zwischenmenschlichen Beziehungen. Ganz im Unterschied zu dem, was klinisch als Burnout benannt wird (s. o.), bezeichnet ein Sich-Zurückziehen, ein weiteres Sich-Schonen und Kaum-noch-aus-dem-Haus-Gehen bei der Depression einen wachsenden und sich selbst verstärkenden Teufelskreis, der schnellstmöglich unterbrochen werden muss.

Bei der Depression ist es essenziell, bereits verloren gegangene Fähigkeiten in allen Lebensbereichen so rasch wie möglich wieder aufzubauen: Die alte Regel „Wer rastet, der rostet" hat hier oft ihre volle Bedeutung: Weiterer Rückzug, weiter wenig Schwung und Antrieb, weitere Lustlosigkeit, Rückzug und Im-Bett-Liegenbleiben verschlimmern und chronifizieren die Depression immer mehr.

Depressionen sind noch immer gesellschaftlich nicht voll als eigenständige Erkrankung akzeptiert, manchmal ist dann von „Weichei" oder „lame duck" die Rede. Das heißt, Depressionen sind eher noch stigmatisiert, ein selbstdiagnostizierter Burnout hingegen ist schon eher anerkannt. Nach dem Motto „das kann bei zu viel Arbeit und ganz viel persönlichem Einsatz schon einmal passieren". Auch deswegen ist bei dem Verdacht auf eine arbeitsbezogene psychische Störung überhaupt, sei sie mild oder schon fortgeschritten, im Zweifelsfall meistens eine rasche Beratung durch einen entsprechend qualifizierten Psychotherapeuten (Arzt oder Psychologen) oder einen entsprechend qualifizierten Betriebsarzt sinnvoll, die den Schweregrad und Charakter der arbeitsbezogenen psychischen Störung im Einzelfall einschätzen und dann eine geeignete noch präventive oder schon kurative Intervention empfehlen können.

Ein typisches, natürlich stark verfremdetes, Fallbeispiel soll die oft komplexen Zusammenhänge bei arbeitsbezogenen psychischen Störungen und das Zusammenspiel von Persönlichkeit und Arbeitsbedingungen erläutern.

> Im Rahmen von verschiedenen betriebsinternen Veränderungen erhält der 50-jährige Büroangestellte Herr S. ein neues Aufgabenfeld, das ihm nicht so vertraut ist wie sein vorheriges Arbeitsgebiet. Durch weitere Restrukturierungen werden im Laufe des nächsten Jahres wiederholt Arbeitskräfte in der Abteilung abgebaut, die zu erledigenden Aufgaben pro Mitarbeiter erhöhen sich schrittweise: Herr S. erhält im Verlauf immer neue Aufgaben von seiner Chefin, er kommt mit seiner Arbeitszeit nicht mehr aus und fühlt sich zunehmend unter Druck gesetzt. Der dreifache Vater und Ehemann einer rheumatologisch chronisch kranken Ehefrau, der zudem das Haus der Familie noch über zehn Jahre abbezahlen muss, entwickelt in der Folge massive existenzielle (finanzielle) Ängste und Schlafstörungen, grübelt auch abends über die Arbeit, kann nicht „abschalten", wacht nachts oft mit Gedanken insbesondere an noch unerledigte Aufgaben auf. Immer mehr leidet er auch unter muskulären Verspannungen im Halswirbelsäulenbereich, Schmerzen im Nacken und überhaupt im Rücken.
>
> In seiner persönlichen Lebensgeschichte haben sich die Eltern früh getrennt. Herr S. fühlte sich immer wieder – auch von den jeweils neuen Lebenspartnern – nicht wirklich erwünscht. Diese frühen Erfahrungen führen dazu, dass

auch im Erwachsenenalter besonders schnell und stark neue Ängste auftauchen konnten, „wieder weggeschickt" zu werden, also den Arbeitsplatz zu verlieren. Diese Ängste beschäftigen ihn stark, auch nachts. Dies kann die neue Chefin nicht wissen. Circa zwei Jahre nach Beginn der Veränderungen am Arbeitsplatz fühlt er sich von allem überfordert, in einem Abwärtsstrudel, und wird vom Hausarzt auf seine Bitte „erstmal" mit der Begründung „Erschöpfungssyndrom" und „Depression" arbeitsunfähig krankgeschrieben. Herr S. wird jetzt mit einem Antidepressivum, also einem Medikament gegen Depressionen, behandelt. Er erhält die Empfehlung zu einer zusätzlichen ambulanten Psychotherapie. Drei Monate nach Beginn der Arbeitsunfähigkeit hat er einerseits Sorgen um seinen Arbeitsplatz, andererseits aber auch Angst, zur Arbeit zurückzugehen und den Anforderungen nicht mehr gewachsen zu sein, was sein Selbstwertgefühl drückt, Stimmung und Antrieb noch mehr in den Keller gehen lässt und einen entsprechenden „Teufelskreis" auslöst. Seine Frau versteht nicht recht, was mit ihm los ist, fühlt sich hilflos in dieser für die ganze Familie bedrohlichen Situation, das Ehepaar streitet sich häufiger, Herr S. zieht sich noch mehr zurück, schämt sich vor sich selbst, der Familie und den Nachbarn, geht immer weniger aus dem Haus. Sein behandelnder Arzt spricht jetzt von einer „schweren Depression" – Herr S. erfüllt alle diagnostischen Kriterien – und weist ihn für eine intensive Behandlung in eine psychosomatisch-psychotherapeutische Klinik ein.

Hier geht es ursprünglich auch um einen psychosozialen Konflikt am Arbeitsplatz vor dem Hintergrund einer zunehmenden Arbeitsverdichtung (= unmittelbarer Auslöser) sowie daraus resultierende existenzielle und berufliche Ängste und seelische sowie körperliche Beschwerden (= psychosomatische Reaktion) bei einem biografisch bedingt seelisch etwas stärker verletzlichen Menschen. Über die sich verändernden Arbeitsbedingungen wird nur am Rande gesprochen. Eine ortsnahe Alternative zum jetzigen Arbeitsplatz gibt es in der ländlich-kleinstädtischen Region ohnehin nicht.

Behandelt wird mit einem Medikament und Psychotherapie, nicht *auch* mit Überprüfung der Arbeitsbedingungen und einem klärenden Gespräch mit der Chefin. Dieses auf die Person, nicht auch auf die Arbeitsbedingungen gerichtete Vorgehen geschieht fast reflexhaft, auf Bitten des Patienten („ich brauch schnell etwas, was mir hilft, Herr Doktor") und aus dem Wunsch des Arztes, schnell innerhalb eines eher geringen zur Verfügung stehenden Zeitkontingentes pro Patient wirksam helfen zu wollen. Die belastende Situation am Arbeitsplatz und auch die psychotherapeutisch wichtige besondere Verletzlichkeit sind, wenn überhaupt nur am Rande der ärztlichen Untersuchung ein Thema. Ideal wäre hier eine z. B. durch den Betriebsarzt koordinierte Behandlung sowohl des Betroffenen als auch eine – idealerweise durch den Betriebsarzt eingeleitete – Klärung der Situation am Arbeitsplatz.

---

?

Kennen Sie den Fall, dass ein von Burnout betroffener und behandelter Kollege nach
seiner Rückkehr an seinen Arbeitsplatz veränderte (erleichterte) Arbeitsbedingungen
vorgefunden hat?

---

## 8.6    Gibt es besonders häufige eigene gefährdende Verhaltensmuster oder typische berufliche Konstellationen bei arbeitsbezogenen psychischen Störungen?

**Verhaltensmuster/Charakterzüge**

Gerade Menschen, die an sich selbst hohe Ansprüche stellen und beruflich viel
erreichen wollen und dafür auch bereit sind, bis an ihre persönlichen Grenzen
zu gehen und/oder alle Aufgaben 100%ig zu erledigen, sind besonders gefährdet, das Burnout-Syndrom zu entwickeln. Es sind nicht selten Menschen
mit solchen überhöhten Ansprüchen an sich selbst, die es ab einem gewissen
Punkt nicht mehr schaffen, eine absolute Grenze ihrer Arbeitsbelastung zu ziehen, und sich für längere Zeit überfordern. Für nahezu jeden Menschen sind
berufliche Anerkennung und eine damit verbundene auskömmliche finanzielle Situation wichtig für ein als gelungen empfundenes Leben. Nicht selten
spielen bei Menschen mit Burnout-Gefährdung jedoch auch die Grundzüge
einer im Kern selbstunsicheren Persönlichkeit eine Rolle, die schon immer zu
besonderem Ehrgeiz und besonderem Engagement im Beruf motiviert haben.
Der berufliche Erfolg hat dabei dann neben dem unmittelbaren Nutzen auch
noch die Funktion, ein eventuell nicht ganz so stabiles Selbstwertgefühl quasi
„von außen zu stützen". Aber auch „schon immer" für eine bestimmte Sache
besonders motivierte und begeisterungsfähige Menschen können sich schrittweise überfordern, die eigenen Belastungsgrenzen dauerhaft übergehen und
dann unter ungünstigen weiteren Umständen in einen Burnout-Prozess geraten. Frei nach dem bekannten Motto: „Das Hamsterrad sieht von innen aus
wie eine Karriereleiter".

Häufig betroffen sind auch alleinerziehende oder -pflegende Menschen, die
sich von den kombinierten Anforderungen aus Privatleben und Beruf, zumal
mit der Notwendigkeit der finanziellen Existenzsicherung, immer mehr überfordert fühlen, aber keinen Ausweg und keine Hilfe sehen. Sie arbeiten nicht
selten so lange über die physiologische Grenze der persönlichen Belastbarkeit, „bis es nicht mehr geht", d. h. eine seelische oder körperliche Erkrankung
auftritt, z. B. chronische Rücken- oder Nackenschmerzen, aber auch z. B. ein
Herzinfarkt.

Aber dies sind nur einige mögliche und vereinfachte Muster von vielen möglichen individuellen und organisationalen Bedingungen und Situationen, die eine arbeitsplatzbezogene seelische Krise auslösen können. Betroffene Menschen profitieren nicht selten sehr von vor allem kurzpsychotherapeutischen Beratungen, in denen sie lernen können, eigene Grenzen eher und adäquat wahrzunehmen und darauf so früh wie möglich zu reagieren. Manchmal wird in solchen kurzpsychotherapeutischen Beratungen auch deutlich, dass komplexere und bislang eher verdrängte, ungelöste innerseelische Konflikte oder auch Konflikte innerhalb der Kernfamilie bestehen. Hier kann dann eine längerfristige, meist ambulante psychotherapeutische Behandlung wesentlich helfen. An dieser Stelle sei auf einen kritischen Aspekt zum sogenannten *Coaching* hingewiesen: Da dies ein nichtgeschützter Begriff ist, kann *Coaching* auch von Menschen angeboten werden, die keine eigene klinische Erfahrung mit der Diagnose und Behandlung von krankheitswertigen seelischen und psychosomatischen Störungen haben, auch das diesbezüglich verfügbare, evidenzbasierte Behandlungsspektrum eventuell nicht kennen oder einleiten/anwenden können. Dies ist bei der Beratung von Menschen mit nichtklinischen Befindlichkeitsstörungen oder Fragen zur eigenen Arbeitsorganisation kein Problem. Allerdings kann so die rechtzeitige Behandlung einer klinisch krankheitswertigen seelischen Beeinträchtigung übersehen werden.

?

Wurde in Ihrer Firma bei Arbeitsüberlastung schon einmal Coaching angeboten?

## Häufige berufliche Konstellationen

In vielen Firmen besteht auch bei sehr gut qualifizierten und engagierten Mitarbeitern mit zunehmendem beruflichem Aufstieg eine hohe Wahrscheinlichkeit, dass bei der nächsten zu vergebenden höheren Position ein anderer Mitbewerber den Vorzug erhält. Die mit diesem Erlebnis verbundene notwendige narzisstische Kränkung (also eine Kränkung im Selbstwertgefühl) des „unterlegenen" Kollegen (Wettbewerbers) ist ein häufiger „Wetterwinkel" für den Beginn eines allmählichen Burnout-Prozesses. Menschen, die wenig andere ausgleichende Lebensbereiche entwickelt haben, wie Familie, Freundeskreis usw., sondern den größten Teil ihrer Zeit in den Beruf investiert haben und hieraus auch in erster Linie ihr Selbstwertgefühl beziehen, sind hier besonders gefährdet. Und besonders gefährdet für seelische und/oder körperliche Erkrankungen sind Menschen, die mehrmals hintereinander solche beruflichen „Niederlagen" erleben müssen.

―――――  ?  ―――――――――――――――――――――――――――

Haben Sie selbst schon einmal beobachtet, dass ein Kollege, nachdem er bei der erhofften Beförderung nicht berücksichtigt worden war, ein Burnout entwickelt hatte?

―――――――――――――――――――――――――――――――

### Erfahrungen aus der Tierforschung

Bei niederen Säugetieren, den Tupajas, die sozusagen „an der Wurzel der Säugetiere stehen" (Zitat Professor von Holst), gibt es regelmäßig Kämpfe zwischen den männlichen Tieren um die Vorherrschaft in einem Revier. Das unterlegene Tier wird vom „Sieger" anschließend oft nicht mehr beachtet und zieht sich meist zurück. Der bloße Anblick des Siegers durch den Besiegten führt bei Letzterem allerdings schon zu messbaren, negativen immunologischen Veränderungen, andersherum bewirkt der bloße Anblick des Besiegten beim Sieger positive biologische Effekte (Vortrag Professor von Holst, 5/2014). Selbstverständlich gibt es große Unterschiede innerhalb der Säugetiere, gerade und selbstverständlich zwischen Tupajas und Menschen.

Allerdings ist die Organisation und Funktionsweise gerade der niederen und basalen Strukturen im Gehirn, also Hirnstamm und limbisches System, mit deren Hilfe ein Großteil der biologischen Vorgänge im Körper (Blutdruck, Entzündung, Immunsystem, Stressregulation etc.) koordiniert werden, sehr ähnlich. Mit großer entsprechender Vorsicht soll hier nur darauf hingewiesen werden, dass es für den bei der Konkurrenz um eine Führungsposition Unterlegenen auch in Betrieben und Behörden oft besonders schwierig ist, mit der neuen Führungskraft konstruktiv umzugehen, und an dieser Stelle nicht selten Konflikte entstehen. Der immer wieder erforderliche Umgang mit dem bevorzugten Bewerber könnte aus dieser Perspektive chronischen Stress für den Betroffenen bedeuten. Das heißt nicht, dass der unterlegene Bewerber um die Führungsposition in einer Abteilung, in der er selbst arbeitet, dann automatisch die Abteilung wechseln sollte. Menschen haben zum Glück wesentlich differenziertere, gerade kognitive oder mentale Möglichkeiten, sich selbst innerseelisch zu stabilisieren. Es bedeutet aber schon, bei einer solchen Konstellation sowohl als Betroffener als auch als für eine solche Abteilung Verantwortlicher besonders aufmerksam zu beobachten, ob entsprechende Schwierigkeiten auftauchen und gegebenenfalls früh mit den Betroffenen zu sprechen bzw. aktiv nach einer Lösungsmöglichkeit zu suchen und bei klaren Konflikten nicht zu lange tatenlos zuzuwarten.

## 8.7 Rolle der Medien im Hinblick auf das Phänomen der Medikalisierung

Die Medien haben beim Thema arbeitsbezogener psychischer und psychosomatischer Erkrankungen (Burnout, s. u.) natürlich eine wichtige Bedeutung. Ein wesentlicher Effekt der seit Längerem ausführlichen, zum Teil sehr plakativen Berichterstattung über dieses Thema ist, dass die Grenzen zwischen klinisch nichtbehandlungsbedürftiger Befindlichkeitsstörung, z. b. aufgrund widriger sozialer Umstände, und *tatsächlich krankheitswertiger seelischer Erkrankung* innerhalb der gesellschaftlichen Diskussion verschwimmen (s. Abb. 8.1). Auch die verstärkte Berichterstattung in den Medien kann dazu führen, dass Betroffene häufiger meinen, unter einer medizinisch behandlungsbedürftigen Depression (in ihrem eigenen Sprachgebrauch oft Burnout) zu leiden, aber eigentlich nur sehr nachvollziehbar in einem gewissen Ausmaß eben auch seelisch auf für sie ungünstige Veränderungen am Arbeitsplatz reagieren. Dieses Phänomen bezeichnet man auch als *Medikalisierung*, also ein Vorgang, bei dem ein im Kern gesellschaftliches Phänomen, das lange Zeit nicht als ein medizinisches Problem gesehen wurde, nunmehr mit medizinischen Fachausdrücken beschrieben und/oder mit medizinischen Mitteln behandelt wird (Conrad und Barker 2010).

**Abb. 8.1** Ein nicht gerade sinnvoller Umgang mit dem in den Medien ubiquitären Phänomen Stress und Burnout. © Roger Schmidt

❓

Hat nach Ihrem Eindruck die Thematisierung von Burnout in den Medien zugenommen oder nachgelassen?

## 8.8   Wer ist schuld, wenn jemand ausbrennt?

Nach klinischer Erfahrung ist es meistens eine Kombination aus persönlichen Einstellungen, (gegebenenfalls frühen belastenden und) aktuellen Lebenserfahrungen und Arbeitsbedingungen, die zum Burnout führen können. Fast immer spielen dabei zwischenmenschliche Konflikte am Arbeitsplatz eine Rolle, nicht selten die entscheidende Rolle, die die ganze persönliche Krise überhaupt erst ausgelöst hat. Ein neuer Chef, der viel verlangt und wenig wertschätzt, eine jüngere und als konkurrierend empfundene Kollegin – dies sind häufige Auslöser. Oder auch eine Nichtberücksichtigung bei einer erhofften Beförderung, auf die ein betroffener Mensch möglicherweise lange hingearbeitet hat. In der Medizin werden solche Auslösefaktoren, auch *„Trigger"* genannt. Unter dem Stichwort *„relationships as regulators"* (Hofer 1984) sind diejenigen Auslösefaktoren zusammenzufassen, bei denen zwischenmenschliche Konflikte (z. B. zwischen Kollegen oder mit einem Chef) oder Trennungserfahrungen (z. B. von sehr geschätzten Kollegen im Rahmen einer Umstrukturierung) eine vermutlich wesentliche Ursache für das letztendliche Zustandekommen einer arbeitsbezogenen psychischen Störung spielen (oft der sprichwörtliche „Tropfen, der das Fass zum Überlaufen bringt").

Rothermund et al. (2014) haben die Frage nach der „Ursache" einer seelischen Beeinträchtigung bei 67 berufstätigen Menschen untersucht, die sich in einer in mehreren Betrieben angebotenen psychosomatischen Sprechstunde oft unter der Selbstdiagnose eines Burnouts vorgestellt haben. Insbesondere war die Frage, ob bei der Verursachung mehr persönliche oder mehr arbeitsplatzbezogene Einflüsse die wichtigste Rolle gespielt haben. Dies wurde mittels einer tiefergehenden, sogenannten „qualitativen" Analyse der aus der Versorgung vorliegenden Unterlagen überprüft.

Zusammengefasst wurden bei ca. 80 % der Betroffenen auch arbeitsbezogene Ursachen für die aktuelle seelische Beeinträchtigung gesehen. Eine nahezu ausschließliche Ursache durch Einflüsse am Arbeitsplatz kam bei 30 % vor. Bei weiteren 10 % waren arbeitsplatzbezogene Probleme in der Ursache der psychischen Beschwerden wichtig. Bei rund 50 % der Betroffenen, bei denen überhaupt arbeitsplatzbezogene Faktoren wichtig waren, wurden diese von den Untersuchern nicht als ausschlaggebend für die Auslösung der seelischen Beeinträchtigung gewertet, spielten aber schon eine gewisse Rolle.

Häufige krankheitswertige Symptome waren Depression, chronische körperliche Beschwerden wie z. B. chronische Schmerzen, Tinnitus und Ähnliches sowie Angststörungen. Suchterkrankungen kamen eher selten vor (5 %). Knapp ein Zehntel der Ratsuchenden hatte zwar im persönlichen Erleben einen Leidensdruck, wies aber noch keine krankheitswertige seelische Beeinträchtigung auf. Diese letztgenannten Betroffenen kamen also in eine qualifizierte Beratung, bevor sie schon unter Symptomen eines schweren klinischen Burnouts wie einer Depression litten. Die mittlere Symptomdauer der aktuellen Beschwerden lag bei ca. sechs Monaten, was deutlich weniger als der Durchschnitt bei Menschen mit bereits krankheitswertigen seelischen Beschwerden ist. Oft bestehen hier entsprechende Beschwerden schon mehrere Jahre, bevor eine erste Beratung erfolgt.

Da die Dauer der Chronifizierung einen negativen Einfluss auf den Verlauf einer seelischen Störung hat, ist das Angebot einer niedrigschwelligen Beratungsmöglichkeit am Arbeitsplatz offensichtlich sinnvoll. Wie beschrieben, kommen viele arbeitstätige Menschen, die beginnende oder fortgeschrittene seelische Beschwerden entwickeln, mit der Eigenbeschreibung bzw. der Frage, ob sie jetzt nicht ein Burnout entwickelt hätten, in die psychosomatische Beratung. Oft liegen tatsächlich ganz unterschiedliche Diagnosen aus dem Gebiet der psychischen und psychosomatischen Beeinträchtigungen vor, bei knapp 10 % unserer untersuchten Gruppe auch noch gar keine krankheitswertigen Diagnosen (s. o.).

Der umgangssprachliche Begriff des Burnouts erscheint insgesamt gerade bei der Benutzung durch Laien oder Betroffene selbst hilfreich, indem er auch schon sprachlich eine Anerkennung, dass Arbeit auch eine gewisse Rolle bei der Entstehung von seelischen Beschwerden haben kann, beinhaltet. Das führt oft zu einer Verminderung von Schuldgefühlen und unterstützt die Bereitschaft der Betroffenen, möglichst früh eine qualifizierte Beratung zu suchen. Außerdem kann man von einem „normalen" Arbeitnehmer nicht erwarten, quasi sich selbst die richtige medizinische Diagnose zu verpassen, wenn sich selbst Experten immer wieder und ausdauernd um den richtigen Gebrauch schwer verständlicher Fachbegriffe (Depression, Anpassungsstörung, Befindlichkeitsstörung, Burnout, Verbitterungssyndrom etc.) streiten.

Im Folgenden sind einige (verfremdete) klinische Beispiele für die unterschiedlich starke Wechselwirkung von Arbeitsbedingungen und Persönlichkeit/privaten Einflüssen aufgeführt (nach Rothermund et al. 2014).

Reiner Arbeitsplatzkonflikt: Eine 55-jährige Führungskraft leidet zunehmend unter Sodbrennen, Durchschlafstörungen und Tinnitus. Die Symptomatik begann nach der Versetzung an einen anderen Standort, die Frau W. nur innerlich widerwillig akzeptierte, aber keine Alternative sah. Sie fühlt sich aus dem alten Team herausgerissen, die neuen Kollegen seien alle viel jünger, sie finde „keinen

Draht". Nach einem halben Jahr ist eine Rückversetzung an den alten Standort doch möglich, und alle Symptome verschwinden.

Arbeitsplatzkonflikt steht im Vordergrund, Privates kommt hinzu: Es kam zu einem längeren Konflikt mit einem Vorgesetzten, der für den 45-jährigen Herrn T. sehr belastend war: Trotz seit einigen Jahren bestehenden privaten Belastungen (immer wieder Reibereien/Verstimmungen in der Partnerschaft, viele Anstrengungen und Aktivitäten bei drei Kindern in oder knapp vor der Pubertät) kommt es erst nach einer erneuten, ernsthaften Auseinandersetzung mit diesem Vorgesetzten zu deutlichen Symptomen: Herr T. leidet unter Schlafstörungen, ist in der Arbeit und zuhause viel leichter gereizt, fühlt sich lustlos und abgeschlagen. Als eine Bewerbung bei einem neuen Arbeitgeber erfolgreich ist, gehen die Symptome deutlich zurück.

Arbeitsplatzkonflikt ist Teil einer umfassenden psychosozialen Belastung: Eine 40-jährige Angestellte wurde vor sechs Monaten von ihrem langjährigen Freund verlassen. Sie hat damit einen größeren Teil ihres alten Freundeskreises verloren, da ihr Ex-Partner diese Freunde jetzt mit seiner neuen Freundin trifft. Auch finanziell ist es sehr eng, sie muss jetzt versuchen, ihre Wohnung auch ohne die Zahlungen ihres Ex-Freundes zu halten. Sie fühlt sich sehr gekränkt, verlassen, enttäuscht und an der Grenze zur Überforderung. Ihre Eltern sind pflegebedürftig, ihre jüngere Schwester hat sich zurückgezogen, sie fühlt sich absolut in der Pflicht, ist innerlich aber auch wütend auf ihre Schwester.

Aktuelle Umstrukturierungen am Arbeitsplatz bedeuten für sie neue, ungewohnte Aufgaben, neue Mitarbeiter, die sie teilweise als anstrengend empfindet, und gefühlt eine Erhöhung der Arbeitslast. Sie fühle sich in der Firma grundsätzlich wohl, in letzter Zeit aber ständig erschöpft, vergesse viel mehr als früher, könne sich schlechter konzentrieren und habe das Gefühl, nur noch die alleraktuellsten Aufgaben gerade so hinzubekommen, immer viel zu viel unerledigte Arbeit vor sich zu haben. Sie könne abends kaum noch einschlafen, sei innerlich unruhig und angespannt, sie grübele über unerledigte Arbeit bis in die Nacht, schlafe dann unruhig, ihr Zahnarzt habe sie auf das Zähneknirschen angesprochen, was sie früher nie gehabt habe.

Kein Arbeitsplatzkonflikt: Der 58-jährige Abteilungsleiter Herr F. klagt über Leeregefühle, Einsamkeit, Lust- und Schwunglosigkeit sowie Traurigkeit und häufige Rückenschmerzen, nachdem seine Frau vor Kurzem an einem metastasierenden Brustkrebs verstorben ist. Die Kinder leben weiter entfernt ihr eigenes Leben. Befreundete Paare vermeiden eher den Kontakt, da sie wohl nicht gut mit dem traurigen Witwer umgehen können. Er hat sich immer weiter zurückgezogen, die Hobbys (früher zusammen mit der verstorbenen Ehefrau) aufgegeben. Der Patient erlebt die Arbeit als haltgebend und sinnstiftend, hat das Gefühl, ohne die Arbeit würde er „eingehen wie eine Pflanze". Er habe aber weniger Energie als früher zur Verfügung. Die Vorgesetzten und Kollegen bemerken die Veränderung und den Leistungsverlust, wollen ihn unterstützen, können aber bald die von ihm jetzt weniger übernommenen Arbeiten nicht mehr zusätzlich mit abnehmen. Der Hausarzt spricht Herrn F. gegenüber von einer Depression, Herr F. scheut aber den Anruf beim Psychotherapeuten.

Im letztgenannten Beispiel hat die Arbeitstätigkeit einen sehr stabilisierenden und strukturierenden Einfluss. Dies ist ganz häufig der Fall. Auch in diesem Fall ist eine Beratung von Herrn F. wichtig, da er sonst Gefahr läuft, wegen einer nicht behandelten Depression immer mehr in eine Außenseiterposition zu geraten und letztlich den Arbeitsplatz zu verlieren, zumindest herabgestuft und damit weiter seelisch verletzt zu werden. Hier wird die seelische Erkrankung zwar am Arbeitsplatz sichtbar, von einem klinischen Burnout-Syndrom würden wir aber nur in den Fällen sprechen, bei denen der Arbeitsplatzbezug die vermutlich wesentliche Ursache darstellt.

**Fazit**

Von Maslach wurde 1976 der Begriff Burnout auf dem Boden der Arbeits- und Organisationspsychologie als ein Syndrom aus emotionaler Erschöpfung, Depersonalisation (gefühllos-abgestumpfte Reaktion gegenüber Klienten) und reduzierter persönlicher Erfüllung und Leistungsfähigkeit gefasst, das im alltäglichen Umgang mit Patienten und Klienten in der Arbeit entstehen kann. Zunächst bezog sich Burnout nur auf sogenannte „helfende Berufe", später auch andere Berufsgruppen. Die drei o. g. Komponenten von Burnout werden mit dem *Maslach Burnout Inventory* als „Goldstandard" erfasst. In Abgrenzung zu dieser arbeitspsychologischen Definition gibt es im klinisch-medizinischen Bereich und umgangssprachlich in der Nutzung durch die betroffenen Menschen selbst keine klare Definition, sondern Burnout in diesem Sinne ist ein schwer zu fassendes Syndrom mit u. a. Erschöpfung, gedrückter Stimmungslage und vielfältigen möglichen körperlichen Beschwerden. Wichtig ist der vermutete Arbeitsbezug der Beschwerden. Egal wie man den infrage kommenden Zustand bezeichnet, mögliche Frühsymptome einer chronischen Überlastungsreaktion können sich seelisch wie körperlich äußern und müssen zumindest bei einer Dauer von Monaten ernst genommen werden. Solche Warnsymptome sind vergleichbar mit einer „roten Lampe am Armaturenbrett während der Fahrt" – wir alle würden schnell mit dem Auto stehen bleiben und den Schaden beheben, bevor wir weiterfahren. Wieso behandeln so viele Menschen sich selbst schlechter als ihr Auto? Am ehesten, weil sie zu wenig über die Bedeutung solcher Frühsymptome wissen. Hier soll der vorliegende Beitrag sowie das gesamte Buch helfen: Wer erst einmal eine Einsicht gewinnt, kann in Zukunft nicht mehr so einfach gegen diese Einsicht, gegen besseres Wissen weitermachen wie zuvor.

# Literatur

Conrad, P., & Barker, K. K. (2010). The Social Construction of Illness. Key Insights and Policy Implications. *Journal of Health and Social Behavior*, *51*(1), 67–79.

Freudenberger, H. (1974). Staff Burnout. *Journal of Social Issues*, *30*(1), 159–165.

Glaser, J. (2012). Prävention von Burnout durch Arbeitsgestaltung. *Psychologische Medizin*, *23*(4), 26–32.

Grobe, T., & Dörning, H. (2011). Gesundheitsreport 2011. Veröffentlichungen zum betrieblichen Gesundheitsmanagement der Techniker Krankenkasse. Band 26. Hamburg.

Hochschild, A. R. (1990). *Das gekaufte Herz. Zur Kommerzialisierung der Gefühle.* Frankfurt: Campus.

Hofer, M. A. (1984). Relationships as regulators. *Psychosom Med*, *46*, 183–187.

Lohmann-Haislah, A. (o. J.). *Stressreport Deutschland 2012. Psychische Anforderungen, Ressourcen und Befinden.* BAuA.

Maslach, C. (1976). Burned-out. *Human Behavior*, *5*, 16–22.

Maslach, C., & Jackson, S. (1981). The measurement of experienced Burnout. *Journal of Occupational Behaviour*, *2*, 99–113.

Maslach, C., Jackson, S., & Leiter, M. (1996). *Maslach Burn-out Inventory: Manual* (3. Aufl.). Palo Alto, CA: Consulting Psychologists Press.

Rothermund, E., Gündel, H., Kilian, R., Hölzer, M., Reiter, B., Mauss, D., Rieger, M. A., Müller-Nübling, J., Worner, A., von Wietersheim, J., & Beschoner, P. (2014). Treatment of psychosomatic disorders occurring in the vocational context – concept and first findings. *Z Psychosom Med Psychother*, *60*(2), 177–189.

Stöbel-Richter, Y., Daig, I., Brähler, E., & Zenger, M. (2013). Prevalence of personal exhaustion in the general population in Germany and its coherences towards further psychosomatic disorders. *Psychother Psychosom Med Psychol*, *63*(3-4), 109–114.

Tölle, R., & Windgassen, K. (2012). *Psychiatrie einschließlich Psychotherapie* (16. Aufl.). Springer-Verlag.

Zapf, D. (2002). Emotion work und psychological well-being. A review of the literature and some conceptual considerations. *Human Resource Management Review*, *12*, 237–268.

# 9

# Wie viel Freizeit braucht der Mensch? – Arbeitspausen, Erholung und Urlaub

## Inhalt

H. Gündel et al., *Arbeiten und gesund bleiben*, DOI 10.1007/978-3-642-55303-5_9,
© Springer-Verlag Berlin Heidelberg 2014

Die Länge der Arbeitszeit und der Pausen während der Arbeit ebenso wie die Anzahl der Urlaubstage war, seit es Arbeitgeber und Arbeitnehmer gibt, sicher immer Konfliktstoff. Die Rahmenbedingungen sind daher gesetzlich geregelt, u. a. im Arbeitszeitgesetz (ArbZG). Dieses besagt:

Die werktägliche Arbeitszeit der Arbeitnehmer darf acht Stunden nicht überschreiten (§ 3) (bei einer Reihe von Ausnahmeregelungen). Die Arbeit ist durch im Voraus feststehende Ruhepausen von mindestens 30 Minuten bei einer Arbeitszeit von mehr als sechs bis zu neun Stunden und 45 Minuten bei einer Arbeitszeit von mehr als neun Stunden insgesamt zu unterbrechen. Die Ruhepausen können in Zeitabschnitte von jeweils mindestens 15 Minuten aufgeteilt werden. Länger als sechs Stunden hintereinander dürfen Arbeitnehmer nicht ohne Ruhepause beschäftigt werden (§ 4). Die Arbeitnehmer müssen nach Beendigung der täglichen Arbeitszeit eine ununterbrochene Ruhezeit von mindestens elf Stunden haben (§ 5). (Auch hiervon gibt es eine Reihe von Ausnahmen, z. B. für Krankenhäuser). Soweit die Regelungen. Ist damit alles über Pausen gesagt?

---

? 

Welche Mittel wenden Sie an, um Ihren Arbeitstag durchzuhalten? Haben Sie feste Pausen und Zeiten der Erholung eingeplant? Haben Sie Tipps und Tricks?

---

## 9.1   Wie erhole ich mich während der Arbeit? (Arbeitspausen, Arbeitswechsel, Biorhythmus)

Die Arbeitswissenschaft propagiert viele kurze Pausen. Vor Jahrzehnten stand vor allem das Thema im Vordergrund, wie sich die Ermüdung durch schwere körperliche Arbeit am besten kompensieren lässt, und die Antwort lautete: Viele kurze Pausen sind effektiver als wenige lange Pausen. Dass das auch für die geistige Ermüdung gilt, ist erst später beantwortet worden. Besonders aktuell ist die Frage nach „Kurzpausen". Kurzpausen werden arbeitswissenschaftlich üblicherweise definiert als Pausen einer Länge von ca. fünf bis zehn Minuten.

Die Erholungseffekte der Kurzpausen beruhen auf zwei sich ergänzenden Wirkungen: eine kompensatorische Wirkung, d. h. die Erholung von der vorangegangenen Beanspruchung, und eine präventive Wirkung, d. h. eine verbesserte Fähigkeit, mit der folgenden Beanspruchung umzugehen. (*Anmerkung*: Im arbeitswissenschaftlichen Sinn bzw. entsprechend der DIN wird von Belastung bei von außen einwirkenden Faktoren gesprochen, von Beanspruchung bei den kurzfristigen Reaktionen des Individuums.)

Ermüdung steigt nicht linear mit der Zeit, sondern nahezu exponentiell an, am Ende der Arbeitszeit somit am stärksten. Der Erholungswert einer Pause ist zu Beginn am größten und fällt, wieder nahezu einer Exponentialfunktion folgend, mit der Zeit ab. Kombiniert man diese Erkenntnisse, ergibt sich für die Pausengestaltung folgende arbeitswissenschaftliche Regel: Wenn die Erholungszeiten in kurzen Abständen aufeinander folgen (und damit die Zyklen Arbeit – Pause kürzer werden), dann steigt ihr Erholungswert, da pro Zeiteinheit die Ermüdung reduziert und die Erholung gesteigert wird. In der Folge heißt das, bei kürzeren Arbeitszyklen und häufigeren Kurzpausen ist insgesamt weniger Erholungszeit für den Ausgleich der gleichen Gesamtermüdung erforderlich, weil die Ermüdung langsamer zunimmt und belastungsnäher durch Erholung ausgeglichen wird. Vereinfacht zusammengefasst gilt, dass – bei gleicher Gesamtzeit – mehrere kurze Pausen für die Erholung effektiver sind als wenige längere Pausen (Oppolzer 2006; Knauth 2008). Im Verlauf eines Arbeitstages verringern Pausen den Anstieg der erlebten Beanspruchung und der körperlichen Beschwerden.

Die Erholungswirkung wurde für primär geistige Aufgaben in mehreren Untersuchungen belegt.

Bereits in einer frühen Arbeit an Schreibkräften am Schreibcomputer zeigten Sundelin und Hagberg, M. (1989) mittels Befragung und elektromyografischer Messung der Muskelspannung, dass kurze Pausen, insbesondere mit körperlicher Aktivität, sich positiv auf den Muskeltonus und das Befinden der Beschäftigten auswirken.

Kopardekar und Mital (1994) beobachteten, dass sowohl Pausenintervalle von fünf Minuten Pausen alle 30 Minuten als auch zehn Minuten Pause alle 60 Minuten zu verbessertem psychischen Wohlbefinden und geringerer Fehlerzahl führen.

Henning et al. (1997) konnten in einer Feldstudie zeigen, dass Beschäftigte, die im Wesentlichen am Computer arbeiten, durch stündlich eingestreute Drei-Minuten-Pausen eine verbesserte Produktivität zeigen und sich im Augenbereich und in den Beinen wohler fühlen, insbesondere wenn die Pausen selbstbestimmt gelegt werden und die Beschäftigten in den Pausen auch Dehnübungen ausführen können.

Auch kürzere Pausen, sogenannte Mikropausen von 30 Sekunden, führen zu verminderten Beschwerden in den beanspruchten Muskelgruppen Nacken, Schulter, Rücken und Arme bei Computerarbeit, ohne dass die Produktivität sinkt (McLean et al. 2001).

In einem Feldexperiment führten Dababneh et al. (2001) zusätzliche 36 Minuten an bezahlten Kurzpausen in einen Arbeitstag von Bandarbeitern in der Fleischproduktion ein; die Produktivität sank nicht, was die Steigerung der Leistungsfähigkeit durch die Pausen belegt, welche die 36 „verlorenen" Minuten wieder ausgleichen konnten. Das Wohlbefinden verbesserte sich vor allem durch die neunminütigen Pausen.

Hinsichtlich Fehlerrate und Unfallhäufigkeit in Industrieunternehmen konnten Tucker et al. (2003) belegen, dass die Leistung, hier indirekt über Unfälle als Fehlleistungen gemessen, vor allem nach längerer pausenloser Arbeitszeit, d. h. im Verlauf von zwei Stunden, nachlässt und Kurzpausen von zehn Minuten zu jeder Stunde das Risiko senken können.

Nach dem Feldexperiment von Boucsein und Thum (1997) an Patentprüfern mit hoch beanspruchenden intellektuellen Tätigkeiten ist der Pausenbedarf unterschiedlich lang im Verlauf eines Arbeitstages. Für den emotionalen und mentalen Stressabbau am Vormittag waren kürzere Pausen (siebeneinhalb Minuten) und am Nachmittag längere Pausen (15 Minuten) am wirksamsten.

Kurz zusammengefasst: Kurze Pausen, z. B. jede Stunde, führen zu besserer Leistung, weniger Fehlern, weniger erlebter Beanspruchung und größerem Wohlbefinden – und spielen durch die erhöhte Produktivität die verlorene Zeit wieder ein.

**?**

Welche Mittel haben sich bei Ihnen bewährt, um Ihre Leistungsfähigkeit an einem anstrengenden Arbeitstag zu erhalten?

Natürlich spielt auch das „Wie" der Pause eine Rolle. Die wissenschaftlichen Erfahrungen sprechen dafür, dass es günstig ist, in der Pause den Arbeitsplatz zu verlassen und die Haltung zu verändern. Kurzpausen bauen Beanspruchungserleben insbesondere dann ab, wenn in den Pausen Bewegung möglich ist, was vor allem dann eine Rolle spielt, wenn es sich um beanspruchende mentale Arbeit handelt und die Tätigkeit sitzend bzw. in gleichförmigen Bewegungsabläufen ausgeführt wird.

Hacker (1998), einer der „Altmeister" der Arbeits- und Organisationspsychologie, hat präzise auf den Punkt gebracht, welche Bedingungen erfüllt sein müssen, damit die oben beschriebenen Pausen, konventionelle Pausen und Kurzpausen gleichermaßen, erholsam wirken: (1) Die Pause soll ausschließlich der Erholung dienen. (2) Es müssen Möglichkeiten zum Haltungswechsel und zum Verlassen des Arbeitsplatzes gegeben sein. (3) Die Sollvorgaben für die Arbeitsleistung müssen erreichbar sein, um die Inanspruchnahme der Pause überhaupt zu ermöglichen.

**Exkurs**

Pausen von 30 Minuten Länge sind nicht geeignet, in Ruhe ein Mittagessen einzunehmen, wenn man Wege und Wartezeiten hinzurechnet. Seit Jahren mehren sich die empirischen Belege, dass schnelles Essen und Übergewicht miteinander einhergehen. Konkret fanden Wissenschaftler in einer Beobachtung von rund 500 Beschäftigten klare Zusammenhänge zwischen der Essgeschwindigkeit und der Gewichtszunahme in den folgenden acht Jahren, auch wenn der Body-Mass-Index (Gewicht bezogen auf die Körpergröße), Rauchen, Trinken und Sportverhalten als konkurrierende Einflussfaktoren berücksichtigt wurden. Der Zusammenhang war vor allem für die Altersgruppe zwischen 20 und 30 Jahren deutlich (Tanihara et al. 2011). Übergewicht fördert bekanntlich das Auftreten von Zuckerkrankheit, Diabetes mellitus, speziell Typ II, der entsprechend erst auftritt, wenn die Gewichtszunahme deutlich ist, im Gegensatz zum Typ I, der schon in jungen – und schlanken – Jahren zu beobachten ist. Andere japanische Wissenschaftler (Sakurai et al. 2012) fanden in einer sehr aussagekräftigen Kohortenstudie an über 2000 Beschäftigten heraus, dass die selbstberichtete Essgeschwindigkeit zukünftiges Übergewicht und – wohl durch das Übergewicht vermittelt – das Auftreten von Diabetes mellitus voraussagte. Eine jüngst publizierte sogenannte Fall-Kontroll-Studie unterstützt dies: Es wurden mehrere Hundert Patienten mit neu entdecktem Diabetes mellitus verglichen mit Patienten derselben Klinik, ihren üblichen Tischnachbarn ohne Diabetes, hinsichtlich ihrer selbst beurteilten Essgeschwindigkeit. Auch nach statistischer Berücksichtigung aller anderen möglichen Einflussfaktoren auf das Auftreten von Diabetes mellitus war schnelles Essen mit einem mehr als doppelt so hohen Risiko für diese Erkrankung verbunden (Radzeviciene und Ostrauskas 2013). Übertragen auf unsere Arbeitspausen heißt das, dass wir den zeitlichen Freiraum schaffen müssen, um in Ruhe essen zu können.

Wenn wir schon beim Thema Essen sind. Die gängige Vorstellung lautet, nach einem üppigen Mittagsmahl stelle sich am frühen Nachmittag eine Verdauungsmüdigkeit ein. Es mag teilweise stimmen, dass die Verdauung mit Schläfrigkeit einhergeht; sicher ist aber, dass wir einem ausgeprägten chronobiologischen Rhythmus unterliegen, gesteuert von der Zirbeldrüse, die primär auf Licht reagiert und Melatonin produziert. Unabhängig von Essen und Verdauung steigert dieser biologische Rhythmus den Schlafdruck nicht nur nachts, wo wir in den Stunden nach Mitternacht, vor allem zwischen 3.00 und 5.00 Uhr, die Augen kaum mehr offen halten können, sondern auch am frühen Nachmittag. So liegt es nahe, über eine „verschärfte" Pause, ein Nickerchen bei der Arbeit, nachzudenken. Und das wird von den Schlafexperten durchaus empfohlen. Die wichtigsten Erkenntnisse aus der Forschung sind:

Schläfrigkeit und Leistung (vor allem die geistige, „kognitive" Leistung) lassen sich durch einen kurzen Nachmittagsschlaf verbessern – noch stärker in Kombination mit Koffein. Ideal ist ein Schlaf von zehn bis zwanzig Minuten, längeres Schlafen führt zu einer längeren Phase der *„sleep inertia"* („Schlafträgheit"), während man nach einem *„Powernap"* blitzwach wieder ins Geschehen zurückkehren kann. Ein besonders ausgefuchstes Rezept: Unmittelbar vor dem *Powernap* einen Kaffee oder Tee trinken. Der wirkt nämlich erst nach mehr als zwanzig Minuten, d. h. erfrischtes Aufwachen und Koffein wirken gemeinsam. Wann das Nickerchen am besten platziert ist, hängt vom individuellen Chrono-Rhythmus ab. Es lohnt sich bei sich selbst zu beobachten, wann die Müdigkeit – in der Fachsprache der Schlafdruck – regelmäßig am größten ist (Milner und Cote 2009).

## 9.2   Abschalten nach der Arbeit

Gedanken an noch unerledigte Aufgaben, an bald anzugehende Themen und vielleicht auch an zwischenmenschliche Konflikte mit Mitarbeitern oder Vorgesetzten lassen sich häufig am Abend, nach der Rückkehr vom Arbeitsplatz, nicht einfach abstellen. Menschen, die allmählich arbeitsbezogene seelische Erkrankungen wie z. B. eine Depression oder auch chronische körperliche Beschwerden wie z. B. Rückenschmerzen entwickelt haben und sich dann später einmal in einer Psychosomatischen Klinikambulanz vorstellen, berichten im Nachhinein oft über eine frühere Phase von meist Monaten bis Jahren, in der sie abends und teilweise auch nachts über Themen aus der Arbeit gegrübelt haben, innerlich nicht „abschalten", nicht loslassen konnten. Insofern kann die Unfähigkeit, abends gedanklich „abzuschalten", als ein Risikofaktor für eine spätere arbeitsbezogene Erkrankung angesehen werden. Es sind jetzt (abends, nachts) die Gedanken, nicht mehr die reale Arbeitsumgebung, die im Körper meist chronischen vegetativen Stress auslösen und aufrechterhalten.

Dieses Risiko ist zumindest nach klinischer Erfahrung noch höher, wenn neben einem gedanklichen Nicht-Abschalten-Können (sogenannte „kognitive Irritation") auch noch ein vor allem körperlich und gefühlsmäßig spürbares Nicht-Abschalten-Können dazukommt („emotionale Irritation"). Bei der kognitiven Irritation klagen die Betroffenen über wiederkehrende Gedanken an die Arbeit, dies ist gerade, aber nicht nur bei Führungskräften relativ häufig der Fall. Bei der emotionalen Irritation berichten die Betroffenen meistens über eine diffuse innere Unruhe, innere Angespanntheit, Gereiztheit, Nervosität, oft auch Schlafstörungen. Diese emotionale Irritation ist meistens gesundheitlich noch bedenklicher, ein noch gewichtigeres Warnzeichen als eine (eventuell sogar begrenzte) kognitive Irritation. Ein von einem Team um die Leipziger

Arbeitspsychologin Gisela Mohr konzipierter Fragebogen (Mohr et al. 2007) erfasst das Ausmaß sowohl an kognitiver als auch an emotionaler Irritation. Die so beschriebene Irritation geht mit einem Verlust an Entspannungs- und damit auch Regenerationsfähigkeit einher. Irritation ist ein Frühwarnsymptom für weitere spätere Beeinträchtigungen wie Burn-out oder somatoforme Störungen.

Eine niederländische Arbeitsgruppe um Jos Brosschot in Leiden hat zudem gezeigt, dass Grübeln und Gedankenkreisen dafür sorgen, dass die chronische vegetative Stressaktivierung weiter aufrechterhalten wird, auch wenn eine ursprünglich dafür verantwortliche Situation, z. B. ein vermeintlicher Fehler oder ein Konflikt mit einem Vorgesetzten bei der Arbeit, schon lange vorbei ist. Gedanken können also genauso schädlich sein wie reale Stress auslösende Situationen, d. h., chronisches Grübeln, Gedankenkreisen, Ängste und Unsicherheiten wirken nie nur seelisch, sondern immer auch körperlich. Dadurch kann beständiges Grübeln, oft im Rahmen einer beginnenden Depression, z. B. das Fortschreiten einer Arteriosklerose fördern. Aber es geht noch weiter: Es gibt offensichtlich auch ein sogenanntes „unbewusstes" Grübeln, d. h., das Gedankenkreisen geht im Schlaf weiter und kann sogar dann einen beständigen, die Stressaktivierung aufrechterhaltenden Einfluss auf den menschlichen Organismus haben (Brosschot et al. 2010). Natürlich wacht man damit auch eher einmal zwischendurch auf, der Schlaf ist viel unruhiger.

---

**?**

**Was kann ich tun, wenn ich zuhause nicht abschalten kann?**

---

Am ehesten lassen sich die diesbezüglichen Empfehlungen in einem Bild zusammenfassen:

Stellen Sie sich vor, Ihre beständigen und beunruhigenden Gedanken an die Arbeit, aber natürlich auch andere bedrückende Gedanken seien wie Unkraut in einem Garten. Sie können dieses Unkraut jäten, aber es wird schnell nachwachsen. Erst wenn Sie jäten und gleichzeitig neue Blumen einpflanzen, wird das Unkraut nicht wieder wachsen oder zumindest viel weniger und langsamer.

Von diesem Bild habe ich (H.G.) vor etlichen Jahren erstmals von einem Kliniker und Forscher aus Boston, Bessel van der Kolk, in einem Vortrag gehört. Es bezieht sich eigentlich auf Menschen mit einer Posttraumatischen Belastungsstörung, die immer wieder Bilder des ursprünglichen traumatischen Ereignisses, z. B. eines schweren Unfalles, vor sich sehen. Es ist aber auch auf den Arbeitskontext anzuwenden. Es bedeutet, dass Gedankenkreisen und Nicht-Abschalten-Können am besten dadurch zu bekämpfen sind, dass sich betroffene Menschen aktiv etwas anderes vornehmen und sich dann auch gedanklich damit beschäftigen. Was genau dies ist, kann sehr unterschiedlich sein. Entweder aktiviert ein Mensch frühere Hobbys (Ressourcen) wieder, oder er beginnt Neues. Bei vielen stressassoziierten Beschwerden hat sich das Erlernen von im weitesten Sinne Entspannungs- und Meditationstechniken wie z. B. *Mindfulness Based Stress Reduction* (MBSR; quasi eine säkularisierte Form der Meditationsformen), Yoga, Thai-Chi o. Ä. sehr bewährt. Zu diesen Verfahren liegen mittlerweile auch evidenzbasierte Wirksamkeitsnachweise vor.

## 9.3  Wie viel kann ich arbeiten? (Arbeitszeitdauer und Gesundheit)

Lange Arbeitszeiten werden oft in einem Atemzug mit Arbeitsstress genannt, weil sie die Möglichkeit zur Erholung einschränken. Befunde zum Anstieg von Erkrankungen bei überlangen Arbeitszeiten bestärken indirekt die Erkenntnis, dass Erholung – gesundheitlich – notwendig ist. Evidenz für die pathogene Bedeutung langer Arbeitszeiten stammt u. a. besonders eindrücklich aus der in Kap. 7 „Arbeitsstress" näher beschriebenen Whitehall II-Studie an Tausenden britischen Beschäftigten des öffentlichen Dienstes. Arbeitszeiten von mindestens elf Stunden am Tag, als regelhaftes Geschehen über einen längeren Zeitraum, sagten bei den Teilnehmern die Diagnose einer schweren oder sogenannten Majordepression voraus. In der Studie wurde die Diagnose mithilfe des besonders aussagekräftigen und validen „*Composite International Diagnostic Interview* (CIDI)" gestellt (Virtanen et al. 2012). Das Risiko für diese Erkrankung war im Vergleich zu den Teilnehmern mit Arbeitszeiten von sieben bis acht Stunden täglich in etwa verdoppelt. Die statistische Berücksichtigung von Unterschieden zwischen den beiden Teilnehmergruppen hinsichtlich soziodemografischer Faktoren, Rauchen, Alkoholkonsum, körperlicher Erkrankungen, Arbeitsstress und sozialer Unterstützung am Arbeitsplatz hatte kaum einen Effekt. Das wiederum heißt, dass sich der Effekt der langen Arbeitszeiten nicht primär durch hohen Arbeitsstress oder schlechte soziale Unterstützung am Arbeitsplatz erklärt.

Lange Arbeitszeiten entfalten auch Wirkung auf das Risiko, eine kardiovaskuläre Erkrankung zu bekommen. Lange Arbeitszeiten von elf Stunden und mehr erwiesen sich – wiederum in der Whitehall II-Studie – als prädiktiv für ein akutes koronares Ereignis (nichttödlicher Herzinfarkt oder Herztod) bei Berücksichtigung der Unterschiede in allen typischen Risikofaktoren kardiovaskulärer Erkrankungen (Kivimäki et al. 2011). Die Erkenntnisse beschränken sich aber nicht auf die Whitehall II-Studie, sondern wurden auch in anderen Untersuchungen ähnlich gefunden.

In einem systematischen Review mit Metaanalyse konnte Marianna Virtanen die Ergebnisse von elf relevanten Studien nutzen, darunter vier mit Längsschnitt-Design (Virtanen et al. 2012). So kamen mehr als 22.000 Probanden zusammen, von denen 2000 ein koronares Ereignis erlitten. Bereits regelmäßige Arbeitstage von mehr als zehn Stunden Länge erhöhen das Risiko eines koronaren Ereignisses signifikant. Dieses Ergebnis gilt für verschiedene Berufsgruppen, Altersgruppen und für Männer wie für Frauen. Wenn alle sonstigen Einflussfaktoren für koronare Ereignisse „herausgerechnet" waren, blieb ein erhöhtes Risiko für eine Herzattacke von 40 %.

Japan zählt zu den weltweit drei Ländern, in denen Tod durch Überarbeitung (*karoshi*) als Berufskrankheit anerkannt ist, wenn er auf einen Monat Arbeit mit über 100 Überstunden zusätzlich zu den regulären 40 Wochenstunden folgt. So ist es naheliegend, dass eine japanische Arbeitsgruppe die gesamte einschlägige Literatur hinsichtlich aller möglichen gesundheitlichen Folgen von Überstunden durchforstete. Sie definierten *„long working hours"* als mehr als 40 Stunden pro Woche und fanden einen Zusammenhang nicht nur mit koronarer Herzkrankheit und Depression, sondern auch mit Schlafstörungen und Angstzuständen (Bannai und Tamakoshi 2014).

Sicher gibt es große individuelle Unterschiede, und gelegentliches längeres Arbeiten wird kein nennenswertes gesundheitliches Problem hervorrufen. Aber bei regelmäßigen und unausgeglichenen Überstunden, insbesondere wenn sie erzwungen sind, wird wohl eher die Regel verletzt, dass auf Anspannung Erholung und Entspannung folgen müssen, damit der Organismus im Gleichgewicht bleibt. Eine kleine, gut gemachte Studie mit angestellten Beschäftigten konnte zeigen, dass der subjektiv erreichte Grad der Erholung nach dem Schlaf einer Nacht oder nach einem Wochenende mit der Menge des Stresshormons Cortisol zusammenhing – je geringer die gefühlte Erholung, desto mehr Cortisol.

Lange Arbeitszeiten fördern nicht nur chronische Krankheiten, sondern erhöhen auch die Unfallgefahr. Das lässt sich bereits innerhalb eines Achtstundentages zeigen, wenn mit Abstand von der letzten Pause die Häufigkeit von Fehlern und Unfällen steigt. Wenn Arbeitstage länger als ca. neun Stunden dauern, steigt ebenfalls das Unfallrisiko. Und nicht zu vernachlässigen ist die Zunahme von Verkehrsunfällen nach überlangen Arbeitszeiten, die sehr drastisch bei amerikanischen Assistenzärzten nach Schichten mit über 16 Stunden Dauer gezeigt wurden: Sie verursachten fünfmal mehr Beinaheunfälle und fast ein Fünftel mehr tatsächliche Unfälle (Barger et al. 2005).

## 9.4    Wie wichtig ist heutzutage Erholung von der Arbeit?

In der heutigen Arbeitswelt sind flexible Arbeitszeiten oft an der Tagesordnung. Viele Beschäftigte in hochqualifizierten Berufen arbeiten inzwischen in der sogenannten Vertrauensarbeitszeit, d. h., sie bestimmen selbst darüber, wann und wie lange sie arbeiten. Die neuen Informations- und Kommunikationstechnologien wie E-Mails, die auch über Smartphones ausgetauscht werden können, Virtual Private Network (VPN) – Verbindungen, die einen Zugriff auf den betrieblichen Server rund um die Uhr ermöglichen, und Formen der Telearbeit, die das Arbeiten zuhause, auf Dienstreisen oder auch im Urlaub ermöglichen, verlangen von den Beschäftigten heutzutage sehr viel höhere Anforderungen an Selbstmanagement und die Wahrung der Balance zwischen Arbeit und Freizeit ab. Solche Arbeitsformen bieten einerseits Chancen für ein selbstbestimmtes Arbeiten. Sie bergen andererseits aber auch große Gefahren der Entgrenzung, der Selbstausbeutung mit nachfolgenden Folgen für die Gesundheit.

Nach einer Repräsentativumfrage (DGB-Index Gute Arbeit GmbH 2011) zum Thema „Arbeitshetze, Arbeitsintensivierung und Entgrenzung" wird von knapp 30 % der Erwerbstätigen sehr häufig oder oft erwartet, auch außerhalb der normalen Arbeitszeit per E-Mail oder Telefon für ihren Betrieb erreichbar zu sein. Männer sind mit 30 % etwas häufiger betroffen als Frauen mit 25 %, Vollzeitkräfte mehr als Teilzeitkräfte (28 % versus 21 %), Beschäftigte, die mit vielen Kunden arbeiten häufiger als Beschäftigte mit wenig Kundenkontakt (32 % versus 16 %). Führungskräfte sind mit 40 % deutlich öfter betroffen als Erwerbstätige in nichtleitender Position (23 %). Von denen, die sehr häufig oder oft auch außerhalb der normalen Arbeitszeit erreichbar sein müssen, fühlen sich 60 % in ihrer Arbeit gehetzt. Ein Drittel aller Beschäftigten gab in dieser Repräsentativbefragung an, nach der Arbeit nur schwer abschalten zu können.

Überlange Arbeitszeiten sind nach internationalen Reviews ursächlich für Beeinträchtigungen der Erholungsfähigkeit und der psychischen Gesundheit (vor allem Depressionen) von Mitarbeitern verantwortlich (z. B. Härmä 2006). Sie tragen zudem zu Arbeit-Familie-Konflikten bei, die ihrerseits Gesundheitsprobleme nach sich ziehen bzw. verstärken können (z. B. Smith Major et al. 2002). In Längsschnittstudien wurde der vermittelnde Zusammenhang zwischen (sozialem) Arbeitsstress, Irritation und depressiven Symptomen belegt (Dormann und Zapf 2002). Irritation kommt demnach eine wichtige Rolle als Frühwarnindikator im Hinblick auf psychische Erkrankungen bzw. Fehlentwicklungen zu. Fritz und Sonnentag (2005) haben in ihrer längsschnittlichen Kurzzeitstudie über mehrere Tage belegt, dass unzureichende Erholung am Wochenende nicht nur beeinträchtigtes Wohlbefinden und Burn-out, sondern auch Leistungseinbußen in der Arbeit zu Beginn der folgenden Woche vorhersagen.

## 9.5 Wie wichtig ist Urlaub?

Urlaub gehört so selbstverständlich zu unserem Arbeitsleben dazu, dass wir seine Bedeutung überhaupt nicht infrage stellen (s. Abb. 9.1). Dass uns Urlaub gut tut, uns Erholung verschafft, Lebensfreude steigert, Gesundheit erhält und Leistungsfähigkeit stärkt, scheint unbestritten. Nur das „Wie" ist regelmäßiges Thema vor den großen Ferien im Sommer, wenn alle Medien Experteninterviews darüber verbreiten, wie man sich am besten erholt. Im Angebot für den besten Erholungseffekt finden sich der berühmte „Tapetenwechsel" durch Verreisen, das Abschalten von mobilen Kommunikationsmitteln, die uns in Versuchung führen könnten, Berufliches zu bearbeiten, körperliche Aktivität, die es uns ermöglicht, den Kopf freizubekommen, oder einfach Ausschlafen, um das Schlafdefizit während des Arbeitslebens auszugleichen.

> ?
>
> Welche Rezepte haben Sie, um sich im Urlaub optimal zu erholen? Und wie oft können Sie einen solchen optimalen Erholungsurlaub realisieren?

Wir wollen im Folgenden die gesicherten Erkenntnisse über die Wirkung von Urlaub und die optimale Gestaltung von Urlaubstagen zusammentragen. Es gibt aber – gemessen an der Bedeutung des Urlaubs in unserem Leben – erstaunlich wenig Urlaubsforschung.

Beginnen wir mit der Perspektive auf lange Zeiträume: Mehrjährige Untersuchungen haben separat für Männer und für Frauen einen Zusammenhang zwischen der Häufigkeit von Urlaub und der Herzgesundheit gefunden; ob es wirklich der Urlaub ist, der die Herzkranzgefäße schützt, oder der Urlaub nur Indikator für bessere Lebensbedingungen und damit auch Wohlstand oder für einen gesünderen Lebensstil ist, lässt sich nicht mit letzter Sicherheit sagen (Gump und Matthews 2000).

Für die kurzfristigen Wirkungen gibt es solide Erkenntnisse: Metaanalytisch abgesichert ist, dass Urlaub gesundheitliche Beschwerden und Erschöpfung reduziert und – in geringerem Maß – die Lebenszufriedenheit hebt (De Bloom et al. 2009). Diese Effekte sind unmittelbar nach dem Urlaub zu beobachten und lassen in den nächsten zwei bis vier Wochen wieder nach (Kühnel und Sonnentag 2011) (s. Abb. 9.2).

**Abb. 9.1**  Urlaub im September. © Peter Butschkow

Über die optimale Länge des Urlaubs lässt sich dagegen wenig sagen. Nachgewiesen wurde zumindest, dass auch kurze Urlaube, vier bis fünf Tage lang, einen deutlichen Erholungseffekt haben. Vermutlich ist es mit dem Urlaub wie mit der Pause – die größten Effekte finden am Anfang statt. Es scheint keinen rechten Zusammenhang zwischen der Länge eines Urlaubs, beginnend mit einem Kurzurlaub von vier bis fünf Tagen, und der Geschwindigkeit zu geben, mit der ein Erholungseffekt nachlässt. Anders gesagt, es gibt keinen Beleg dafür, dass der längere Urlaub in seinem Erholungseffekt auch länger anhält. Nimmt man diese Erkenntnisse zusammen, dann würde einiges dafür sprechen, mehrere kurze Urlaube statt einiger weniger langer zu machen. Nun ist aber der Urlaub eine besondere Zeitperiode, die ganz andere persönliche Freiräume eröffnet, um Neues zu lernen und zu erleben, sich in selbst gewählte Aktivitäten zu vertiefen statt von äußeren Notwendigkeiten bestimmt zu

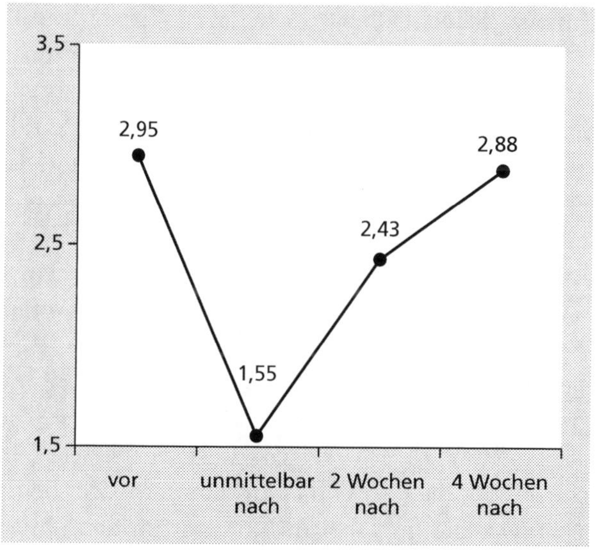

**Abb. 9.2**   Erschöpfung vor und nach dem Urlaub. Nach Kühnel und Sonnentag (2011), S. 136

handeln, soziale Bande zu stärken und Distanz von den Arbeitsbelastungen zu gewinnen. Das sind Argumente, einmal so „richtig abzuschalten" und eine längere Auszeit zu nehmen. Aus diesen Überlegungen resultiert die öfter verbreitete Empfehlung, den Urlaub auf einen längeren und mehrere kürzere Zeiträume zu verteilen. Außerdem: Wer will schon ständig die Koffer packen? Da fährt man doch lieber mal richtig lang weg.

Eine große Rolle für den Erholungseffekt und für die positiven Wirkungen auf Gesundheit und Wohlbefinden spielen die Aktivitäten im Urlaub (Fritz und Sonnentag 2006; De Bloom et al. 2013). Dazu lassen sich ein paar wenige wissenschaftlich begründete Empfehlungen geben. Arbeit erfordert ja oft Selbstüberwindung und Disziplin. Das beginnt schon mit dem morgendlichen Aufstehen. Erholung bei ständiger Selbstüberwindung ist schwierig. Das heißt für den Urlaub genauso wie für die Arbeit: Herausforderungen im Urlaub zu suchen ist erholungsförderlich, weil Erfolgserlebnisse die Stimmung heben und das Gefühl von Selbstwirksamkeit steigern. Aber Überforderung oder Aktivitäten, die konstante Selbstüberwindung erfordern, machen den Urlaub nicht besser. Günstig haben sich in den Beobachtungen zu Urlaubseffekten sportliche Aktivitäten, soziale Aktivitäten und Entspannung erwiesen. Zentrale Determinanten positiver Effekte aber sind die Selbstbestimmtheit, die Freude bei den Urlaubsaktivitäten und das erlebte Gefühl von Entspannung. Sie bewirken Erholung. Auf einen Nenner gebracht: Entscheidend – so die entlastende, einfache Botschaft – ist die erlebte Qualität des Urlaubs. Das heißt für den potenziellen Urlauber, auf die eigenen Erfahrungen zu hören und Aktivitäten zu wählen, die Anregung, Freude und Entspannung versprechen.

Arbeit während des Urlaubs ist nicht *per se* problematisch, solange der eigentliche Charakter des Urlaubs nicht zu kurz kommt. Problematisch ist aber, den Arbeitsdruck mit in den Urlaub zu nehmen, motiviert durch diesen Druck, nicht aus freier Entscheidung, weiterzuarbeiten oder den Druck zu erleben, ständig erreichbar sein zu müssen (Fritz und Sonnentag 2014). Problematisch sind auch negative Gedanken über die Arbeit. Das stört die Erholung. Und hier kommen wir zurück auf die gute Gestaltung von Arbeit bzw. die Kehrseite, auf schlecht gestaltete Arbeit oder Arbeitsstress.

Das Abstellen des beruflichen E-Mail-Verkehrs außerhalb der Arbeitszeiten durch den Betrieb, die Möglichkeit der Gutschrift von Arbeit unterwegs oder zu Hause als „Mobilarbeit" und das „Recht auf Unerreichbarkeit" sind sicher gute Schritte, um die notwendige Erholung von der beruflichen Beanspruchung zu fördern. Sie sind aber im Kontext mit den übrigen Arbeitsbedingungen zu sehen, die einen nachweislich großen Effekt auf die Gesundheit der Beschäftigten haben, wie wir in Kap. 7 „Arbeitsstress" ausführlich dargelegt haben. Gut gestaltete Arbeit vermeidet Erschöpfung, erleichtert Erholung (und steigert die Produktivität!). Gut gestaltete Arbeit, das heißt: Aufgaben, die herausfordernd, aber gut zu bewältigen sind, auch hinsichtlich der Menge und der verfügbaren Zeit, unter Berücksichtigung der Qualifikation der beschäftigten Person. Gut heißt eine Arbeit, die als sinnvoll – und idealerweise auch als interessant – erlebt wird. Gut ist eine Arbeit, die eine Anstrengung der Beschäftigten durch eine entsprechende „Belohnung" im Sinne von Wertschätzung, Lob für Leistung, Karrierechance, Arbeitsplatzsicherheit und angemessene Bezahlung vergütet. Gut ist schließlich ein soziales Umfeld, das durch gegenseitige Unterstützung, Aufmerksamkeit für den anderen, Respekt und Anerkennung geprägt ist. Das sozio-psycho-biologische Grundprinzip des Beanspruchungs-Erholungs-Zyklus erfordert auch im Wechsel zwischen Anstrengung bei der Arbeit und Erholung im Urlaub die Berücksichtigung beider Bereiche.

**Fazit**

Pausen und Urlaube haben einige Gemeinsamkeiten: Vieles spricht dafür, dass die Erholungseffekte anfänglich stärker sind als im weiteren Verlauf – und leider auch relativ rasch wieder verschwinden. Das spricht – rein aus Erholungsgründen – für häufigere kurze Unterbrechungen, Pausen wie Urlaube. Beide sollten Gelegenheit bieten, Abstand von der Arbeitstätigkeit zu bekommen, räumlich und gedanklich. Urlaub dient aber bei Weitem nicht nur der Erholung, sondern als frei(e) gestaltbare Lebenszeit und erfüllt insofern andere Funktionen. Die klare Trennung zwischen Arbeit und Freizeit durch Regelungen des Betriebs sind gute Ansätze, das zunehmende Eindringen der Arbeit in andere Lebensbereiche einzudämmen – ist aber nur vor dem Hintergrund insgesamt guter oder eben auch schlechter Arbeitsbedingungen ein maßgeblicher Gewinn.

# Literatur

Barger, L. K., Cade, B. E., Ayas, N. T., Cronin, J. W., Rosner, B., Speizer, F. E., Czeisler, C. A., & Harvard Work Hours, Health ans Safety Group (2005). Extended work shifts and the risk of motor vehicle crashes among interns. *N Engl J Med*, *352*(2), 125–134.

Brosschot, J. F., Verkuil, B., & Thayer, J. F. (2010). Conscious and unconscious perseverative cognition: is a large part of prolonged physiological activity due to unconscious stress? *J Psychosom Res*, *69*(4), 407–416.

Boucsein, W., & Thum, M. (1997). Design of work/rest schedules for computer work based on psychophysiological recovery measures. *International Journal of Industrial Ergonomics*, *20*, 51–57.

Bannai, A., & Tamakoshi, A. (2014). The association between long working hours and health: a systematic review of epidemiological evidence. *Scand J Work Environ Health*, *40*(1), 5–18.

Dababneh, A. J., Swanson, N., & Shell, R. L. (2001). Impact of added rest breaks on the productivity and well being of workers. *Ergonomics*, *44*, 164–174.

de Bloom, J., Geurts, S. A. E., & Kompier, M. A. J. (2013). Vacation (after-) effects on employee health and well-being, and the role of vacation activities, experiences and sleep. *Journal of Happiness Studies*, *14*(2), 613–633.

de Bloom, J., Kompier, M., Geurts, S., de Weerth, C., Taris, T., & Sonnentag, S. (2009). Do we recover from vacation? Meta-analysis of vacation effects on health and well-being. *J Occup Health*, *51*(1), 13–25.

DGB-Index Gute Arbeit GmbH (2012). *Arbeitshetze – Arbeitsintensivierung – Entgrenzung. So beurteilen die Beschäftigten die Lage. Ergebnisse der Repräsentativumfrage 2011* www.dgb-index-gute-arbeit.de

Dormann, C., & Zapf, D. (2002). Social stressors at work, irritation, and depressive symptoms: accounting for unmeasured third variables in a multi-wave study. *Journal of Occupational and Organizational Psychology*, *75*, 33–58.

Fritz, C., & Sonnentag, S. (2005). Recovery, health, and job performance: effects of weekend experiences. *Journal of Occupational Health Psychology*, *10*, 187–199.

Fritz, C., & Sonnentag, S. (2006). Recovery, Well-Being, and Performance-Related Outcomes: The Role of Workload and Vacation Experiences. *Journal of Applied Psychology*, *91*, 936–945.

Fritz, C., & Sonnentag, S. (2014). Recovery from job stress: The stressor-detachment model as an integrative framework. *Journal of Organizational Behavior*. doi:10.1002/job.192.

Gump, B. B., & Matthews, K. A. (2000). Are vacations good for your health? The 9-year mortality experience after the multiple risk factor intervention trial. *Psychosomatic Medicine*, *62*, 608–612.

Hacker, W. (1998). *Arbeitspsychologie. Psychische Regulation von Arbeitstätigkeiten* (2. Aufl.). Bern: Huber.

Härmä, M. (2006). Workhours in relation to work stress, recovery and health. Scandinavian Journal of Work Environment &amp. *Health*, *32*, 502–514.

Henning, R. A., Jacques, P., Kissel, G. V., Sullivan, A. B., & Alteras-Webb, S. M. (1997). Frequent short rest from computer work: effects on productivity and well-being at two field sites. *Ergonomics*, *40*, 78–91.

Knauth, P. (2008). Arbeitszeit und Pausen. In D. Nowak, & S. Letzel (Hrsg.), *Handbuch der Arbeitsmedizin*. Landsberg: Ecomed.. Kapitel B IV-1. 9. Ergänzungslieferung 10/2008

Kivimäki, M., Batty, G. D., Hamer, M., Ferrie, J. E., Vahtera, J., Virtanen, M., Marmot, M. G., Singh-Manoux, A., & Shipley, M. J. (2011). Using additional information on working hours to predict coronary heart disease: a cohort study. *Ann Intern Med*, *154*(7), 457–463.

Kopardekar, P., & Mital, A. (1994). The effect of different work-rest schedules on fatigue and performance of a simulated directory assistance operator's task. *Ergonomics*, *43*, 622–638.

Kühnel, J., & Sonnentag, S. (2011). How long do you benefit from vacation? A closer look at the fade-out of vacation effects. *Journal of Organizational Behavior*, *32*, 125–143.

McLean, L., Tingley, M., Scott, R. N., & Rickards, J. (2001). Computer terminal work and the benefit of microbreaks. *Appl Ergon*, *32*, 225–237.

Milner, C. E., & Cote, K. A. (2009). Benefits of napping in healthy adults: impact of nap length, time of day, age, and experience with napping. *J Sleep Res*, *18*(2), 272–281.

Mohr, G., Rigotti, T., & Müller, A. (2007). *Irritations-Skala zur Erfassung arbeitsbezogener Beanspruchungsfolgen*. Göttingen: Hogrefe.

Oppolzer, A. (2006). Menschengerechte Gestaltung der Arbeit durch Erholzeiten. *WSI Mitteilungen*, *6*, 321–326.

Radzeviciene, L., & Ostrauskas, R. (2013). Fast eating and the risk of type 2 diabetes mellitus: A case-control study. *Clin Nutr*, *32*, 232–235.

Sakurai, M., Nakamuraa, K., Miurab, K., et al. (2012). Self-reported speed of eating and 7-year risk of type 2 diabetes mellitus in middle-aged Japanese men. *Metabolism, Clinical and Experimental*, *161*, 1566–1571.

Smith Major, V., Klein, K. J., & Ehrhart, M. G. (2002). Work time, work interference with family, and psychological distress. *Journal of Applied Psychology, 87*, 427–436.

Sundelin, G., & Hagberg, M. (1999). The effects of different pause types on neck and shoulder EMG activity during VDU work. *Ergonomics, 32*, 527–537.

Tanihara, S., Imatoh, T., Miyazaki, M., et al. (2011). Retrospective longitudinal study on the relationship between 8-year weight change and current eating speed. *Appetite, 57*, 179–183.

Tucker, P., Folkard, S., & MacDonald, I. (2003). Rest breaks and accident risk. *Lancet, 361*(9358), 680.

Virtanen, M., Heikkilä, K., Jokela, M., Ferrie, J. E., Batty, G. D., Vahtera, J., & Kivimäki, M. (2012). Long working hours and coronary heart disease: a systematic review and meta-analysis. *Am J Epidemiol, 176*(7), 586–596.

# 10

# Was kann ich als Einzelner tun – oder: Kann man Resilienz lernen?

## Inhalt

H. Gündel et al., *Arbeiten und gesund bleiben*, DOI 10.1007/978-3-642-55303-5_10,
© Springer-Verlag Berlin Heidelberg 2014

Wenn wir in den vorangegangenen Kapiteln die Wechselwirkungen zwischen Arbeit und Gesundheit aus verschiedenen Blickwinkeln betrachtet haben, ist an vielen Stellen klar geworden, wie ein gesundes Arbeitsleben aussehen könnte. Wir wollen uns im Folgenden die Möglichkeiten, die die einzelne Person hat, um seelisch und körperlich gesund zu bleiben, etwas genauer anschauen und dabei auf einzelne Themen eingehen, die bisher noch nicht ausreichend zur Sprache kamen.

Erholung, Pausen, Arbeitszeiten und Urlaub, d. h. vor allem dem quantitativen Mischungsverhältnis von Arbeit und Erholung, war das vorangehende Kap. 8 gewidmet. Wir konzentrieren uns an dieser Stelle mehr auf die Frage, wie arbeitsbezogene Beanspruchungen und Belastungen, die in Kap. 7 „Stress in der Arbeit macht krank, oder?" diskutiert werden, bestmöglich zu verhindern oder zu bewältigen sind. Im Detail geht es um zentrale Aspekte der eigenen Lebenseinstellung, den Nutzen von Meditations- und Entspannungstechniken, um Sport, um berufliche Stresspräventionsprogramme und vor allem um die Frage, wie sich persönliche Inseln (wieder-)finden und pflegen lassen, auf denen aufgetankt werden kann.

Man könnte sagen, es geht auch um eine Bewahrung und Förderung der sogenannten Resilienz, d. h. der Widerstandsfähigkeit gegenüber vielfachen Anforderungen und Belastungen, salopp gesagt von „stressigen" Einflüssen auf die eigene körperliche und seelische Gesundheit. Bei dem Begriff zucken wir innerlich nur deshalb ein wenig zusammen, weil es uns nicht richtig erscheint, primär die Widerstandsfähigkeit des Individuums an eine belastende Umwelt anzupassen; vielmehr sollte die förderliche Gestaltung der Arbeit das erste Ziel sein. Nichtsdestotrotz hat die Förderung der Widerstandfähigkeit der einzelnen Person auch ihre Berechtigung im Konzert der Maßnahmen für ein gesundes Arbeitsleben.

In der englischen Sprache klingt die Definition von Resilienz noch anschaulicher: *„having the capacity to bend without breaking"* (Southwick und Charney 2012) – also die Fähigkeit zu besitzen oder möglichst gut zu entwickeln, „sich zu biegen, ohne zu brechen." Southwick und Charney, beide US-amerikanische Universitätslehrer, finden nach Analyse der wissenschaftlichen Literatur und intensiver Befragung von Menschen, die außergewöhnliche Belastungen und Schicksalsschläge bewundernswert bewältigen konnten, zehn wesentliche Einflussfaktoren für persönliche Resilienz und vertreten sehr überzeugend die Auffassung, dass Resilienz grundsätzlich lernbar und trainierbar ist (2012). Unter diesen zehn lern- und trainierbaren Einflussfaktoren befinden sich u. a. Optimismus, zwischenmenschliche (soziale) Unterstützung sowie die Fähigkeit, auch schwierige und belastende Situationen in Worte zu fassen und darüber erzählen zu können (*„to tell a story"*), anstatt belastende Themen und Erlebnisse mit niemandem zu teilen und in sich „zu vergraben".

Nicht zuletzt ist Humor eine wichtige und hilfreiche Fähigkeit in kritischen Belastungssituationen, da er zu einer spontanen persönlichen Distanzierung führen und kreative Gedanken auslösen kann.

---
?
---
Sie meinen, ständiger Optimismus könne doch nicht wirklich gut sein?

---

Das meinen wir auch. Southwick und Charney treffen da eine wichtige Unterscheidung: Sie definieren Optimisten so, dass diese – sinngemäß – rasch bemerken würden, wenn ein Problem nicht lösbar sei, und sich dann auch nicht lange weiter mit dessen Lösung beschäftigen. Stattdessen würden Optimisten sich dann schnell denjenigen Aufgaben zuwenden, von denen sie denken, dass sie lösbar sind (2012). Diese so verstandene realistisch optimistische Haltung ist also gekennzeichnet durch einen eigenen starken Willen, durch Hoffnung auf erfolgreiche Bewältigung, vor allem durch den Wunsch nach Selbstwirksamkeit und eigener Aktivität und gerade nicht durch Passivität und einem Gefühl der Ratlosigkeit, eines „Erdulden- oder Aushalten-Müssens".

## 10.1 Selbstwirksamkeit und Kontrolle versus Hilflosigkeit

Vielfältige Studien belegen, dass das Gefühl von Selbstwirksamkeit und eigener Aktivität und Kontrolle selbst in anspruchsvollen und auch schwierigen Situationen einen wesentlichen Einfluss auf eigene Widerstandsfähigkeit und Gesundheit hat. Im Gegensatz dazu ist das Gefühl der sogenannten „erlernten Hilflosigkeit", vor allem wenn es länger anhält, sowohl für das Seelenleben als auch für die körperliche Gesundheit ausgesprochen schädlich. Dieses Lebensgefühl, selbst nichts mehr tun zu können, um eine schwierige Situation zu bewältigen, mehr oder weniger komplett von äußeren Einflüssen abhängig zu sein, hat laut übereinstimmender wissenschaftlicher Untersuchungen bei vielen Säugetieren unter Einschluss des Menschen eine durchschlagend negative biologische Wirkung und kann sogar den biochemischen Stoffwechsel in der einzelnen Körperzelle beeinflussen.

Die Gruppe um Steve Maier (University of Colorado, Boulder, USA) hat hierzu wichtige und eindrucksvolle Forschungsergebnisse vorgelegt (Zusammenfassung s. Reber 2014). Sie kann im Ratten-Tiermodell nachweisen, dass die Erfahrung, einen eigenen Einfluss auf die Auslösung oder Vermeidung von negativen Stressoren (hier elektrischer Impulse) ausüben zu können, also die frühe Erfahrung von eigenen Kontroll- und Einflussmöglichkeiten in einer grundsätzlich aversiven („stressigen") Situation, ausgesprochen wichtig und wertvoll ist. Die zukünftige Resilienz und positiven Bewältigungsfähigkeiten eines Lebewesens gegenüber auch ganz andersartigen Stressoren ist bei entsprechenden positiven Erfahrungen schon früherer eigener erfolgreicher Bewältigung von schwierigen Situationen wesentlich erhöht. Wenn in diesen Experimenten Ratten aber von Beginn an die Erfahrung machen, dass sie keinen Einfluss auf ihre Umgebung haben, komplett vom äußeren Geschehen abhängig sind, also Kontrollverlust erfahren und dadurch „Hilflosigkeit erlernen", hat das massiven Einfluss auf die spätere Bewältigung ganz anderer Stress-Situationen: Die Ratten mit der Erfahrung der erlernten Hilflosigkeit versuchen nicht einmal, eine neue Situation zu bewältigen, sondern sie „ergeben" sich in der neuen Situation. Diejenigen Ratten, die zuvor die Erfahrung der Kontrolle und eigenen Einflussmöglichkeit gemacht haben, bewältigen hingegen eine neue herausfordernde Situation. Für beide Gruppen von Säugetieren ist es die gleiche zu bewältigende Situation: Diejenigen mit einer Vorerfahrung von Selbstwirksamkeit und Kontrolle bewältigen die neue Situation, diejenigen mit der Vorerfahrung von erlernter Hilflosigkeit resignieren. Es ist also nicht nur die Situation an sich, sondern auch das Säugetier mit seinen ganz speziellen Erfahrungen, was den Unterschied ausmacht (Amat et al. 2006, 2010; s. Zusammenfassung bei Reber 2014).

Aus diesen und anderen Befunden im Tiermodell, aber auch beim Menschen folgt, dass das Gegenteil von Selbstwirksamkeit und Kontrolle, nämlich „erlernte Hilflosigkeit" „ein Phänomen beschreibt, bei dem ein Individuum durch das Erlernen von Machtlosigkeit während einer Reihe von unkontrollierbaren Situationen später nicht mehr der Lage ist, eigentlich vermeidbaren unangenehmen Situationen aktiv aus dem Weg zu gehen, sondern sich passiv seinem Schicksal ergibt" (Reber 2014). Es ist also ein entscheidender Faktor zur Steigerung und Aufrechterhaltung von persönlicher Resilienz und bestmöglicher Stressbewältigung, dass der einzelne Mensch, im Falle des Arbeitsumfeldes der einzelne Arbeitnehmer, sich nicht als komplett hilflos und „ausgeliefert" erlebt. Beispielsweise bei laufenden oder anstehenden Umstrukturierungsprozessen, die als bedrohlich erlebt werden können, kann hilfreich sein, dass die Betroffenen soweit wie möglich und sinnvoll an diesen Prozessen beteiligt bzw. in diesen Prozess eingebunden werden. Andersherum, quasi aus Sicht des Vorgesetzten und/oder des Kollegen, illustrieren diese Experimente auch, dass „Stress" nicht für alle gleich und objektiv messbar ist, sondern immer auch eine subjektive, persönliche Wahrnehmung mit seelischen und physiologischen Reaktionen beinhaltet, die stark von den Vorerfahrungen und der Konstitution des einzelnen Menschen abhängt.

Es ist unnötig zu betonen, dass das Lebensgefühl von (erlernter) Hilflosigkeit und fehlender Kontrolle oft ein Vorläufer, später auch ein ständiger

Begleiter von klinischem Burn-out und Depression sein kann. Deswegen sollte jeder einzelne Mensch versuchen, diese innerseelische Situation zu vermeiden oder wieder zu überwinden. Wenn irgend möglich geht es darum, auch in schwierigen und komplexen Situationen eigene Handlungsmöglichkeiten zu überlegen und dann umzusetzen zu versuchen, auch wenn der Spielraum nur klein erscheint, frei nach dem Motto „nur kleine Schritte haben eine Chance, auch umgesetzt werden zu können."

## 10.2   Zwischenmenschliche Beziehungen – *„relationships as regulators"*

Ein ebenso wichtiger gesunderhaltender Einflussfaktor sind – zumindest einige – gute und haltgebende zwischenmenschliche Beziehungen im Privat- und Berufsleben. Die Vorstellung, dass der Mensch wie eine unabhängige Maschine funktioniert („monadisch"), ist schon lange überholt. Der US-amerikanische Psychiater und Neurowissenschaftler Myron Hofer hat dieses Grundprinzip der gesunderhaltenden tragfähigen zwischenmenschlichen Beziehungen in einer eindrucksvollen Rede einmal unter dem Stichwort *„relationships as regulators"* (1984) zusammengefasst. Eine epidemiologische Metaanalyse, also eine zusammenfassende Analyse aller existierenden Studien zu diesem Thema, hat den resilienzverstärkenden und gesunderhaltenden Effekt von tragfähigen zwischenmenschlichen Beziehungen sehr eindrucksvoll untermauert: Holt-Lunstad et al. (2010) fassten 148 weltweit durchgeführte Studien zusammen, die den Zusammenhang von sozialen (zwischenmenschlichen) Beziehungen und allgemeiner Sterblichkeit untersuchten. Auf diese Weise wurden die Verlaufsbeobachtungen an über 300.000 Menschen zu dieser Fragestellung analysiert. Diese Metaanalyse konnte zeigen, dass soziale Unterstützung tatsächlich die Sterblichkeitswahrscheinlichkeit des einzelnen Menschen innerhalb eines bestimmten Zeitraumes reduziert (Holt-Lunstad et al. 2010). Menschen mit guten sozialen Beziehungen wiesen im Vergleich zu Menschen mit schlechten sozialen Beziehungen eine um > 50 % erhöhte Wahrscheinlichkeit auf, innerhalb eines Beobachtungszeitraumes von siebeneinhalb Jahren zu überleben. Dieser Effekt auf die Sterblichkeit war größer als der, der entsteht, wenn Menschen mit dem Rauchen aufhören. Die Autoren dieser eindrucksvollen Studie schlussfolgern, dass soziale Beziehungen einen höheren Einfluss auf die Überlebenszeit haben als viele bekannte Risikofaktoren. Zur Liste dieser allgemein bekannteren Risikofaktoren wie Rauchen, Ernährung und mangelnde Bewegung sollte nach diesen fundierten Befunden unbedingt auch ein Mangel an tragfähigen sozialen Beziehungen (oder entsprechend ein Übermaß an negativen Beziehungserfahrungen) hinzugefügt werden (Holt-Lundstad et al. 2010).

Um den wichtigen Einfluss von sozialen Beziehungen für Gesundheit und Krankheit zu belegen, gibt es eine große Zahl von weiteren wissenschaftlichen Einzelstudien. Es ist erstaunlich, dass diese Ergebnisse in der Öffentlichkeit eher weniger bekannt sind. So ist schon vor längerer Zeit beschrieben worden, dass „Menschen mit schlechter sozialer Unterstützung am Arbeitsplatz eine im Schnitt höhere Herzfrequenz besitzen als jene mit guter sozialer Unterstützung, und zwar nicht nur während der Arbeitszeit, sondern auch während der Freizeit und im Schlaf" (Reber 2014; Unden et al. 1991). In diesem Zusammenhang ist wichtig, dass eine erhöhte Herzfrequenz mit einem erhöhten Herzinfarktrisiko einhergeht (Dyer et al. 1980).

## 10.3 Neurobiologische Befunde – wie soziale Beziehungen den Körper beeinflussen

Eine der weltweit führenden Forscherinnen im Bereich der Bildgebungsforschung von emotionalen Empfindungen im Gehirn, Naomi Eisenberger aus Los Angeles, hat sich über viele Jahre besonders mit den Aktivierungen in bestimmten Zentren des menschlichen Gehirnes beschäftigt, wenn sich Menschen aus einer sozialen Gemeinschaft ausgegrenzt fühlen oder Angst haben, dies könnte geschehen (z. B. Angst vor Ausschluss aus einer Arbeitsgruppe, Mobbing, vor dem Verlust des Arbeitsplatzes etc.). In einer Übersichtsarbeit fasst Naomi Eisenberger eindrucksvoll zusammen, dass Gefühlszustände wie Trauer oder Ausgeschlossenwerden aus einer sozialen Gemeinschaft die nahezu gleichen Hirnregionen aktivieren wie primär körperlicher Schmerz (z. B. Rückenschmerz aufgrund eines Bandscheibenvorfalles); d. h. dass chronischer körperlicher Schmerz nicht selten auch aus seelischem Schmerz entsteht bzw. von diesem aufrechterhalten wird (Inagaki und Eisenberger 2012). Dies scheint ein Prinzip des Lebens zu sein: Seelischer Schmerz kann sich primär körperlich ausdrücken, sei es als körperlicher Schmerz, als gesteigerte Entzündungsneigung mit erhöhtem Risiko für einen Herzinfarkt oder auch in ganz anderen körperlichen Symptomen. Um in einem einfachen Bild zu bleiben, spricht vieles dafür, dass sich seelisches Empfinden quasi „Huckepack" auf bestehende basale biologische Regelkreise im menschlichen Körper „aufgepfropft" hat (auch ein ursprünglich von Eisenberger verwendetes Bild) und unsere Biologie sowohl bei körperlichen als auch bei seelischen Stressoren ähnlich oder gleich reagieren kann.

Ebenso unterscheidet unser Gehirn auch nicht komplett zwischen bereits real eingetretenen Ereignissen (Tatsachen) und ängstlichen Fantasien, was in der Zukunft eintreten könnte (Befürchtungen und Gedanken).

Ein klinisches Beispiel: Frau W., 50 Jahre, erkrankte am ersten Schub eines generalisierten Schmerzsyndroms mit diffusen Schmerzen in der Lendenwirbelsäule und den großen Gelenken (medizinische Diagnose am ehesten Fibromyalgie), als auch die letzte ihrer drei Töchter zum Studium den elterlichen Haushalt verließ. Nach einigen Monaten kam es zu einem allmählichen Rückgang der Schmerzen (Vermutung hier: der primär seelische Schmerz des Wegganges der Tochter von zu Hause drückt sich in körperlichem Schmerz aus). Wenige Jahre später kommt es zu einem neuen, schweren Schub dieser Schmerzerkrankung mit hohem Leidensdruck und vielen Arztbesuchen. Frau W. klagt über massive, bohrend-brennende Schmerzen vor allem in den Gelenken, die sich bewegungsabhängig verstärken. Sie ist ratlos, wirkt sehr gequält und beeinträchtigt, kann auch nicht mehr zur Arbeit gehen. Die psychosomatische Anamnese ca. zwei Monate nach Beginn der erneuten Verschlechterung ergibt, dass sich in der Zwischenzeit der Mann ihrer Schwester von seiner Ehefrau getrennt hat. Jetzt hatte Frau W. den Eindruck gehabt, dass auch ihr Mann sich von ihr emotional entfernte, fühlte sich selbst unattraktiv und hatte aus einigen kleineren Bemerkungen ihres Mannes die Fantasie, auch er würde sie, seine langjährige Frau, verlassen wollen. Zeitlich korrelierend waren die körperlichen Schmerzen aufgetreten.

## 10.4   Gute zwischenmenschliche Beziehungen stärken die Gesundheit

Diese klinische Fallvignette lässt sich leicht auf berufliche Themen und Situationen übertragen. Bemerkenswert ist 1), dass die reine Fantasie, also die bloßen Gedanken, etwas Negatives könnte eintreten (hier: Weggang des Ehemannes), ebenso eine körperliche Erkrankung auslösen kann wie ein reales Verlusterlebnis, 2), dass der befürchtete Verlust eines Arbeitsplatzes oder bestimmter gewohnter Merkmale dieses Arbeitsplatzes, wie geschätzte Kollegen oder Vorgesetzte, letztlich ein ebenso möglicher Auslöser seelischer und/oder körperlicher Beschwerden wie der befürchtete Weggang des Ehemannes ist. Dies ist ein Beispiel für das Stichwort *„relationships as regulators"*, und es gilt im negativen wie auch im positiven Sinne. Resilienzfördernd wirkt daher ein Netz an guten und tragfähigen Beziehungen am Arbeitsplatz und im Privatleben. Oft nehmen sich Menschen, die sich beruflich sehr unter Druck fühlen, aber immer weniger Zeit für die Pflege von persönlichen Freundschaften, auch einmal für ein nettes Mittagessen oder einen abendlichen Wein mit einem

Arbeitskollegen, vielleicht auch nur für ein kürzeres und ganz spontanes Gespräch am Arbeitsplatz. Dies ist auch im Sinne einer guten Resilienz eindeutig falsch. Tragfähige zwischenmenschliche Beziehungen sind ein wichtiger Baustein für ein dauerhaftes persönliches Gleichgewicht. Und das eher nebenbei – die meisten Menschen fühlen sich in guten und vertrauensvollen Beziehungen einfach wohl, viele Menschen erkranken, wenn sie zunehmend weniger zwischenmenschliche Beziehungen erleben können, sodass die entsprechende Pflege von Beziehungen schon an sich etwas Positives hat. Die Zeit, entsprechend gute Beziehungen zu entwickeln und aufrechtzuerhalten, sollte sich daher möglichst jeder Mensch nehmen.

Ebenso ist es im Interesse eines Arbeitgebers, solche Entwicklungen am Arbeitsplatz im Rahmen des betrieblichen Gesundheitsmanagements soweit wie möglich zu fördern.

?

Wie intensiv pflegen Sie zwischenmenschliche Beziehungen am Arbeitsplatz oder im privaten Umfeld?

## 10.5 Resilienz lässt sich auf verschiedenen Wegen stärken

Weitere wichtige Resilienzfaktoren nach Southwick und Charney sind eine innere Haltung, die die eigenen Ängste angeht und nicht einfach hinnimmt; Religiosität und Spiritualität, eine Werteorientierung im eigenen Leben mit dem Ziel, die eigenen Begabungen um ihrer selbst willen zu verwirklichen („eudämonistisch"), sowie, etwas damit verbunden, eine Orientierung an inspirierenden und unterstützenden Vorbildern.

Bei all diesen einzelnen Themen geht es nicht darum, möglichst alle auf einmal diszipliniert „abzuhaken" bzw. zu trainieren, sondern vielmehr sich diejenigen Themen auszusuchen, die persönlich am meisten interessieren und sich intuitiv persönlich am Wichtigsten anfühlen oder auch am meisten Spaß machen könnten. Dann geht es darum, diese Fähigkeiten, oder gegebenenfalls auch einen persönlichen Mangel in einzelnen Bereichen, bewusst wahrzunehmen und gegenzusteuern.

Nach allem, was wissenschaftlich bekannt ist und sich in der klinischen Behandlung von Menschen mit psychischen und psychosomatischen Erkrankungen immer wieder bestätigt, haben insbesondere negative frühkindliche Erfahrungen, wie emotionale Vernachlässigung, also geringe Beachtung der Kinder durch die Eltern, und auch frühe Trennungserlebnisse (z. B. bei den Eltern oder von einem Elternteil) oder andere möglicherweise traumatische Erfahrungen in der Kindheit in der Mehrzahl vermutlich für das gesamte Leben eine resilienzschwächende Wirkung für den betroffenen Menschen. Hier ist es typisch, dass entsprechende stressassoziierte Symptome und Erkrankungen wie z. B. Depressionen, Burn-out, Bluthochdruck oder Autoimmunerkrankungen später im Leben einsetzen, oft nach einer neu aufgetretenen akuten, eher aber nach einer chronischen Stressbelastung. Für diese Menschen mit belastenden Erlebnissen in Kindheit und Jugend ist es besonders wichtig, so früh wie möglich die eigene Gesundheit präventiv, also vor dem Eintreten von Beschwerden, zu stärken, da sie eventuell seelisch und/oder auch körperlich auf Stressbelastungen des Alltages mit zunehmendem Alter sensibler reagieren und eher erkranken können. Hier kämen dann grundsätzlich viele Maßnahmen in Betracht, die die persönliche Resilienz steigern, wie z. B. regelmäßiger Sport, Entspannungsmaßnahmen, gesunde Ernährung und gute, tragfähige Beziehungen (s. u.). Der 1918 geborene Yogameister BKS Iyengar beschreibt z. B., wie er mithilfe von intensiver täglicher Yogapraxis seine schon in Kindheit und Jugend eher schlechte gesundheitliche Verfassung äußerst erfolgreich bewältigen konnte.

In diesem Zusammenhang ist es ein weiterer Meilenstein, dass eine wissenschaftliche Arbeitsgruppe aus der Schweiz ganz aktuell im Säugetiermodell zeigen konnte, dass traumatische Erfahrungen (z. B. frühe Trennungserfahrungen von der Mutter) und deren negative Konsequenzen für das Verhalten und die Biologie des davon betroffenen Lebewesens (hier im Mausmodell) durch sogenannte epigenetische Veränderungen, also direkte Veränderungen am Erbgut, von einer (der betroffenen) Generation auf die nächste (nicht direkt betroffene) Generation vererbt werden können (Gapp et al. 2014). Hier fehlen noch entsprechende Befunde beim Menschen, die aber vermutlich in absehbarer Zeit folgen werden. Die klinische Konsequenz aus solchen wissenschaftlichen Erkenntnissen wäre, dass nicht nur Menschen mit einer verringerten Stressresilienz rechnen müssen, die selbst sogenannte traumatische Lebenserfahrungen gemacht haben, sondern auch deren Nachkommen. Sicher wird es hier nur eine Untergruppe von tatsächlich Betroffenen geben. Für diese ist es aber wichtig, spätestens bei entsprechenden Frühsymptomen zu wissen, dass solche resilienzmindernden Einflüsse über die gesamte eigene Lebensspanne und sogar transgenerational existieren können, um dann so früh wie möglich gegenzusteuern.

Sie mögen sich jetzt fragen, was überhaupt der Unterschied zwischen „Resilienz stärken" und „Stressbewältigung verbessern" ist?

Grundsätzlich beinhaltet der Resilienzgedanke mehr den Blick auf die positive Seite: Es geht nicht darum, bereits vorhandene (negative) Stressbelastungen zu bearbeiten, sondern vielmehr darum, von Beginn an „resilient", also für Belastungen gerüstet (*„to bend without breaking"*) zu bleiben. In der Praxis haben sowohl Resilienzsteigerung als auch Stressbewältigung die gleiche Zielrichtung. „Stressbewältigung" impliziert eher, dass schon belastender Stress vorhanden ist, während eine Steigerung der eigenen Resilienz, also der Gesundheit, zunächst einmal ganz unabhängig von auch aktuell als belastend empfundenen privaten und/oder beruflichen Lebensbedingungen ist. Kritiker könnten einwenden, ein sogenanntes Resilienztraining könnte auch einfach nur mehr „Giftfestigkeit" z. B. im Sinne eines Arbeitgebers fördern wollen, also diesem dann ermöglichen, die Arbeitsbedingungen noch weiter zu verdichten, die Arbeitsanforderungen noch weiter zu steigern. Das kann natürlich so verstanden werden, da bei einer erfolgreichen Resilienzsteigerung in der Regel eine Win-win-Situation entstehen kann: Der Einzelne fühlt sich besser, ist eventuell sogar körperlich und/oder seelisch etwas gesünder, was wiederum auch der Kreativität und Leistungsfähigkeit am Arbeitsplatz zugutekommt.

Es ist aber unsere langjährige Erfahrung, dass es nicht sinnvoll ist, im Rahmen einer betrieblichen Gesundheitsförderung nur den Einzelnen zu stärken (Resilienzerhöhung), ohne auf die Arbeitsbedingungen zu schauen. Wie oben erwähnt, gehören nach unserer Auffassung beide Ansätze zusammen wie zwei Seiten einer Medaille (Kap. 11 „Arbeiten und gesund bleiben – was kann der Betrieb tun?"). In diesem Sinne sollen auch die folgenden Ausführungen verstanden werden.

---

? 

**Was sind denn wissenschaftlich anerkannte („evidenzbasierte") Verfahren der Stressbewältigung?**

---

Die Möglichkeiten der wirksamen Stressbewältigung durch ein Individuum sind vielfältig, nahezu so bunt wie das Leben selbst. Entsprechend gibt es viele wissenschaftliche Studien, die sich mit dem Thema einer erfolgreichen Stressbewältigung beschäftigen.

## 10.6 Persönlich wirksame, den Einzelnen stärkende („individuumszentrierte") Stressbewältigungsstrategien

Bevor einzelne Möglichkeiten kurz vorgestellt werden sollen, ist es wichtig, dass wir uns das vermutlich anschaulichste Bild einer erfolgreichen Stressbewältigung bewusst vergegenwärtigen: Erfahrene Kliniker benutzen hier das Bild von „Inseln", die jeder Einzelne von uns in seinem Leben hat. „Inseln" sind dabei Zeiten, Aktivitäten, Personen und Orte im Leben, die „gefühlt" immer wieder Kraft geben, im persönlichen Erleben erfüllend und erholsam sind, uns innerlich auftanken lassen. Sie stehen damit im Gegensatz zu vielen (beruflichen) Aktivitäten, die für sich auch interessant, anregend und erfüllend sein können, die aber auch „Kraft kosten".

Was sich genau hinter dem Bild der Insel verbirgt, ob z. B. das Zusammensein mit geliebten oder vertrauten Menschen, ein erfüllendes Hobby, eine schöne Radtour oder ein Nachmittag im Liegestuhl in der Sonne etc. – dies ist sehr abhängig von den persönlichen Erfahrungen und Vorlieben des betreffenden Menschen. Das Gemeinsame am Bild der persönlichen Insel ist die Erfahrung, durch solche Inseln im eigenen Erleben Kraft für das Leben zu gewinnen und nicht zu geben bzw. zu verlieren.

Nahezu jeder Mensch hat viele und intensive Erfahrungen mit seinen persönlichen Inseln. Viele Menschen in anspruchsvollen, „stressigen" Lebenssituationen haben aber auch den Eindruck, dass ihre Inseln im Laufe der Zeit geschrumpft sind. Dann geht es darum, ganz bewusst zu überlegen, wie solche Inseln im eigenen Leben wieder wachsen könnten, und dies dann so konkret und entschlossen wie möglich anzugehen. Wenn dies in einer schwierigen beruflichen oder auch allgemeinen Belastungssituation nahezu aussichtslos erscheint oder allein der Gedanke daran, die eigenen Inseln verloren zu haben, ja eigentlich solche persönlichen Inseln wieder entwickeln zu müssen, Ratlosigkeit auslöst, ist eine persönliche Beratung sinnvoll. Dies kann z. B. im Rahmen einer Kurzpsychotherapie oder auch bei einem ärztlich oder psychologisch qualifizierten Coaching erfolgen.

Wissenschaftlich sind viele der einzelnen Möglichkeiten, solche persönlichen Inseln auf- und auszubauen, mehr als ausreichend evaluiert. Es geht vielmehr für jeden Einzelnen darum, aus den verschiedenen Möglichkeiten, die eigene Gesundheit zu stärken, diejenige oder diejenigen herauszusuchen, die den eigenen Neigungen entsprechen. Eine dazu passende, spannende Untersuchung wurde von der Schweizer Arbeitsgruppe um Roland von Känel (von Känel et al. 2014) durchgeführt: 121 ältere Menschen (Pflegende von demenzkranken Menschen) wurden in einem Vierjahreszeitraum jährlich (prospektiv) untersucht. Sie füllten einige Fragebögen zu ihrem jeweiligen Befinden aus, gaben aber vor allem auch an, 1) wie häufig und 2) mit wie viel Freude sie verschiedene Freizeitaktivitäten im Monat vor der Befragung durchgeführt hatten. Aus Häufigkeit und persönlicher Freude daran wurde die sogenannte *„leisure satisfaction"* berechnet, wenn man so will die Zufriedenheit mit den eigenen Inseln. Weiter wurde allen Studienteilnehmern wiederholt Blut abgenommen und der Grad an Biomarkern für das Vorliegen einer niedriggradigen chronischen Entzündung im Körper bestimmt. Eine solche niedriggradige chronische Entzündungsneigung im Körper geht mit einem erhöhten Risiko für verschiedene ernsthafte Erkrankungen, z. B. allgemeiner Arteriosklerose und damit Herzinfarkt und Schlaganfall, einher. Es ergab sich eine signifikante umgekehrte Beziehung zwischen Zufriedenheit mit den persönlichen Freizeitaktivitäten („*leisure satisfaction*") und dem Ausmaß an verschiedenen chronisch-entzündlichen Biomarkern, wie u. a. Interleukin 8 (IL-8) sowie dem Tumor-Nekrose-Faktor (TNF-) alpha. Das bedeutet, je mehr Zufriedenheit mit den Freizeitaktivitäten, also im übertragenen Sinne den „Inseln", desto geringer der Grad an allgemeiner Entzündungsneigung im Organismus. Dieser Befund stärkt die aus klinischer Erfahrung entstandene Meinung, dass es gerade im Sinne einer guten Resilienz und bestmöglichen längerfristigen Stressbewältigung wichtig ist, solche persönlichen „Inseln" im Leben dauerhaft zu pflegen.

? 

**Kann man denn die Möglichkeiten zur gelingenden Stressbewältigung systematischer einteilen?**

Die vielfältigen Techniken zur Stressbewältigung lassen sich grob in verschiedene Kategorien bzw. hauptsächliche Ziele dieser Techniken einteilen:

1. Stress auf der Ebene der Gedanken („kognitiv"): Dieser entsteht häufig durch Nicht-Loslassen-Können, häufiges abendliches und nächtliches Grübeln über berufliche (oder private) Themen oder auch durch sogenannte „innere Antreiber", also nicht selten eigene, schwer oder nur mit hoher dauerhafter Anstrengung zu erfüllende Ansprüche an die eigene Leistungsfähigkeit bis hin zum Perfektionismus. Hier sind oft kurzpsychotherapeutische Beratungen (manchmal auch „*Coaching*" genannt) hilfreich. Spätestens wenn dies nicht erfolgreich ist, ist eine Beratung bei einem ärztlichen oder psychologischen Psychotherapeuten anzuraten.
   Aber auch andere Techniken, die beim „Abschalten" helfen können, sind – je nach persönlicher Neigung – sehr empfehlenswert. Hierunter zählen z. B. verschiedene Achtsamkeitstrainings oder Meditationstechniken wie „*Mindfulness Based Stress Reduction*" (MBSR). Gerade die letztere Technik ist in ihrer Wirksamkeit inzwischen überzeugend bewiesen.
   Und auch andere ähnliche Techniken wie Yoga oder seit Langem etablierte Entspannungsverfahren wie Autogenes Training oder Progressive Muskelrelaxation sind je nach persönlicher Neigung absolut geeignet. Letztlich – und gerade wenn noch keine klinische Symptomatik vorliegt – kommt aber

jedes gute Hobby infrage, wenn es erfüllend ist, Spaß macht und wirklich hilft, vom Beruf abzuschalten.

2. Stress auf der Ebene der Gefühle: Gefühle (Emotionen) und Gedanken (Kognition) sind eher künstlich als tatsächlich getrennt. Daher helfen nahezu alle unter 1) aufgeführten Stressbewältigungstechniken auch bei der Regulation von negativen Gefühlen, sei es Niedergeschlagenheit, Ratlosigkeit, Erschöpfung, leichte Reizbarkeit bis hin zu innerer Wut. Oft sind hier Verfahren, die helfen können, zwischenmenschliche Konflikte so weit wie möglich zu klären und auch über schwierige Themen angemessen zu sprechen, besonders wichtig (also das „gute Gespräch" mit einem Freund, mit vertrauten Arbeitskollegen, die Beratung im Team am Arbeitsplatz oder auch eine persönliche psychotherapeutische Kurzberatung). Gerade wenn Betroffene beginnen, sich einsam und isoliert zu fühlen, ist es unbedingt wichtig, diese Isolation so rasch wie möglich zu durchbrechen.

3. Stress auf der Ebene des Körpers: Die körperlichen Symptome von chronischem Stress sind enorm vielfältig. Besonders oft äußert sich chronischer Stress körperlich durch innere Unruhe und/oder Erschöpfung, Ein- und vor allem Durchschlafstörungen mit Früherwachen, chronische Magen-Darm-Beschwerden, Rückenschmerzen, Tinnitus und andere Symptome. Hier helfen vor allem auch viele Techniken, die direkt auf den Körper einwirken, wie Ausdauersport, idealerweise in Kombination mit dosiertem Kraftsport, aber auch andere entsprechende Kulturtechniken wie Yoga, Tai-Chi, Meditation oder verwandte bzw. ähnliche Verfahren. Alle diese Verfahren sind in zunehmendem Maße wissenschaftlich in ihrer Wirksamkeit belegt (für Yoga s. z. B. Sharma 2014).

## 10.7 Sport hilft auch gegen Stress

Die stressprotektive Wirkung von Ausdauersport ist nach jetziger Datenlage und klinischer Erfahrung nicht in erster Linie von der Intensität, sondern von Regelmäßigkeit und eigener Motivation abhängig (s. Reber 2014). Eine epidemiologische Längsschnittstudie hat 2012 Aufsehen erregt: Diese Untersuchung zeigt, dass sportlich wenig engagierte Menschen selbst bei geringer bis mittelgradiger, also einer weniger anstrengenden Arbeitsbelastung, (engl. *Job Strain*) höhere Entzündungswerte (C-reaktives Protein; CRP) zeigen als Menschen, die sich in ihrem Beruf sehr gefordert fühlen, aber regelmäßig Sport treiben (Emeny et al. 2012). Dieser, einem stressassoziierten, chronisch entzündlichen Geschehen entgegenwirkende Effekt geht allerdings bei sehr hoher Arbeitsbelastung verloren (Emeny et al. 2012), d. h., selbstverständlich ist die protektive Wirkung von Sport nicht unbegrenzt, sondern nur ein, wenn auch wichtiger, Einflussfaktor von vielen Möglichen.

Es macht demnach also nach wissenschaftlicher Evidenz eher weniger Sinn, nach 14 Stunden täglicher Arbeit nachts um 22.00 Uhr noch zum Joggen loszugehen – hier sollte besser „an anderen Schrauben gedreht" werden, vor allem natürlich an der reinen Arbeitsbelastung und -organisation selbst. Abschließend anzumerken ist hier allerdings, dass selbst regelmäßige Bewegung nur einen gewissen Stressschutz bietet. Obwohl die Entzündungswerte (C-reaktives Protein; CRP) bei moderater Arbeitsbelastung durch Sport noch verringert werden können, funktioniert dies bei hoher Arbeitsbelastung nicht mehr (Emeny et al. 2012).

## 10.8 Gelungene Stressbewältigung beruht auf mehreren Komponenten

Gemeinsam ist der gelungenen Stressbewältigung ein gewisses Selbstwirksamkeitserleben, d. h., ein betroffener Mensch hat nicht mehr das Gefühl, dass er/sie hilflos bestimmten Stressoren ausgeliefert ist, sondern nimmt in stärkerem Ausmaß als zuvor das Ruder wieder ein Stück mehr in die eigene Hand: sei es durch eine Verbesserung der Bewältigung einer Situation oder auch durch eine stärkere aktive Distanzierung bis hin zum Verlassen der stressauslösenden Konstellation im eigenen Leben. – Wir erinnern uns an die obenstehende Definition von Optimismus: sich den Situationen zuwenden, die lösbar erscheinen, nicht unlösbaren Situationen. In unlösbaren Situationen auf Besserung oder Lösung zu hoffen, kann dann etwas von blindem Optimismus haben, der nicht sinnvoll ist, sondern mit dem man sich selbst „belügt". Er kann dann der sogenannten innerseelischen „Abwehr" dienen, d. h. denjenigen Anteilen innerhalb des eigenen Seelenlebens, die eine Veränderung fürchten, obwohl bei bewusstem Nachdenken über die Situation klar ist oder wird, dass sie nicht wirklich lösbar ist. Diese innerseelischen Kräfte sind in vielen Menschen ziemlich stark. Sie führen nicht selten dazu, dass ein äußerlich und/oder innerlich belastender Zustand, z. B. am Arbeitsplatz oder im Privatleben, beibehalten wird, obwohl der betreffende Mensch weiß, dass dieser Zustand den eigenen Wünschen und Erwartungen an ein gelungenes Leben eigentlich widerspricht. In einer solchen Situation, gerade wenn sie länger anhält, können dann seelische oder auch körperliche Beschwerden und Erkrankungen entstehen.

Eine ganz wesentliche Fähigkeit, um berufliche Belastungen dauerhaft zu bewältigen und hier auch leistungsfähig und kreativ bleiben zu können, ist die Fähigkeit, nach der Arbeit bzw. an Wochenenden und in den Ferien wirklich abzuschalten. Diese Fähigkeit zum Abschalten und etwas ganz anderes zu tun oder an etwas ganz anderes zu denken, neudeutsch *„detachment"*, wird in einer Reihe von wissenschaftlichen Untersuchungen als zentrale Fähigkeit erachtet (Sonnentag et al. 2014). Sie ist nahezu deckungsgleich mit dem Bild der persönlichen Inseln, die es zu entwickeln und/oder zu erhalten gilt. Frei nach dem Motto, dass man immer wieder von Menschen hört, die längerfristig leistungsfähig bleiben und ihre Freude am Beruf behalten: „Das Berufsleben ist ein Marathon und kein Sprint".

?

**Erfolgreich abschalten – wie geht denn das?**

Um abschalten zu können, reicht es natürlich nicht aus, sich dies einfach vorzunehmen. Es braucht etwas Neues, Positives, mit dem ich mich in der Freizeit aktiv beschäftige, worauf ich meine Gedanken aktiv konzentriere, um abzuschalten und aufhören zu können, immer wieder über noch ungelöste oder aktuell unlösbare Themen bei der Arbeit zu grübeln. Was dies dann ist aus einer langen Liste von möglichen Interessen und Aktivitäten, ist zweitrangig und für jeden Menschen unterschiedlich – entscheidend ist das persönliche Gefühl, wirklich „abschalten" zu können und Kraft zu tanken.

## 10.9  Arbeitgeber können zur Förderung von Resilienz und zur Bewältigung von Stress beitragen

Arbeitgeber, die Resilienz und Stressbewältigungsfähigkeiten ihrer Arbeitnehmer stärken wollen, können eine Reihe von Maßnahmen anbieten, die diese Fähigkeit fördert, z. B. sogenannte Stressmanagementinterventionen.

---

**Stressmanagementinterventionen**

Mit Stressmanagementinterventionen (im Folgenden – weniger sperrig – als SMI abgekürzt) meinen wir Programme, die einzelnen Personen helfen sollen, beruflichem Stress entgegenzutreten, mit Stress umzugehen und Stressreaktionen abzubauen. Der Ansatzpunkt ist also die Veränderung der Person, des individuellen Verhaltens, auch wenn dies dann durchaus eine Veränderung der Situation, also von Arbeitsbedingungen bewirken kann. Welche *direkten* Maßnahmen zur Veränderung von Arbeitsbedingungen in Betrieben ergriffen werden können, diskutieren wir in Kap. 11.

---

SMI wurden intensiv untersucht. Um eine Zahl zu nennen: Eine aktuelle Metaanalyse konnte sich auf 499 Studien zum Effekt von SMI auf häufige psychische Störungen stützen (Bhui et al. 2012). Wir versuchen daher als Erstes, im Dschungel angebotener Interventionen ein bisschen Orientierung zu schaffen. Als ein Unterscheidungsmerkmal soll das Ziel der SMI dienen: Die Intervention kann die Person unterstützen, Arbeitsbedingungen zu verändern oder aber die gegebenen Bedingungen aus einer anderen, vielleicht richtigeren, vielleicht positiveren Perspektive zu sehen. Schließlich können Methoden zum Umgang mit emotionalen und körperlichen Reaktionen auf belastende Einflüsse vermittelt werden (Ivancevich et al. 1990). Beispiel: Wie in Kap. 7 zu Arbeitsstress dargestellt, kann eine langfristig für die Arbeit aufgebrachte Anstrengung bei als zu gering empfundener Belohnung Stress verursachen. Die Folgen könnten sich äußern als Reizbarkeit im Umgang mit anderen und/oder als Unfähigkeit, von der Arbeit abzuschalten (emotionale oder kognitive Irritation (Mohr et al. 2005)), und/oder durch Erschöpfung und/oder Schlafstörung etc. Die betroffene Person könnte nun versuchen, ihre berufliche Anstrengung zu verringern oder ihre Belohnung zu erhöhen, z. B. indem sie sie aktiv einfordert von Vorgesetzten und Kollegen oder indem sie sich einen besseren Job sucht. Alternativ kann sie versuchen, eine andere Perspektive einzunehmen und die hohe Anstrengung bei niedriger Belohnung als eine vorübergehende Investition aufzufassen, die durch einen Karrieresprung später wieder wettgemacht wird (Siegrist und Marmot 2004). So mögen beispielsweise Ärzte in der Facharztausbildung denken oder junge Wissenschaftler an der Universität. Schließlich könnte die Person durch Entspannungstechniken oder Sport versuchen, die Stressreaktionen auszugleichen und die – ansonsten unveränderte – Situation besser durchzustehen.

Ein weiteres Unterscheidungsmerkmal von SMI sind die Interventionstechniken. Häufig beruht Stressmanagement auf den Prinzipien der kognitiven Verhaltenstherapie (CBT) oder – seltener – auf tiefenpsychologisch basierten Therapieformen: SMI vermittelt dann Einsichten über die Rolle der Gedanken bei Stressreaktionen und Fähigkeiten, die eigenen Gedanken zu steuern, um stressige Arbeitsbedingungen besser zu bewältigen; ein Schwerpunkt sind somit Perspektiven auf und Bewertungen von Arbeitsbedingungen. CBT kann aber auch aktives Verhalten zur Reduktion von Stressoren und Stärkung von Ressourcen unterstützen. Ähnlich auf aktives Problemlösen ausgerichtet sind Interventionen, die auf tiefenpsychologisch basierten Therapieansätzen beruhen. Ausbildung in praktischen Fähigkeiten wie Zeitmanagement, Problemlösung, Verhandlungstechniken oder Konfliktlösungsstrategien sind ganz pragmatische Wege, Quellen von Stress am Arbeitsplatz zu reduzieren.

Problemorientierte Stresspräventionstechniken unterscheiden sich somit von Entspannungs- oder Meditationstechniken, die primär den individuellen Auswirkungen von Stress auf körperliches und psychisches Befinden entgegenwirken: Solche SMI helfen Spannung, emotionale Erregung oder kognitive Irritation (z. B. Grübeln) zu reduzieren. Ein alternativer Weg ist insbesondere Ausdauersport. Mittlerweile viele wissenschaftliche Untersuchungen zeigen, dass körperliche Bewegung „ein Medikament ist, das man nicht einnehmen muss". Regelmäßiger Sport kann Stressreaktionen durch Ablenkung von den widrigen Bedingungen reduzieren, die soziale Unterstützung verstärken (Sport in Gruppen, im Verein), vegetativen Arousal und z. B. Muskelverspannungen reduzieren, die Hormonproduktion stimulieren (z. B. Endorphin) und schließlich die emotionale und körperliche Stabilität stärken.

Programme, in denen SMI gelehrt werden, dauern in der Regel zwischen mehreren Wochen und mehreren Monaten. Es braucht Zeit, um Gelerntes in der Lebenswirklichkeit umzusetzen, nachzubessern, aber auch die Grenzen zu erkennen, die Veränderungen gesetzt sind, und diese zu akzeptieren.

---

? 

Wenn Sie diese Beschreibung lesen, welche Effekte von SMI würden Sie erwarten. Glauben Sie, dass es sich lohnt, sich durch ein solches Programm gegen Arbeitsstress zu wappnen?

---

Mehrere neuere systematische Reviews und Metaanalysen haben versucht, das Wissen über die Wirksamkeit von SMI auszuwerten und zu einer einheitlichen Empfehlung zu kommen. Wir stellen hier zwei vor (Bhui et al. 2012; Richardson und Rothstein 2008).

Richardson und Rothstein (2008) haben in einer aktuellen Metaanalyse 36 Untersuchungen von insgesamt 55 verschiedenen SMI ausgewertet, insgesamt hatten 2847 Personen teilgenommen. Das ist eine ganz solide Datenbasis. Die durchschnittliche Dauer der SMI- Programme betrug 7,4 Wochen (drei Tage bis sieben Monate). Getestet wurden Programme auf Basis von kognitiver Verhaltenstherapie, Entspannungsverfahren, Interventionen, die Veränderungen der Arbeitsbedingungen zum Ziel hatten, sowie sogenannte multimodale Ansätze, in denen verschiedene SMI kombiniert werden. Die Untersuchungen beschäftigten sich zu 69 % mit Entspannungsprogrammen. Genauso vielfältig wie die Interventionen waren die untersuchten Wirkungen, meist gemessen auf Grundlage der Selbsteinschätzung der Teilnehmer: am häufigsten Stressreaktionen, Depression und Angst, allgemeine psychische Gesundheit oder Arbeitszufriedenheit, in wenigen Studien auch körperliche Reaktionen, z. B. Blutdruck oder organisationsbezogene Effekte wie Fehlzeiten.

Die gewichtete Effektgröße (das sogenannte Cohens d) für alle Studien zusammen war 0,526 (95 %-Vertrauensintervall von 0,364 bis 0,687), was nach der Konvention eine statistisch signifikante (überzufällige) Wirkung von mittlerer bis großer Stärke darstellt. (Die Effektgröße ist ein statistisches Maß für die Stärke eines Effekts, der den Vergleich zwischen unterschiedlichen Interventionen erleichtert. Konventionell wird eine Effektgröße von 0,2 als klein, 0,5 als mittel und 0,8 als groß angesehen). Die größten Effekte wurden für Interventionen gemessen, die auf kognitiv-verhaltenstherapeutischen Prinzipien beruhen (Cohens d = 1,164; CI = 0,456, 1,871). Entspannungsprogramme waren weniger wirksam mit einer mittleren Effektstärke (d = 0,497; CI = 0,309, 0,685). Anders als man vermuten würde, erwiesen sich Kombinationen von verschiedenen Stressprogrammen als kontraproduktiv – die Wirkung war eher kleiner, wenn der SMI zusätzliche Komponenten hinzugefügt wurden und verlor sich weiter mit zunehmender Dauer solcher Programme.

Diese zunächst ermutigend scheinenden Ergebnisse lassen sich aber nur eingeschränkt auf „das wirkliche Leben" übertragen. Zum einen wurde typischerweise die Wirkung dort gemessen, wo man sie hinsichtlich der Art der Intervention am ehesten erwarten würde (d. h. beispielsweise wurde „Grübeln" gemessen, wenn „Abschalten vom Grübeln" ein Lernziel der Intervention war). Das leuchtet auch primär ein, hat nur den Schönheitsfehler, dass Stressreaktionen ein komplexes Geschehen und die Frage zentral ist, ob Teilnehmer solcher Programme tatsächlich besser mit dem Stress in ihrem Leben zurechtkommen. Der zweite Schönheitsfehler liegt in den kurzen Beachtungszeiten. Unbekannt ist, ob das, was sich nach ein paar Wochen oder Monaten als hilfreich erwiesen hat, auch nach einem Jahr noch ist. Dazu laufen derzeit Forschungsprogramme. In Summe lässt sich aus dieser häufig zitierten Metaanalyse dennoch schließen, dass die Teilnehmer von kognitiv-verhaltenstherapeutisch basierten SMI (oder entsprechenden tiefenpsychologisch fundierten Programmen) vergleichsweise am besten lernen, aktiv ihren Arbeitsstress zu bewältigen und die besten gesundheitlichen Effekte davontragen. Die häufig eingesetzten Entspannungstechniken sind aber ebenfalls wirksam.

Auf einer noch höheren Abstraktionsstufe bewertet die Meta-Metaanalyse von Bhui et al. (2012) die Ergebnisse von elf Metaanalysen und zwölf konventionellen Übersichtsarbeiten. Diese Bewertung konzentriert sich dabei auf die Wirkung von berufsbezogenen SMI auf Angst, Depression und Fehlzeiten. Diese Autoren bestätigen im Wesentlichen die Schlussfolgerung von Richardson und Rothstein, indem kognitiv verhaltensorientierte Stressbewältigung durchgehend den größten Einfluss auf das psychische Wohlergehen hat. Unklar bleibt auch nach dieser Arbeit, ob Stressprävention Fehlzeiten reduzieren kann. Im weiteren Sinne dieser Frage ökonomischen Nutzens durch SMI widmet sich die Arbeit von Mcdaid und Park (2011). Basierend auf weltweit 47 Studien zur Förderung der psychischen Gesundheit konnten die Autoren speziell für Interventionen am Arbeitsplatz eine wirtschaftliche Rentabilität belegen.

**Fazit**

Stärkung der psychischen Gesundheit im Sinne der Resilienz und Unterstützung der Fähigkeiten zur Stressbewältigung sind wirksame Strategien, um trotz belastender (Arbeits-) Bedingungen Gesundheit zu bewahren. Dabei darf nicht aus dem Auge verloren werden, dass – wo möglich – die Verbesserung der psychosozialen Arbeitsumwelt das vorrangige Ziel darstellt. Optimismus, soziale Unterstützung, die Fähigkeit, auch schwierige und belastende Situationen in Worte zu fassen und darüber erzählen zu können („*to tell a story*"), und nicht zuletzt Humor stärken die Resilienz. Die Förderung von Erlebnissen der Selbstwirksamkeit und der Kontrolle über (Arbeits-)Situationen wirkt dem depressiogenen Phänomen der „erlernten Hilflosigkeit" entgegen. Gute zwischenmenschliche Beziehungen stärken die Gesundheit wie kaum ein anderer Einfluss. Aus der klinischen Erfahrung haben die Fähigkeit und die Gelegenheit, von Belastungen abschalten zu können und Lebensfreude zu erleben, eine hervorragende Bedeutung für das Gesundbleiben. Wir fassen das unter dem Bild der „Insel" zusammen. Viele der allgemein bewährten Stressbewältigungstechniken von Achtsamkeitsmeditation über systematische Entspannungstechniken bis hin zu sportlichen Aktivitäten helfen auch gegen beruflichen Stress. Professionelle berufsbezogene Stressmanagementinterventionen, also Programme, die helfen sollen, berufliche Stresssituationen besser zu bewältigen, z. B. auch durch eine gestärkte Fähigkeit zum Verändern von belastenden Bedingungen, haben sich in vielen wissenschaftlichen Studien als wirksam erwiesen.

# Literatur

Amat, J., Aleksejev, R.M., Paul, E., Watkins, L.R., & Maier, S.F. (2010). Behavioral control over shock blocks behavioral and neurochemical effects of later social defeat. *Neuroscience, 165,* 1031–1038.

Amat, J., Paul, E., Zarza, C., Watkins, L.R., & Maier, S.F. (2006). Previous Experience with Behavioral Control over Stress Blocks the Behavioral and Dorsal Raphe Nucleus Activating Effects of Later Uncontrollable Stress: Role of the Ventral Medial Prefrontal Cortex. *J. Neurosci., 26,* 13264–13272.

Bhui, K.S., Dinos, S., Stansfeld, S.A., & White, P.D. (2012). A synthesis of the evidence for managing stress at work: a review of the reviews reporting on anxiety, depression, and absenteeism. *J Environ Public Health, 515874.*

Dyer, A.R., Persky, V., Stamler, J., Paul, O., Shekelle, R.B., Berkson, D.M., Lepper, M., Schoenberger, J.A., & Lindberg, H.A. (1980). Heart rate as a prognostic factor for coronary heart disease and mortality: findings in three Chicago epidemiologic studies. *Am. J. Epidemiol., 112,* 736–749 (aus Reber 2014).

Emeny, R., Lacruz, M.E., Baumert, J., Zierer, A., von Eisenhart Rothe, A., Autenrieth, C., Herder, C., Koenig, W., Thorand, B., & Ladwig, K.H. (2012). Job strain associated CRP is mediated by leisure time physical activity: results from the MONICA/KORA study. *Brain Behav Immun, 26* (7), 1077–1084.

Gapp, K., Jawaid, A., Sarkies, P., Bohacek, J., Pelczar, P., Prados, J., Farinelli, L., Miska, E., & Mansuy, I. M. (2014). Implication of sperm RNAs in transgenerational inheritance of the effects of early trauma in mice. *Nat Neurosci, 17(5)*, 667–669.

Hofer, M. A. (1984). Relationships as regulators: a psychobiologic perspective on bereavement. *Psychosom Med, 46*(3), 183–197.

Holt-Lunstad, J., Smith, T. B., & Layton, J. B. (2010). Social relationships and mortality risk: a meta-analytic review. *PLoS Med, 27*(7), 7.

Inagaki, T. K., & Eisenberger, N. I. (2012). Neural correlates of giving support to a loved one. *Psychosom Med., 74*(1), 3–7.

Ivancevich, J. M., Matteson, M. T., Freedman, S. M., & Phillips, J. S. (1990). Worksite stress management interventions. *American Psychologist, 45*, 252–261.

Mcdaid, D., & Park, A. L. (2011). Investing in mental health and well-being: findings from the DataPrev project. *Health Promot Int, 26*(1), i108–i139.

Mohr, G., Rigotti, T., & Müller, A. (2005). Irritation - ein Instrument zur Erfassung psychischer Beanspruchung im Arbeitskontext. Skalen- und Itemparameter aus 15 Studien. *Zeitschrift für Arbeits- und Organisationspsychologie, 49*(1), 44–48.

Reber, S. (2014). Neurobiologische Grundlagen von Stress – Grundlagen der Stressanfälligkeit und der Stressresistenz. In P. Angerer, J. Glaser, S. Letzel, D. Nowak, H. Gündel, P. Henningsen, & C. Lahmann (Hrsg.), *Psychische und Psychosomatische Gesundheit in der Arbeit* (S. 104–110). Landsberg: Ecomed Medizin.

Richardson, K. M., & Rothstein, H. R. (2008). Effects of Occupational Stress Management Intervention Programs: A Meta-Analysis. *Journal of Occupational Health Psychology, 13*(1), 69–93.

Sharma, M. (2014). Yoga as an alternative and complementary approach for stress management: a systematic review. *J Evid Based Complementary Altern Med, 19*(1), 59–67.

Siegrist, J., & Marmot, M. (2004). Health inequalities and the psychosocial environment – two scientific challenges. *Soc Sci Med, 58*, 1463–1473.

Sonnentag, S., Arbeus, H., Mahn, C., & Fritz, C. (2014). Exhaustion and lack of psychological detachment from work during off-job time: Moderator effects of time pressure and leisure experiences. *J Occup Health Psychol, 19*(2), 206–216.

Southwick, S. M., & Charney, D. S. (2012). *Resilience: The Science of Mastering Life's Greatest Challenges*. Cambridge University Press.

von Unden, A. L., Orth-Gomer, K., & Elofsson, S. (1991). Cardiovascular effects of social support in the work place: twenty-four-hour ECG monitoring of men and women. *Psychosom. Med., 53*, 50–60.

von Känel, R., Mausbach, B. T., Mills, P. J., Dimsdale, J. E., Patterson, T. L., Ancoli-Israel, S., Ziegler, M. G., Allison, M., Chattillion, E. A., & Grant, I. (2014). Longitudinal Relationship of Low Leisure Satisfaction but not Depressive Symptoms With Systemic Low-Grade Inflammation in Dementia Caregivers. *J Gerontol B Psychol Sci Soc Sci, 69*(3), 397–407.

# 11

# Arbeiten und gesund bleiben – was kann der Betrieb tun?

## Inhalt

H. Gündel et al., *Arbeiten und gesund bleiben*, DOI 10.1007/978-3-642-55303-5_11,
© Springer-Verlag Berlin Heidelberg 2014

Viele der in diesem Buch genannten arbeitsbedingten Einflüsse auf die Gesundheit und das Wohlergehen sind von einzelnen Personen nur schwer beeinflussbar. Die nächste Ebene, die auch gesetzlich für den Schutz der Gesundheit der Beschäftigten in die Pflicht genommen wird, ist der Betrieb. Diese Pflicht gilt schon lange, sie ist u. a. im Arbeitssicherheitsgesetz und im Arbeitsschutzgesetz verankert. Teile der Aufgaben und der Verantwortung sind zu groß, als dass ein einzelnes Unternehmen sie alleine tragen könnte. Deshalb gibt es gesetzliche Unfallversicherungsträger, Unfallkassen und Berufsgenossenschaften, die sowohl für die Prävention, als auch für die Therapie und die Kompensation bei Unfall und Erkrankung zuständig sind. Was die Verhütung von Unfällen und die Verhinderung von Berufskrankheiten angeht, gibt es ein umfangreiches Regelwerk, das diesen Schutzzielen dient. Die Unterstützung der Betriebsverantwortlichen durch Fachkräfte für Arbeitssicherheit und Betriebsärzte ist ebenfalls gesetzlich festgeschrieben.

Da dieses Buch psychologische und psychosomatische Aspekte von Arbeit behandelt, können wir hier auf das wichtige und umfangreiche Thema des technischen und gesundheitlichen Arbeitsschutzes nur hinweisen. Genauso wenig ist hier der Raum, sich mit der Übertragung allgemeingültiger gesundheitsförderlicher Maßnahmen wie etwa sportliche körperliche Aktivität, Nichtrauchen, gesunde Ernährung etc. oder mit der Implementierung von Präventionsmaßnahmen wie Impfungen oder Früherkennung von Krankheiten in der betrieblichen Welt zu beschäftigen. Diese sogenannte betriebliche Gesundheitsförderung lassen wir deshalb unberücksichtigt, weil es uns in diesem Buch um den speziellen Zusammenhang zwischen Arbeit und Gesundheit geht, nicht um Gesundheit im Allgemeinen, die im Betrieb oder anderswo beeinflusst werden kann. Im Folgenden soll es daher um die Frage der Prävention beruflicher psychosozialer Belastungen und daraus resultierender Fehlbeanspruchungen gehen und um die Frage, was Betriebe dafür tun können, die letztlich vor Ort dafür verantwortlich sind, ihre Mitarbeiter in der Arbeit gesund zu halten.

## 11.1 Müssen Betriebe überhaupt für die Mitarbeitergesundheit geradestehen?

Im Arbeitsschutzgesetz wird seit dem Jahr 1996 verlangt, dass Arbeitgeber systematisch und regelmäßig eine Beurteilung arbeitsbedingter Gesundheitsgefährdungen an jedem (andersartigen) Arbeitsplatz im Unternehmen durchführen und dokumentieren müssen. Auf Basis dieser Ermittlung und Beurteilung sollen dann Maßnahmen festgelegt werden, um festgestellte Gefährdungen zu beseitigen. Mögliche Gesundheitsgefährdungen, die aus der Arbeitsumgebung resultieren, wie z. B. durch Schad- und Giftstoffe (Noxen und Toxen), Lärm, schlechte Belüftung oder Beleuchtung, durch schwere körperliche Arbeit oder andere ergonomische Arbeitsplatzmerkmale, werden schon seit Langem durch Sicherheitsfachkräfte oder Arbeitsmediziner beurteilt – wer erinnert sich nicht gern an die rot-weißen Kennzeichnungen von Kabeln, die quer durch den Raum liegen oder an die Hautschutzempfehlungen der Arbeitsmedizinerin.

Viele Arbeitgeber sind aber noch auf dem zweiten Auge blind – es fehlt ihnen der Blick für die psychischen Belastungen in der Arbeit. Bei manchem herrscht die Ansicht vor, dass alles, was mit Psyche zu tun hat, vom „Inhaber der jeweiligen Psyche", nämlich dem Arbeitnehmer selbst zu gewährleisten bzw. zu regeln sei. Wo käme man denn hin, wenn jetzt noch jeder Arbeitnehmer eine Couch bräuchte, um sich die Probleme von der Seele zu reden. Wenn sie doch nur genug schlafen, sich in der Freizeit nicht unnötig verausgaben, sich gesund ernähren, sportlich betätigen und die Finger von Drogen aller Art (wie Alkohol oder Nikotin) lassen würden, möglichst auch von Risikosportarten, dann ginge es gewiss auch der „Psyche in der Arbeit" schon viel besser.

Mit dem Trugschluss, dass es allein oder hauptsächlich am individuellen Gesundheitsverhalten liege, hat aber die arbeitswissenschaftliche Forschung seit Jahrzehnten aufgeräumt. In unzähligen Studien wurde belegt, dass selbst dann, wenn man ein ungesundes Individualverhalten kontrolliert, immer noch erhebliche Risiken für die Gesundheit der Beschäftigten aus den Bedingungen der Arbeit herrührend bestehen. Und diese Risiken stammen maßgeblich von den psychosozialen Faktoren der Arbeit. Wir haben versucht, das in den vorangegangenen Kapiteln deutlich zu machen. Wenn Faktoren wie Zeit- und Leistungsdruck, geringe Entscheidungsspielräume, schlechte Führung und womöglich auch noch Probleme im Team regelmäßig an der Tagesordnung sind, dann führt dies bei ganzen Gruppen von Beschäftigten zu massiven Gesundheitsrisiken. Der Gesetzgeber hat sich Ende 2013 auch endlich dazu durchgerungen, derartige „psychische Belastungen" explizit im Gesetzestext zu benennen. Damit ist nun unmissverständlich jeder Arbeitgeber verpflichtet, solche Probleme zu identifizieren und gegebenenfalls abzustellen.

Wenn heutige Arbeitgeber darauf verweisen, sie hätten doch schon Obst und Salat in der Kantine, sie würden darüber hinaus vor dem Konsum von Schnitzel mit Pommes und anderem fetten Essen mit einem roten Punkt warnen, oder wenn Arbeitgeber stolz die betriebliche Laufsportgruppe oder das hauseigene Fitnessstudio anpreisen, dann tun sie gut daran – das ist ein erster Schritt zur Gesundheitsförderung im Betrieb. Allerdings haben sie damit noch keineswegs die rechtlichen Verpflichtungen des Arbeitsschutzgesetzes erfüllt. Wenn sie sich dagegen verwehren, auch psychosoziale Belastungen in der Arbeit systematisch zu beurteilen, dann ist dies nicht nur kurzsichtig, sondern auch ein klarer Verstoß gegen das Gesetz. Alle Beschäftigten können sich in diesem Fall an die betrieblichen Arbeitsschutzakteure oder an die Personalvertretung wenden.

?

Gab es bisher in Ihrem Betrieb eine Reaktion auf die neue Gesetzeslage?

## 11.2 Keine Therapie ohne Diagnose – Gefährdungsbeurteilung psychischer Belastungen

Stellen Sie sich vor, Sie gehen zum Arzt. Gerade ist ein Pharmavertreter da. Dieser empfiehlt dem Arzt ein Präparat, das gut für alles oder zumindest vieles sein soll. Der Arzt verschreibt Ihnen das Präparat, ohne vorher gefragt zu haben, was Ihnen eigentlich fehlt. Wäre das nicht völlig bescheuert? Vermutlich würden Sie sich wehren, das Präparat einzunehmen, schließlich wollte keiner wissen, was Sie eigentlich plagt. Ähnlich geht es, wenn Betriebe Probleme haben, die sie oft gar nicht so genau verstehen. Dann kommt der Berater, kassiert eine Menge Geld und rät dem Betrieb das zu tun, was in vielen Fällen schon geholfen habe. Häufig ist das Leute rauszuschmeißen. Manchmal werden dabei auch Referentenstellen verdoppelt, oft aber nicht mit den Mitarbeitern geredet. Die dürfen dann bestenfalls Listen erstellen, Infos zuliefern und der Entscheidung harren.

Zu Beginn sollte (und muss!) der Betrieb neben physischen auch psychische Belastungen in der Arbeit ermitteln und sie daraufhin beurteilen, ob sie eine Gefährdung für die Gesundheit der Mitarbeiter darstellen. Das alles andere als eine triviale Aufgabe. Hierfür reicht es nicht, irgendeinen Fragebogen, den man zufällig kennt oder im Internet gefunden hat, von den Mitarbeitern durchkreuzen zu lassen. Der Fragebogen muss sich eignen, er muss geprüft sein und sollte bei Zwecken der Arbeitsgestaltung im Betrieb nützlich gewesen sein. Man könnte auch einfach die Toolbox der Bundesanstalt für Arbeitsschutz und Arbeitsmedizin (BAuA) anklicken, die schnell im Internet zu finden ist. Dort findet man reichlich Instrumente, verwirrend viele sogar, und es ist für die meisten Laien, welche diese Instrumente nicht näher kennen und ihre Güte, ihren Geltungsbereich und ihre theoretischen

Grundlagen und Absichten nicht einschätzen können, gar nicht möglich, ein geeignetes Verfahren für die Gefährdungsbeurteilung psychischer Belastungen auszuwählen. Man könnte sich etwas von anderen empfehlen lassen, sofern diese das gründlich geprüft haben. Man tut aber gut daran, sich von Experten beraten zu lassen – für eine psychologische Arbeitsanalyse sind das Arbeitspsychologen.

Die Anwendung eines Verfahrens, die Anpassung auf betriebliche Belange und die Auswertung können unter fachkundiger Anleitung von Arbeitspsychologen durchaus auch von anderen Fachkräften im Arbeitsschutz ausgeführt werden. Spätestens wenn es aber um die Interpretation der ermittelten Belastungen und die Ableitung geeigneter Maßnahmen geht, ist arbeitspsychologische Expertise nicht nur zu empfehlen, sondern geradezu unabdingbar. Ein erfolgreiches betriebliches Gesundheitsmanagement entsteht nach unserer Auffassung nur durch die enge interdisziplinäre Zusammenarbeit von Sicherheitsfachkräften, Arbeitsmedizinern und Arbeitspsychologen mit Einbindung der Arbeitnehmervertretung und der Personalabteilung. Dass die Geschäftsleitung selbst dahinterstehen muss, ist eigentlich so selbstverständlich, dass es kaum ausgesprochen werden sollte. Die Realität sieht aber leider oft anders aus. Viele Betriebe lassen dann halt mal notgedrungen (wegen diesem blöden Arbeitsschutzgesetz) den Sicherheitsingenieur oder den Betriebsarzt kommen. Aber wehe, wenn das zu viel Zeit oder womöglich auch noch Geld kostet. Dieses Vorgehen ist fachlich nicht gerechtfertigt, und es besteht ein deutliches Risiko, dass die diesbezüglichen Probleme ein paar Jahre später noch größer sind. – Wenn Sie sich vorstellen, „der Organismus Betrieb" wäre ihr Körper, sozusagen der „eigene Organismus", dann wissen Sie, dass nur die bestmögliche Diagnose richtig ist und zu den richtigen Präventions- und/oder Behandlungsmaßnahmen führt – so ist es auch mit dem Betrieb.

Bei der Wahl eines Instruments zur Ermittlung psychischer Belastungen sind einige Dinge zu beachten: Das Instrument muss auf Güte geprüft sein, damit sichergestellt ist, dass andere Anwender mit der Durchführung, Auswertung und Interpretation zum selben Ergebnis kommen. Das Instrument muss aber auch genau messen. Wer würde schon akzeptieren, wenn die Tischhöhe unterschiedlich ausfällt, wenn mal mit dem Zollstock, mal mit dem Bandmaß gemessen wird. Damit das nicht passiert, sind beide Messgeräte (Zollstock und Bandmaß) normiert. Dasselbe gilt auch für psychologische Messgeräte wie etwa Fragebogeninstrumente zur Erfassung psychischer Belastungen. Außerdem ist nachzuweisen, dass ein Instrument auch wirklich das misst, was es zu messen vorgibt. Wenn ein Assessment-Center behauptet, es helfe bei der Personalauswahl, so muss der spätere berufliche Erfolg der akzeptierten Bewerber auch unter Beweis gestellt werden. Genauso ist es bei einem Instrument zur Erfassung psychischer Belastungen. Nur wenn ein Nachweis erbracht wird, dass die Merkmale, die mit dem Instrument gemessen werden, auch wirklich mit einer besseren (oder schlechteren) Gesundheit der Beschäftigten einhergehen, dann ist auch die Gültigkeit des Einsatzes eines solchen Instruments im Sinne der Gefährdungsbeurteilung psychischer Belastungen im Rahmen des Arbeits- und Gesundheitsschutzes belegt. Wenn diese Nachweise nicht vorliegen, ist der Einsatz eines Instruments eher willkürlich. Manchmal wird die ganze Aktion dann auch so mühsam und unnütz, als wolle man mit einem Hammer einen Ast zersägen.

Bei der Auswahl eines Verfahrens sollte man sich im Klaren sein, ob man lieber früher oder später mehr Zeit und Mühe in die Ermittlung (der Ursachen) gesundheitsgefährdender psychischer Belastungen stecken will. Wendet man nur ein orientierendes Verfahren an, das nur wenige Themen abdeckt, dann kostet das die Mitarbeiter naturgemäß weniger Zeit für die Beantwortung. Da diese Beantwortungszeit sinnvollerweise Arbeitszeit ist, da die Mitarbeiter ja schließlich an der Gefährdungsbeurteilung mitwirken, zu der ihr Arbeitgeber verpflichtet ist, spart ein orientierendes Verfahren kurzfristig Zeit und damit Geld. Der Nachteil ist, dass man später nicht so recht weiß, warum bestimmte (der wenigen) Themen nicht so gut beurteilt wurden und welche Themen man dabei übersehen hat. Expertenverfahren wären eigentlich ideal, sind aber kostspielig. Hierbei beobachtet ein geschulter Experte mit einem standardisierten Instrument wichtige Merkmale der Arbeit eines Mitarbeiters, ermittelt im Gespräch weitere Daten, um zu einer Einstufung und Beurteilung zu kommen. Der Experte kann dann auch sehr viel bessere Gestaltungsempfehlungen geben, als wenn sich Laien über Mittelwerte einer Fragebogenskala den Kopf kratzen. Der Mittelweg sind Screening-Verfahren, die auch in Fragebogenform – online oder herkömmlich auf Papier – zur Erfassung von psychischen Belastungen in der Arbeit dienen können. Für die Bearbeitung solcher Screening-Verfahren sollte man durchaus 40–60 Minuten einplanen – aber was ist das schon, bezogen auf das Erwerbsarbeitsleben oder angesichts der Kosten durch Fehlzeiten in den Betrieben. Idealerweise wählen Sie ein Verfahren, das in betrieblichen Gestaltungsprojekten hinreichend erprobt ist und sich nachweislich als nützlich erwiesen hat. Fragen Sie ruhig nach – dadurch wird manch ein Fragebogen, der aus dem Internet heruntergeladen wurde, unter Rechtfertigungsdruck geraten oder gar als dreistes Plagiat entlarvt.

Eine gute Hilfe für die Planung und Durchführung einer Gefährdungsbeurteilung psychischer Belastungen ist das gleichnamige Handbuch der Bundesanstalt für Arbeitsschutz und Arbeitsmedizin (BAuA 2013). Hier werden mögliche Vorgehensweisen anhand zahlreicher betrieblicher Beispiele veranschaulicht. Der Laie erhält hierdurch einen guten ersten Überblick und kann dann gezielter auf die Hilfe von Experten zurückgreifen.

## 11.3 Keine Daten ohne Taten – wer damit nichts macht, ist selbst schuld

Oft hört man in Betrieben, dass bereits mehrfach Mitarbeiterbefragungen durchgeführt worden sind. Ach ja? Und was ist daraus geworden? Häufig landen Ergebnisberichte von Mitarbeiterbefragungen in der Schublade. Schließlich hat man die Mitarbeiterbefragung doch jetzt durchgeführt. Das Alltagsgeschäft lässt keine Zeit, sich damit noch länger und intensiver auseinanderzusetzen. Was dann aber in jedem Fall bleibt, ist der Frust bei den Mitarbeitern. Zuerst wird man gefragt, und dann ändert sich doch nichts. Genau aus diesem Grund ist es in manchen Betrieben zeitweise sinnvoller, zunächst mit einzelnen Beschäftigten, Vertretern unterschiedlicher Berufsgruppen und Abteilungen zu reden, um daraus Grundlagen für ein Gespräch mit der Leitung herzustellen. Erst wenn dann wirklich auch (zumindest kleine) Taten folgen, kann wieder Vertrauen entstehen und eine Bereitschaft der Mitarbeiter, weitere Auskünfte von sich preiszugeben, beispielsweise bei der Gefährdungsbeurteilung psychischer Belastungen.

Solche Taten können ganz unterschiedlich aussehen und im Themenfeld Arbeit und Gesundheit zwei unterschiedliche Zielrichtungen verfolgen. Die eine Zielrichtung stammt mehr aus dem Arbeits- und Gesundheitsschutz und bemüht sich, wie der Name schon sagt, (nein, nicht die Arbeit) sondern die Gesundheit dessen, der die Arbeit ausführt, zu schützen. Schutz ist vor schädigenden Einflüssen nötig, d. h. wir sprechen hier über Arbeitsstressoren. Eines der zwei Ziele besteht also darin, Arbeitsstressoren zu ermitteln und abzubauen. Ein zweites Ziel besteht darüber hinaus aber auch darin, Arbeit so zu gestalten, dass die Beschäftigten nicht nur unverletzt und ungefährdet in ihrer Gesundheit bleiben, sondern dass sie darüber hinaus auch motiviert und engagiert arbeiten und dabei ihre Kompetenz und Persönlichkeit nicht verkümmern lassen, sondern vielmehr weiterentwickeln. Dadurch entstehen letztlich auch kreative Ideen, Prozessverbesserungen und andere Innovationen im Betrieb.

— ? —

Haben in Ihrem Betrieb bereits durchgeführte Befragungen von Mitarbeitern einen messbaren, spürbaren Effekt gezeigt?

Mit Blick auf das erste Ziel geht es um sogenannte Stresspräventionsprogramme. Solche Maßnahmen gegen psychosoziale Fehlbeanspruchungen nennen wir, dem internationalen Sprachgebrauch folgend, Stressmanagementinterventionen (SMI), auch wenn sie auf der Ebene der Organisation ansetzen. Über die SMI mit Individuen als Zielgruppe haben wir in Kap. 10 „Was kann ich als Einzelner tun" berichtet. Organisationsbezogene SMI zielen auf die Verbesserung der Arbeitsbedingungen, d. h. auf strukturelle und prozessuale Voraussetzungen für Gesundheit und Wohlbefinden am Arbeitsplatz. Potenziell krankmachende Belastungen, Überforderungen, Stressoren sollen dabei abgebaut werden. Zu bewältigende Herausforderungen hingegen, welche die Leistung und Gesundheit fördern, müssen so gestaltet werden, dass sie den Kompetenzen der Mitarbeiter entsprechen und sie nicht über- oder unterfordern.

Dazu ein Beispiel: Zugleich eine höhere Qualität durch mehr Aufwand für ein Produkt und eine höhere Quantität durch weniger Aufwand zu erzielen, ist vordergründig eine widersprüchliche Aufgabe, ein klassischer Stressor, und könnte, integriert in die Arbeitsstressmodelle, auf der Anforderungsseite des Anforderungs-Kontroll-Modells oder auf der Anstrengungsseite des Gratifikationskrisen-Modells verbucht werden. Der so beschriebene Stressor hat keinen Nutzen, widersprüchliche Aufgaben können nicht erfüllt werden, der negative gesundheitliche Effekt kann enorm sein. Keine Frage also, dass die Beseitigung dieses Stressors Sinn macht. Zugleich könnte es aber zu einer Herausforderung werden (einer Lernanforderung), den betreffenden Arbeitsprozess so zu verbessern, dass mehr Qualität und mehr Quantität gleichzeitig möglich sind. Wenn die beschäftigte Person dazu beauftragt wird, die Fähigkeiten hat (gegebenenfalls muss man nachqualifizieren) und dafür auch alle notwendige Unterstützung erhält, dann könnte dies gleichermaßen die Leistung steigern und das psychische Wohlbefinden erhöhen. Wenn zum Erfolg dann auch noch die Anerkennung kommt, wie sich das eigentlich gehört (leider steckt sich den Erfolg so mancher Chef ans Revers), dadurch vermittelt die erlebte Selbstwirksamkeit und weitere persönliche Ressourcen (z. B. Stolz) zunehmen, dann ist bereits eine Positivspirale in Gang gebracht. Dafür muss jedoch auch ausreichend Tätigkeitsspielraum gewährt werden, und die soziale Unterstützung durch gute Kollegen und Vorgesetzte muss stimmen. Nach den etablierten Stressmodellen werden dadurch die Kontrolle und die Gratifikation gestärkt. Der positive (oder negative) Einfluss solcher arbeitspsychologisch gut (oder eben auch schlecht) gestalteter Arbeitsmerkmale ist wissenschaftlich solide belegt.

## 11.4    Und wie funktioniert eine SMI?

Organisationale SMI setzen auf die primäre Prävention von Krankheiten, indem Arbeitsaufgaben und Arbeitsbedingungen besser gestaltet werden. Sie können aber durchaus auch auf eine frühzeitige Intervention bei ersten Anzeichen von Stressreaktionen oder auf eine Unterstützung bei der Rückkehr nach einer Krankheit abzielen. Theoretisch sind von organisationsbezogenen SMI durch ihre breite Wirkung auf viele Arbeitsplätze und Beschäftigte viel größere Effekte zu erwarten als von individuenbezogenen SMI (Lamontagne et al. 2007). Dies scheint in der Praxis der betrieblichen Wirklichkeit aber nicht so einfach zu funktionieren. Es gibt nur wenige veröffentlichte Studien zur Wirkung organisationsbezogener SMI in ausreichender methodischer Qualität. In der Regel sind das die bereits wiederholt erwähnten experimentellen Studien, die Veränderungen einer Interventions- mit der einer Kontrollgruppe vergleichen, um beobachtete Effekte wirklich der Intervention und nicht anderen Faktoren zuschreiben zu können. In der Metaanalyse experimenteller Studien von Richardson und Rothstein (2008) wurden auch fünf organisationsbezogene SMI einbezogen, deren Effekte aber klein und statistisch nicht bedeutsam waren. Es gibt aber eine Metaanalyse aus einer anderen Perspektive, die zu positiveren Ergebnissen kommt.

Die Wissenschaftler Lamontagne et al. (2007) identifizierten und analysierten systematisch 18 Untersuchungen zu Interventionen, die ausschließlich auf die Veränderung von Arbeitsbedingungen oder die Schnittstelle zwischen Arbeitsbedingungen und Individuum ausgerichtet waren. Mehr als zwei Drittel der Studien berichten erhebliche positive Auswirkungen der Interventionen auf organisatorischer Ebene (z. B. mehr Autonomie) und auf individueller Ebene (z. B. weniger empfundener Stress).

Ein Grund für die scheinbar widersprüchlichen Ergebnisse ist, dass die Wirksamkeit der organisatorischen SMI besonders stark von den betrieblichen Einflüssen abhängig ist, d. h. die gleiche Intervention kann sehr effektiv in einem unterstützenden Kontext und ineffektiv bei behindernden Rahmenbedingungen sein (Nielsen und Randall 2012). Organisationale SMI betreffen oft viele organisatorische Prozesse und Strukturen und beziehen zahlreiche Akteure ein. Für die wissenschaftliche Untersuchung solcher Interventionen bedeutet dies, der Komplexität des Geschehens nur gerecht werden zu können, indem man den Prozess der Implementierung der Maßnahmen genau in Augenschein nimmt und sich nicht nur auf die reine Bewertung der Interventionseffekte beschränkt; so lassen sich die Mechanismen, durch die eine betriebliche Intervention funktioniert – oder an denen sie scheitert –, besser aufdecken (Nielsen et al. 2010).

Was bedeutet das für die Praxis? Eine organisationale SMI ist keine Einzelaktion wie ein Gesundheitstag mit Krankenkassenständen zu gesunder Ernährung und schmerzfreiem Rücken. Eine organisationsbezogene SMI funktioniert nur als Glied in einer Wirkungskette oder – besser – als eine zentrale Station in einem Zyklus, der mehrfach durchlaufen wird, mit dem Ziel, effektiv und nachhaltig Arbeit so zu gestalten, dass Beschäftigte gesund und leistungsfähig bleiben. Kritische Phasen in diesem Zyklus sind: Vorbereitung mit Zielklärung und Einbezug aller wichtigen Akteure, Gefährdungsbeurteilung/Risikoanalyse, Priorisierung von Problembereichen, Entwicklung von Maßnahmen, Umsetzung der Maßnahmen, Bewertung von Prozess und Effekt, Verbesserung und Wiederholung des Zyklus.

## 11.5   Wann sind solche Maßnahmen des betrieblichen Gesundheitsmanagements erfolgreich?

Maßnahmen des betrieblichen Gesundheitsmanagements sollten auf die spezifischen Bedürfnisse und Probleme der Organisation angepasst werden und nicht einfach „von der Stange" kommen. Im ersten Schritt sollte festgelegt werden, wo Probleme zu vermuten sind und wo auch Veränderungsbereitschaft besteht. Das heißt, eine wichtige Voraussetzung für einen gelingenden Zyklus ist, Konsens darüber zu erzielen, welche Arbeitsplätze und welche Arbeitsbedingungen untersucht werden sollen, und was dann zu folgen hat, wenn Handlungsbedarf festgestellt wird. Danach folgt die gründliche Risikobewertung mit etablierten Messverfahren (vgl. Nielsen und Randall 2012) – im aktuellen deutschen Sprachgebrauch eine „Gefährdungsbeurteilung psychischer Belastungen". Wenig Sinn macht der häufig beschrittene umgekehrte Weg: Aufgrund inneren Antriebs oder gesetzlichen Drucks, explizit durch das ArbSchG in der Fassung von 2013, wird eine Gefährdungsbeurteilung beschlossen und dann nach einem möglichst einfachen Fragebogeninstrument gesucht, das vollmundig verspricht, für das Thema geeignet zu sein. Damit ist vielleicht der Form und dem Arbeitsschutzgesetz Genüge getan – zu einer Verbesserung der Arbeit trägt das sicher wenig bei. Es gibt zahlreiche Beispiele solcher Mitarbeiterbefragungen, die Erwartungen wecken, dann enttäuschen und schließlich demotivieren.

Kritisch ist auch, von Anfang an gemeinsame Ziele und strukturierte Aktionspläne mit allen Beteiligten festzulegen. Oft haben die Schlüsselpersonen in einer Organisation, z. B. Betriebsleitung, Personalabteilung, Personalvertretung und die Belegschaft, ganz unterschiedliche Interessen und Erwartungen in Bezug auf eine SMI. Gibt es in der Organisation bereits Verantwortungsbereiche, die sich mit Sicherheit und Gesundheit befassen, wie betriebsärztlicher Dienst, Arbeitssicherheit, Qualitätsmanagement, dann ist es auch sinnvoll, diese einzubeziehen, um Redundanz zu vermeiden, Vorerfahrungen auszunutzen und Nachhaltigkeit zu sichern. Letztere ist nur gegeben, wenn es auf längere Sicht Personen gibt, die sich um das Thema kümmern.

Eine zentrale Voraussetzung für eine erfolgreiche SMI ist die Unterstützung durch das Management auf allen Ebenen. Nur wenn eine Gesundheitsförderung wirklich durchweg gewollt ist, kann ein solcher Zyklus gelingen. Alle Entscheidungsträger sollten von Beginn an in einem Lenkungsausschuss/Steuerkreis in den Vorgang eingebunden sein. Genauso unverzichtbar ist die Beteiligung der Beschäftigten. Dafür gibt es mehrere Gründe: Die Möglichkeit zur Partizipation ist ein gesundheitsfördernder Faktor an sich, weil es zur erlebten Gerechtigkeit in der Organisation beiträgt, wenn Mitarbeiter Prozesse in der Organisation mitgestalten können – und weil Partizipation die Kompetenz der Mitarbeiter stärkt. Des Weiteren sind die Beschäftigten die eigentlichen Experten ihrer Arbeit. Ihre Teilnahme erhöht die Chance auf eine adäquate Problemdiagnose, die Entwicklung von geeigneten und wirksamen Maßnahmen und nicht zuletzt die Akzeptanz dieser Maßnahmen. Diese Prinzipien werden beispielsweise in den sogenannten Gesundheitszirkeln verwirklicht.

Gesundheitszirkel sind temporäre Arbeitsgruppen mit Beschäftigten, die Maßnahmen zur Verbesserung der Arbeitsbedingungen entwickeln. Der Aufwand für Gesundheitszirkel ist, wenn man lehrbuchhafte Empfehlungen heranzieht, nicht unerheblich; mehrere Beschäftigte treffen sich mehrmals, beispielsweise für zwei Stunden pro Sitzung, über mehrere Wochen (z. B. zehnmal) und besprechen Maßnahmen zur Verbesserung der Arbeitsbedingungen. Bei Personalmangel und hoher Arbeitsbelastung können dadurch zusätzliche Belastungen entstehen. Gesundheitszirkel lassen sich aber auch niedriger dosiert einführen. Die Hauptsache ist, dass die Mitarbeiter zunehmend dazu befähigt werden und es auch als ihre Arbeitsaufgabe begreifen, Arbeitsbedingungen gesundheitsgerechter und leistungsförderlicher zu gestalten. Wichtig ist, dass sie dafür die notwendige Zeit und die erforderlichen Mittel bekommen. Es liegen Belege für die Wirksamkeit solcher partizipativ angelegter Interventionen aus Studien in verschiedenen betrieblichen Kontexten vor, die auf der Arbeit von Gesundheitszirkeln beruhen (Aust und Ducki 2004; Bourbonnais et al. 2011; Weigl et al. 2013).

---

? 

Haben Sie in Ihrem Betrieb schon einmal von sogenannten Gesundheitszirkeln gehört?

# 11.6   Und was können Betriebe sonst noch alles tun?

Wenn wir zu guter Letzt noch einmal die einzelnen Kapitel des Buches Revue passieren lassen, um abschließend die Frage zu beantworten – was können Betriebe für „Arbeiten und Gesund bleiben" tun, so möchten wir das bewusst knapp halten, denn sonst bestünde die erneute Gefahr, in akademische Diskurse zu verfallen und weitere Befunde aufzutischen.

**Kapitel 1: Wie können Betriebe Arbeitsfreude erzeugen?**
Arbeitsfreude entsteht dann, wenn die Anforderungen der Arbeit den Kompetenzen und Bedürfnissen eines Mitarbeiters entsprechen. Die Führungskraft sollte also die Kompetenzen und Bedürfnisse aller Mitarbeiter kennen. Sie sollte sich gewahr sein, welche Anforderungen die jeweiligen Arbeitsaufgaben stellen. Das lässt sich am besten durch regelmäßige Kommunikation mit den Mitarbeitern in Erfahrung bringen. Idealerweise werden Arbeitsaufgaben heutzutage um die Kompetenzen der Mitarbeiter herum gestaltet und nicht umgekehrt. Sinnhafte Arbeit trägt ebenfalls zur Arbeitsfreude bei. Daher ist es auch wichtig zu verdeutlichen, welchen Beitrag jeder Einzelne zum Gesamten leistet und ihn am Erfolg auch zu beteiligen, nicht nur monetär. Und – Arbeitsfreude kann entstehen, wenn dies glaubwürdig durch die Führungskräfte vorgelebt wird.

**Kapitel 2: Wie können Betriebe Arbeitslosigkeit vermeiden?**
Für eine Antwort auf diese Frage wären wohl eher Betriebswirte geeignet. Wir wollen uns aber einer Anmerkung nicht enthalten. Mitarbeiter, die motiviert und engagiert einer guten Arbeit nachgehen und in ihrer Gesundheit durch die Arbeit nicht beeinträchtigt werden, sind aus unserer Sicht der beste Garant für einen Erhalt der Arbeitsplätze. Arbeitslosigkeit kann auch durch ein gutes Eingliederungsmanagement von Kranken, insbesondere von Menschen mit psychischen Erkrankungen, vermieden werden. Das erfordert Geduld, Toleranz und die Unterstützung von Betriebsärzten bzw. von Psychotherapeuten, Psychosomatikern bzw. Psychiatern. Irrungen und Wirrungen eines globalisierten Marktes muss man dabei selbstverständlich ausblenden. Der Betrieb tut also gut daran, sich mit den Merkmalen einer gut gestalteten Arbeit regelmäßig auseinanderzusetzen.

**Kapitel 3: Wie können Betriebe die Arbeit in Gruppen verbessern?**
Die Form der Arbeitsteilung muss auch auf die sozialen Bedürfnisse der Mitarbeiter abgestimmt werden. Bei heute üblichen komplexen Aufgaben sind gemischte Teams (nach Geschlecht, Alter, Fach) oft überlegen. Die Gruppe

und ihre Mitglieder sollten möglichst viele Entscheidungen selbst treffen können. Das hat sich nicht nur in Bezug auf die Gesundheit, sondern auch auf die Leistung als vorteilhaft erwiesen. Die Kraft der Gruppe kann Stressfolgen für den Einzelnen mindern, Gruppen können aber auch schaden (z. B. bei Mobbing). Daher ist für die Belange der Arbeitsgruppe ausreichend Zeit einzuräumen. Teambesprechungen allein reichen dafür normalerweise nicht aus.

**Kapitel 4: Wie können Betriebe die Führung verbessern?**
Zunächst brauchen Führungskräfte die notwendige Zeit und Qualifikation, um gesundheitsgerecht führen zu können. Ihnen muss das eigene Arbeits- und Gesundheitsverhalten bewusst sein, besonders aber auch das ihrer Mitarbeiter. Mangelt es an Zeit, so müssen Führungskräfte von Fachaufgaben freigestellt werden. Mangelt es an Qualifikation, dann ab ins Seminar – idealerweise ein Seminar, in dem das Gelernte im eigenen Team eingeübt wird. Die Führungskraft sollte sich als Unterstützer des Teams begreifen und nicht nur als Sprachrohr der Geschäftsführung. Eine gesundheitsorientierte Führung muss vom Betrieb (der Leitung, den Aufsichtsgremien) gewollt sein. Führungskräfte müssten dementsprechend auch an ihrem gesundheitsorientierten Führungsverhalten gemessen werden, nicht nur an der vordergründigen Produktivität.

**Kapitel 5: Wie können Betriebe den Wandel gesund gestalten?**
Wenn sich „die Zeiten ändern", dann müssen Führungskräfte besonders aktiv werden. Mitarbeiter müssen frühzeitig darüber informiert werden, was die Veränderungen mit ihnen persönlich zu tun haben. Die Führungskräfte müssen befähigt sein, den Mitarbeitern etwaige Ängste zu nehmen, sie für bevorstehende Veränderungen zu qualifizieren und zu unterstützen. Dann kann auch der betriebliche Wandel gelingen.

**Kapitel 6: Wie können Betriebe Zeit- und Leistungsdruck vermindern?**
Wenn die finanziellen Polster da sind – einfach neue Mitarbeiter einstellen. Oft ist das aber nicht möglich. Dann gilt es, zunächst die Störungen in den Arbeitsprozessen aufzuspüren. Durch deren Beseitigung lässt sich viel Zeit und Geld sparen. Eine Gefährdungsbeurteilung psychischer Belastungen mit anschließendem Gesundheitszirkel bringt Ursachen für derartige Störungen bei guter Moderation meist an den Tag.

**Kapitel 7: Wie können Betriebe Stress verringern?**
Eine Verringerung von Stress ist möglich, indem darauf geachtet wird, dass die Beschäftigten bei hohen Anforderungen auch hohe Spielräume zu eigenen Entscheidungen haben und dass dem Arbeitseinsatz jedes Einzelnen eine

entsprechende Wertschätzung entgegengebracht wird. Das muss nicht nur in Form materieller Vergünstigungen erfolgen, gerade auch ein Lob bei guter Arbeit darf sein. Die gegenseitige Unterstützung der Mitarbeiter sollte durch verschiedene Maßnahmen gefördert, sicher auch von den Führungspersonen vorgelebt werden. Gerechtigkeit spielt für die Gesundheit ebenfalls eine wichtige Rolle, dafür bedarf es transparenter und klarer Kriterien, Regeln, Vorgehens- und Verhaltensweisen. Selbstverständlich müssen Stressoren wie quantitative oder qualitative Überforderung in der Arbeit, häufige Unterbrechungen und andere Störungen beseitigt werden. Die Beschäftigten wissen am besten, wie diese zustande kommen. Entscheidungsabläufe sollten nachvollziehbar und gerecht sein.

**Kapitel 8: Wie können Betriebe Burn-out vermeiden?**
Im engeren arbeitspsychologischen Sinn betrifft das nur Betriebe, deren Mitarbeiter mit Menschen arbeiten. Ihnen muss neben guter Qualifizierung auch im Umgang mit eigenen Gefühlen und Gefühlen der Klienten ausreichend Zeit- und Interaktionsspielraum zur Verfügung gestellt werden, damit sie die hohen Anforderungen in der Arbeit mit Menschen bewältigen können. Bei helfenden Berufen sollte Supervision stattfinden, in der sich die Dienstleister Hilfe und Rat für schwierige Klienten-Interaktionen holen können. Führungskräfte, und die Mitarbeiter selbst, sollten die Frühsymptome von Burn-out kennen. Im weit gefassten Sinn ist Burn-out dadurch zu vermeiden, dass unsere Empfehlungen zur Vermeidung von Stress in der Arbeit beherzigt werden.

**Kapitel 9: Wie können Betriebe die Erholung der Mitarbeiter fördern?**
Selbstredend sind die gesetzlichen Pausen- und Urlaubsregelungen einzuhalten. Ansonsten ist besonders darauf zu achten, dass in Zielvereinbarungen keine zu hohen Ziele gesteckt werden und dass die Mitarbeiter nach dem Wochenende sichtlich erholt zur Arbeit erscheinen. Die Arbeitsanforderungen müssen es ermöglichen, Urlaub, Pausen und freie Wochenenden auch wirklich zu nehmen. Eine Führungskraft die dafür – auch bei sich selbst – einen Blick hat, wird diese Aufgabe gut meistern.

**Kapitel 10: Was kann der Einzelne unterstützt durch den Betrieb tun?**
Vielleicht angeregt durch die Lektüre lohnt es sich, gelegentlich darüber nachzudenken, was gut und rund läuft in der Arbeit und wo es knirscht. Das „Knirschen" so konkret wie möglich zu benennen, am besten im Gespräch mit einem guten Zuhörer, ist oft schon ein Teil der Lösung. Das Problem angehen, ggf. mit Hilfe von Kollegen oder Vorgesetzten, wäre ein nächster Schritt. Manchmal entlastet aber auch, die Unveränderlichkeit einer Situation

zu akzeptieren. Und sonst? Man kann auf ausreichenden Schlaf, regelmäßige Pausen und gute Ernährung achten; Sporttreiben fördert viele Aspekte der Gesundheit. Man kann mit Kollegen über Dinge reden, die nichts mit der Arbeit zu tun – und so auch am Arbeitsplatz gute Beziehungen pflegen, die das psychische Wohlbefinden fördern. Man kann seine Arbeit mitgestalten und Verbesserungsvorschläge machen. Man kann sich, wenn notwendig, Tage freinehmen oder auch mal von zuhause aus arbeiten und sehr viel mehr – der Betrieb muss das mit seiner Kultur und seinen organisatorischen Regelungen einfach nur ermöglichen.

Mit diesen kurzen Anregungen möchten wir Sie selbst ermuntern, weiter darüber nachzudenken. Sicher fällt Ihnen noch eine Menge dazu ein, wie sich „Arbeiten und gesund bleiben" noch besser realisieren ließe. Sprechen Sie mit Ihrem Chef oder Ihrer Chefin darüber.

## Literatur

Aust, B., & Ducki, A. (2004). Comprehensive Health Promotion Interventions at the Workplace: Experiences With Health Circles in Germany. *J Occup Health Psychol*, *9*(3), 258–270.

Bourbonnais, R., Brisson, C., & Vezina, M. (2011). Long-term effects of an intervention on psychosocial work factors among healthcare professionals in a hospital setting. *Occupational and Environmental Medicine*, *68*, 479–486.

Bundesanstalt für Arbeitsschutz und Arbeitsmedizin (BAUA) (Hrsg.). (2013). *Gefährdungsbeurteilung psychischer Belastung. Erfahrungen und Empfehlungen*. Berlin: ESV.

Lamontagne, A. D., Keegel, T., Louie, A. M., Ostry, A., & Landsbergis, P. A. (2007). A systematic review of the job-stress intervention evaluation literature, 1990–2005. *Int J Occup Environ Health*, *13*(3), 268–280.

Nielsen, K., & Randall, R. (2012). Opening the black box: Presenting a model for evaluating organizational-level interventions. *European Journal of Work and Organizational Psychology*. 1–17.

Nielsen, K., Randall, R., Holten, A.-L., & Gonzalez, E. R. (2010). Conducting organizational-level occupational health interventions: What works? *Work & Stress*, *24*(3), 234–259.

Richardson, K. M., & Rothstein, H. R. (2008). Effects of Occupational Stress Management Intervention Programs: A Meta-Analysis. *Journal of Occupational Health Psychology*, *13*(1), 69–93.

Weigl, M., Hornung, S., Angerer, P., Siegrist, J., & Glaser, J. (2013). The effects of improving hospital physicians working conditions on patient care: a prospective, controlled intervention study. *BMC Health Serv Res*, *13*, 401.

# Index

H. Gündel et al., *Arbeiten und gesund bleiben*, DOI 10.1007/978-3-642-55303-5,
© Springer-Verlag Berlin Heidelberg 2014